O PROTOCOLO RUSSO

CB035172

O PROTOCOLO RUSSO

COMO DERRUBEI O IMPERIO SECRETO DE PUTIN.

DR. GRIGORY RODCHENKOV

TRADUÇÃO: **CARLOS SZLAK**

AVIS RARA

Avis Rara é um selo da Faro Editorial.

Diretor editorial: **PEDRO ALMEIDA**

Coordenação editorial: **CARLA SACRATO**

Preparação: **ARIADNE MARTINS**

Revisão: **VALQUIRIA DELLA POZZA** e **BARBARA PARENTE**

Capa: **HENRIQUE MORAIS**

Projeto gráfico e diagramação: **CRISTIANE | SAAVEDRA EDIÇÕES**

Dados Internacionais de Catalogação na Publicação (CIP)
Angélica Ilacqua CRB-8/7057

Rodchenkov, Grigory, 1958—

    O protocolo russo: o relatório que pôs fim ao império de doping de Putin / Grigory Rodchenkov; tradução de Carlos Szlak. — São Paulo: Faro Editorial, 2021.

    224 p.

    ISBN 978-65-86041-61-3
    Título original: The Rodchenkov Affair

    1. Dopagem nos esportes - Rússia - História 2. Rodchenkov, Grigory, 1958- Narrativas pessoais I. Título II. Szlak, Carlos

20-4300   CDD 362.290947

Índice para catálogo sistemático:
1. Dopagem nos esportes - Rússia

1ª edição brasileira: 2021
Direitos de edição em língua portuguesa, para o Brasil,
adquiridos por **FARO EDITORIAL**

Avenida Andrômeda, 885 – Sala 310
Alphaville – Barueri – SP – Brasil
CEP: 06473-000
WWW.FAROEDITORIAL.COM.BR

NOTA AO LEITOR

Pela minha definição, um "delator" é um homem que habita em um limbo ambíguo, em que o orgulho perverso de suas realizações antiéticas do passado coexiste com o desejo de expor o sistema corrupto que o nutriu com sucesso por muito tempo.

Estas páginas não são uma tentativa de inventar desculpas para as minhas ações, nem de justificá-las. Esforcei-me para serem, acima de tudo, honestas. Não vou me esquivar de dar um relato completo e sincero do que fiz, nem peço a você que me perdoe. Pois, como George Orwell escreveu: "Havia verdade e havia mentira, e, se você se agarrasse à verdade, mesmo contra o mundo todo, você não estaria louco".

Vamos começar.

SUMÁRIO

INTRODUÇÃO

E stou exilado da Rússia, minha terra natal, involuntariamente. Vivo sob proteção policial, em um proverbial "local não revelado". Sempre que saio do meu pequeno apartamento, sou acompanhado de um ou dois seguranças armados. Em algumas ocasiões, uso colete à prova de balas.

Durante grande parte da minha juventude, fui um corredor competitivo. Agora, quando quero correr ou mesmo dar uma caminhada, tenho que esperar que alguém me leve para sair, tal como meu cachorro costumava fazer quando eu morava em Moscou.

Em novembro de 2015 fugi da Rússia, temendo pela minha vida.

Como químico formado e especializado em análise instrumental, química analítica e cinética química, ajudei a executar a iniciativa de doping esportivo mais bem-sucedida da história mundial. Como diretor do ironicamente chamado Centro Antidoping de Moscou (ADC, na sigla em inglês), meu trabalho era garantir que centenas de atletas russos que participavam de competições internacionais jamais fossem pegos com substâncias proibidas em seus fluidos corporais — como esteroides anabolizantes ou testosterona sintética — nos campos de treinamento e nas competições.

Quando estávamos no auge de nosso poder, nada parecia impossível para nós. As amostras de urina "sujas", saturadas de drogas que melhoram o desempenho, emergiam "limpas" do meu laboratório. Por mais de uma década, e cinco Olimpíadas, nenhum atleta sob minha orientação testou positivo para doping durante as competições.

George Orwell escreveu a respeito do "duplipensamento", que ele afirmou ser "saber e não saber, ter consciência da completa veracidade ao contar mentiras cuidadosamente fabricadas". Personifico esse duplipensamento orwelliano: dediquei-me ao esporte soviético e russo, mas sou denunciado como traidor no meu próprio país. Sou um dos responsáveis por minha nação ter ganho tantas medalhas olímpicas entre 2004 e 2014, mas também fui a causa do seu banimento do Movimento Olímpico.

Considero-me honesto, mas enganei de maneira consciente e intencional as autoridades antidoping mundiais por mais de dez anos, tanto para a grande "glória" dos atletas russos como para satisfazer burocratas do esporte, que estavam empenhados em perpetuar o sucesso esportivo da Rússia. Justificava minhas ações dizendo nunca ter havido controle antidoping real na União Soviética (URSS) ou na Rússia, de modo que estava simplesmente seguindo um caminho bastante trilhado. Ao mesmo tempo, sentia desprezo pelas autoridades internacionais antidoping, que tinham uma retórica imbuída de altos princípios morais sobre "esporte limpo", mas — Orwell, mais uma vez — falhavam constantemente em ver o que estava acontecendo debaixo do nariz delas. Em minha opinião, nunca levaram a sério a repressão ao doping esportivo. Os aficionados pagavam muito dinheiro para assistir aos atletas de elite, ao vivo e na TV, e o esporte não parecia deteriorado. Por que as autoridades ou eu deveríamos nos preocupar em consertar aquilo?

Sou um marido e pai dedicado, mas não vejo minha mulher e meus filhos há quatro anos.

Meu nome aparece em jornais internacionais, mas sou um fantasma.

Você já deve ter ouvido a fábula da raposa e do galinheiro. Bem, eu era a raposa. Construí o galinheiro. E, então, comi as galinhas.

Mas com certeza não trabalhei sozinho. De fato, administrei a operação de doping da Rússia sob o escrutínio rigoroso da polícia secreta: o Serviço Federal de Segurança (FSB), a antiga KGB. O Ministério do Esporte controlava todos os meus movimentos. E tudo isso aconteceu sob o olhar atento do próprio presidente Vladimir Putin, obcecado pelo esporte e fã de judô.

Sete meses antes dos Jogos Olímpicos de Inverno de 2014, em Sochi, surgiram relatos de fraudes sistemáticas de atletas russos. Inicialmente, os detalhes eram obscuros, e os primeiros delatores eram antigos adeptos de doping que depois abandonaram o esporte russo. Somente dois anos depois, o escopo completo do programa de doping sistemático foi revelado: um programa que havia sido parte da estrutura do esporte soviético e russo por décadas.

Com a onda de revelações que ocorreu depois dos Jogos realizados em Sochi, minha situação começou a se complicar. A Agência Mundial

Antidopagem (WADA, na sigla em inglês) e o Comitê Olímpico Internacional (COI) iniciaram investigações em todos os níveis da hierarquia esportiva russa. Em 2015, fui citado 97 vezes em um relatório da Comissão Independente, o nome mais mencionado. De acordo com o documento, eu era o "cérebro do encobrimento dos testes positivos relativos ao uso de drogas". Notoriamente, também fui identificado como "ajudante e cúmplice das atividades de doping".

O estrondoso escândalo de doping explodiu em manchetes da mídia mundial, e resultaria na participação limitada da Rússia nos Jogos Olímpicos de 2016, no Rio de Janeiro, e na suspensão da participação nos Jogos Paralímpicos de 2016 e nos Jogos Olímpicos de Inverno de 2018, em PyeongChang. Não foi só uma controvérsia esportiva, mas também um acontecimento geopolítico. Enfurecido, o presidente Putin exigiu a responsabilização "personalizada e absoluta" dos responsáveis pelo esquema de doping. O alvo era o meu rosto: desde 2005, eu era diretor do Centro Antidoping de Moscou e fui responsável pelo notoriamente corrupto laboratório dos Jogos Olímpicos de Inverno de 2014, em Sochi.

Depois que fui forçado a me demitir do Centro Antidoping, amigos me alertaram de que minha vida poderia estar em risco. Diante de uma possível expulsão do Movimento Olímpico, o regime de Putin tinha pressa em apontar bodes expiatórios e fingir que estava lutando contra o doping. Quando o cineasta Bryan Fogel, de Los Angeles, com quem eu estava colaborando na realização de *Ícaro*, filme que se tornaria o ganhador do Oscar de melhor documentário, me ofereceu uma passagem para os Estados Unidos, peguei o laptop e o disco rígido do meu escritório, coloquei alguns pertences em uma bagagem de mão e fugi.

Foi uma decisão radical. Abandonei Veronika, minha mulher há 34 anos, e Vasily e Marina, meus dois filhos, já adultos. O *Sledkom*, como é conhecido o Comitê de Investigação da Federação Russa (CIR), revistou meu apartamento e interrogou minha família. Meus familiares estavam seguros, pois não sabiam nada sobre os esquemas de doping e não tinham ideia de onde eu mantinha meus arquivos.

No entanto, eu temia pela minha vida. Era uma preocupação aparentemente justificável, já que dois ex-colegas, Vyacheslav Sinev, ex-diretor da Agência Antidoping da Rússia (RUSADA), e seu sucessor, o dr. Nikita Kamaev, morreram misteriosamente em 2016, com uma diferença de onze dias um do outro. Eles sabiam muito a respeito de atletas que falsificavam as amostras de controle antidoping trocando os frascos de urina dos congeladores. Nikita, amigo meu desde a infância, era um saudável entusiasta dos esportes, que se exercitava com regularidade. Supostamente, morreu de um infarto fulminante aos 52 anos e foi enterrado rapidamente depois de uma autópsia pró-forma. Ninguém do Ministério do Esporte ou do Comitê Olímpico Russo compareceu ao funeral de nenhum dos dois.

Em meus cinco anos de exílio, existiram ameaças críveis contra a minha vida. Putin declarou que sou um agente secreto norte-americano e que o meu lugar é na cadeia. Um mandado de prisão foi expedido em meu nome, e um dos aliados do presidente, Leonid Tyagachev, ex-chefe do Comitê Olímpico Russo, declarou que "Rodchenkov deveria ser morto por mentir, como Stálin teria feito". Meus advogados foram informados de que estou entre os cinco primeiros nomes na lista de alvos do Kremlin.

Enquanto escrevo, meu nome permanece execrado no meu país. No fim de 2019, a Rússia tentou me culpar pelo seu mais recente escândalo de doping, forjando de modo amador mensagens e e-mails que ninguém no mundo — nem sequer as próprias autoridades esportivas russas — considerou verdadeiros. As ações falam mais alto do que as palavras. Novamente, a bandeira russa não tremulará nos Jogos Olímpicos, dessa vez em Tóquio, porque voltaram a ser pegos trapaceando, falsificando quatro anos de testes de controle antidoping.

Vivo sozinho. Em raríssimas ocasiões, consegui enviar mensagens para minha mulher e meus filhos, mas essas oportunidades estão cada vez menores. Talvez algum dia Veronika possa se juntar a mim nos Estados Unidos, mas, neste momento, isso é apenas uma possibilidade distante.

Algumas pessoas me perguntam se me arrependo da minha decisão de deixar a Rússia. Sou ferozmente competitivo, e, com minha vida em risco, decidi lutar contra meus inimigos. Tenho sido ativo em expor o contínuo escândalo da fraude referente ao doping na Rússia, e continuarei sendo. Em 2018, a Câmara dos Deputados dos Estados Unidos aprovou a Lei Rodchenkov Antidoping, que punirá fraudes esportivas e indenizará vítimas de fraudes nas competições esportivas internacionais em todo o mundo. A WADA está no encalço da fraude russa no esporte, e espero poder ser útil.

Tenho consciência de que vivo em um mundo de evidentes contradições: estou ajudando as próprias autoridades de que zombei e as quais driblei, investigando e desmascarando meus ex-colegas na Rússia.

Sim, a raposa voltou ao galinheiro e está manifestando sua preocupação com o bem-estar das galinhas! Não peço desculpas pelo que fiz. No passado, fiz o que tinha que fazer; agora, estou fazendo o que *escolhi* fazer. Há uma diferença abissal.

Fugir da Rússia foi traumático, mas valeu a pena, e eu fugiria de novo. Em dezembro de 2019, tive a honra de saber que o jornal *Financial Times* me elegeu como uma das "cinquenta pessoas que moldaram a década". Fui "o cérebro que denunciou o grande programa de doping patrocinado pelo Estado russo". Na companhia de superestrelas mundiais, como Taylor Swift, Mark Zuckerberg e Elon Musk, era um dos únicos dois russos na lista. Eu e Vladimir Putin.

Apesar de ter passado cinco anos sob proteção policial, decidi não mudar minha identidade e desaparecer. Continuarei sendo Grigory Rodchenkov e continuarei fazendo minha voz ser ouvida.

Em um mundo ideal, poderia começar a ensinar química em uma faculdade norte-americana e me reunir com minha família. Contribuí com quase 100 artigos para publicações científicas como autor e coautor, e adoraria retornar à minha área de estudo escolhida. Enquanto escrevo este livro, esses objetivos parecem quase inatingíveis, mas quem teria previsto que o Muro de Berlim seria derrubado durante a minha vida, ou que a outrora onipotente União Soviética deixaria de existir? Mudanças radicais acontecem quando menos se espera.

Olho para o futuro. Esta é a minha história.

GLOSSÁRIO

O mundo do doping esportivo possui o próprio vocabulário distintivo. Eis uma lista das expressões utilizadas com frequência que são encontradas neste livro:

Há décadas, os **esteroides anabolizantes** têm sido as substâncias mais utilizadas em casos de doping. São compostos derivados da testosterona que, em doses mais elevadas, aumentam o volume, a potência e a força muscular, e, em doses menores, melhoram a resistência e a recuperação. É por isso que tanto arremessadores de peso quanto corredores de maratona usam esteroides (e abusam deles).

Na elite do esporte, homens e mulheres conseguem usar esteroides anabolizantes de quinze a trinta dias e depois fazer uma pausa de vinte a trinta dias antes de começar outra sessão. Esse plano (ou esquema) de doping é elaborado meses antes de qualquer competição. Apenas testes sem aviso prévio e fora das competições — em campos de treinamento, hotéis ou na casa de atletas — podem impedir esse tipo de infração. Nos últimos quinze anos, houve um progresso significativo na detecção de esteroides anabolizantes: laboratórios em Moscou e em Colônia, na Alemanha, descobriram os chamados "metabólitos de longa duração", que são provas detectáveis do uso de esteroides.

Anteriormente, o uso abusivo e frequente de anabolizantes, como oxandrolona e Oral Turinabol, era detectável por apenas dez dias, aproximadamente, mas essa janela de detecção se estendeu para quase cinco meses após a descoberta dos metabólitos de longa duração. Foi uma grande vitória contra o doping, porque a detectabilidade durava mais que o efeito do regime de esteroides, significando que diversos esteroides subitamente se tornaram inúteis (embora não durante os Jogos Olímpicos de Inverno de 2014, em Sochi, como veremos).

Entre os esteroides utilizados de forma mais abusiva, incluem-se o estanozolol (nomes comerciais: Stromba e Winstrol), a metandienona (nome comercial: Dianabol, também conhecido como Diana), a nandrolona (nomes comerciais: Deca-Durabolin, nos Estados Unidos, e Retabolil, na Rússia, também conhecidos como Deca ou Rita), a metenolona (nome comercial: Primobolan, também conhecido como Prima), a oxandrolona (nome comercial: Anavar, também conhecido como Oxana) e a dehidroclorometiltestosterona ou DHCMT (nome comercial: Oral Turinabol, também conhecido como Turik). Desses, o estanozolol é o mais popular: é um esteroide anabolizante por vezes difícil de conseguir que pode ser injetado ou engolido como comprimido. Um dos primeiros grandes escândalos de doping ocorreu nos Jogos Olímpicos de 1988, em Seul, quando o canadense Ben Johnson estabeleceu o recorde mundial na prova de 100 metros rasos e, depois, foi pego pelo uso de estanozolol no controle antidoping.

Historicamente, os **estimulantes** têm sido as drogas mais utilizadas no esporte. A elite dos atletas não costuma usá-los porque são mais eficazes quando consumidos pouco antes das competições, ocasião em que os testes de controle antidoping são mais intensos. Alguns estimulantes comuns, como efedrinas, são encontrados em remédios para gripe e resfriado, e a metilhexanamina está presente em suplementos de nutrição esportiva, o que ocasionalmente provoca resultados positivos em exames antidoping.

O uso abusivo de **peptídeos** no esporte tornou-se mais frequente graças ao progresso na biotecnologia. As cadeias de aminoácidos que criam massa muscular continuam difíceis de ser detectadas, porque o organismo as metaboliza rapidamente. Os peptídeos proibidos mais conhecidos são a eritropoietina (EPO) e o hormônio do crescimento humano (HGH, na sigla em inglês), que, juntamente com a testosterona, representam grandes desafios para o controle antidoping, porque nosso organismo produz esses compostos naturalmente. A detecção direta não diz muito, mas existe uma ferramenta relativamente nova para capturar fraudes: o Passaporte Biológico do Atleta (PBA). Atualizado diversas vezes por ano, o passaporte revela variações nos parâmetros *básicos* de urina e sangue de um atleta e destaca alterações anormais que podem indicar uma Violação das Regras Antidoping (ou ADRV, na sigla em inglês, como a Agência Mundial Antidopagem a nomeia).

Os **laboratórios credenciados** testam substâncias proibidas e seus metabólitos sobretudo na urina dos atletas. Em comparação, o sangue é difícil de coletar, transportar e analisar.

Na prática, os agentes de controle antidoping (DCOs, na sigla em inglês) coletam urina em campos de treinamento, na casa dos atletas e em competições. Os atletas despejam a urina em dois frascos "gêmeos" rotulados como A e B e, em seguida, assinam um protocolo chamado formulário de controle antidoping. Os frascos gêmeos são entregues ao laboratório credenciado, onde a análise é realizada. O laboratório abre apenas o frasco A e tira pequenas quantidades, ou alíquotas, de urina para diversos procedimentos analíticos. O frasco B permanece intacto e é congelado para análises futuras.

Se a urina do frasco A testar positivo para substâncias proibidas, o atleta ou seu representante poderá solicitar uma análise de controle do frasco B. Então, o laboratório realizará a análise do frasco B na presença do atleta ou de um representante. Nos casos em que as autoridades suspeitarem do uso de um esquema de doping sofisticado por um atleta, ou se uma amostra olímpica for programada para um novo teste posteriormente, o frasco B será dividido em duas amostras: B1 e B2. A B2 propiciará uma segunda amostra de reserva, para análises futuras ou resultados contestados.

No final do livro, há uma lista das principais abreviaturas associadas ao controle antidoping.

QUEM É QUEM

VERONIKA, VASILY E MARINA: minha mulher, meu filho e minha filha, respectivamente.

DR. VITALY SEMENOV (1937-2011): meu primeiro chefe, diretor do laboratório de controle antidoping do Instituto de Pesquisa Científica de Cultura Física da Rússia (VNIIFK), antes da União Soviética.

NIKOLAI PARKHOMENKO (1935-2009): ex-lutador de luta greco-romana de nível internacional, vice-presidente da International Weightlifting Federation — Federação Internacional de Halterofilismo (IWF) e diretor do Centro de Preparação Esportiva das Equipes Nacionais da Rússia (CSP). Personagem muito poderoso na história do esporte russo.

PROFESSOR MANFRED DONIKE (1933-95): chefe do laboratório olímpico de controle antidoping em Colônia. Inovador incorruptível, mentor amado e grande amigo, que morreu, como dizem os russos, *nyesvoyevremmeno*, ou "cedo demais", aos 62 anos.

DR. SERGUEI PORTUGALOV: farmacologista acadêmico e proeminente "feiticeiro", ou seja, consultor de doping para atletas russos até 2014.

VALERY KULICHENKO: treinador principal da equipe russa de atletismo, apelidado de "Pinochet" por seu comportamento ditatorial e seu hábito de sempre usar óculos escuros, tanto ao ar livre como em recintos fechados.

NIKITA KAMAEV (1963-2016): amigo de infância, que se tornou colega e colaborador quando dirigiu a Agência Antidoping da Rússia (RUSADA). Em 2016, morreu em circunstâncias misteriosas.

VIKTOR CHEGIN: lendário treinador de sucesso de competidores de marcha atlética russos, dezenas dos quais foram posteriormente desqualificados por uso abusivo da substância proibida eritropoietina (EPO) e anormalidades em seu passaporte biológico de atleta.

BRYAN FOGEL: cineasta de Los Angeles, ciclista amador e diretor de *Ícaro*, ganhador do Oscar de melhor documentário em 2018.

YURI NAGORNYKH: vice-ministro do Esporte (2010-2016), era meu supervisor direto antes, durante e depois dos Jogos Olímpicos de Inverno de 2014, em Sochi.

NATALIA ZHELANOVA: subordinada de Nagornykh no Ministério do Esporte e "conselheira de controle antidoping".

EVGENY BLOKHIN: agente do FSB (polícia secreta) e líder dos chamados "encanadores", homens que trocavam as amostras de teste dos atletas nos Jogos Olímpicos de Inverno de 2014, em Sochi.

VITALY MUTKO: ministro do Esporte russo, de 2008 a 2016, amigo de Putin desde a década de 1990 e o único sobrevivente do escândalo de doping em Sochi. Promovido a vice-primeiro-ministro em 2016, renunciou ao cargo em 2020.

HAJO SEPPELT: cineasta e jornalista alemão, que denunciou obstinadamente escândalos internacionais de doping e me deu muita dor de cabeça em 2014 e 2015.

DICK POUND: presidente da WADA de 1999 a 2007. Advogado e ex-nadador olímpico canadense, presidiu a Comissão Independente que investigou a existência de doping generalizado no atletismo russo.

RICHARD MCLAREN: professor de direito canadense, que conduziu como "pessoa independente" a investigação da WADA a respeito das minhas revelações sobre as fraudes nos Jogos Olímpicos de Londres e Sochi e as trocas de amostras em nosso laboratório de Sochi.

VITALY E YULIYA STEPANOV: ex-agente de controle antidoping da RUSADA (Vitaly), casado com uma corredora olímpica (Yuliya). Eles denunciaram o programa de doping da Rússia no documentário de Hajo Seppelt, de 2014, intitulado *Top-Secret Doping: How Russia Makes its Winners*.

PARTE I

APRENDIZ

1.
O NEÓFITO

O ano era 1981. Eu tinha 22 anos e estava deitado com a calça abaixada no sofá do apartamento da minha família em Moscou. Meus pais, minha irmã e eu, além de meu cachorro, vivíamos espremidos em um apartamento de três quartos e área útil de 58 metros quadrados. Para aquela época, eram condições de vida consideradas confortáveis. Minha mãe, mulher atraente de 54 anos, com cabelos escuros, que gostava de mencionar que tinha as mesmas proporções da Vênus de Milo, formou-se na Primeira Universidade Estatal de Medicina de Moscou e concluiu a residência em cirurgia em um prestigioso instituto ginecológico. Havia décadas que ela trabalhava no Hospital Clínico Central, mais conhecido como o "Hospital do Kremlin", o que lhe dava acesso a produtos farmacêuticos importados.

Naquele dia, ela aqueceu em banho-maria uma ampola do esteroide Retabolil, de origem húngara, numa xícara de chá com água quente. Em seguida, transferiu a dose de 50 miligramas para uma seringa descartável. Em 1981, durante a "era da estagnação" de Leonid Brezhnev, era muito difícil conseguir seringas descartáveis, mas não no Hospital do Kremlin.

Após a solução viscosa ter ficado aquosa, minha mãe quebrou a parte de cima da ampola e colocou o conteúdo na seringa. Então, enfiou a agulha na parte superior da minha nádega direita. Senti uma picada dolorosa e, em seguida, ela tampou o local da injeção com um algodão embebido em álcool.

— Segure com força, até que o sangue pare de sair — ela disse, pressionando meus dedos sobre os dela. — Fique quieto deitado e não se mexa.

Para mim, um corredor de elite, a droga pareceu inebriante. Podia sentir a energia se espalhando em meu glúteo máximo, o músculo mais poderoso do corpo de um corredor. Como aluno do último ano do curso de química da

Universidade Estatal de Moscou, eu tinha ingressado no mundo do doping esportivo. Isso se tornaria minha vida, minha carreira, minha alegria... E minha ruína.

COMO ACABEI NAQUELE SOFÁ, COM O CALOR QUÍMICO CIRCULANDO PELO meu corpo? Deixe-me retroceder um pouco mais no tempo.

Tive asma quando era pequeno. No fim da década de 1950, durante o período conhecido como "o degelo", meus pais viviam como quase todo mundo na União Soviética. O que significava que eles viviam em condições desafiadoras, para dizer o mínimo. Stálin havia morrido e o poder da temida polícia secreta tinha diminuído um pouco, mas a privação causada pela Segunda Guerra Mundial perdurava. Depois que nasci, meus pais se mudaram para um apartamento úmido no subsolo de um prédio velho e deteriorado, o que agravou meus problemas respiratórios. Enquanto minha mãe buscava sua formação como cirurgiã ginecológica, meu pai, um metalurgista, viajava constantemente entre as usinas siderúrgicas imundas e poluentes localizadas longe de Moscou.

Minha mãe, Lidia Grigorievna, formada pela Primeira Universidade Estatal de Medicina de Moscou, em 1952.

Meus pais personificavam a esquizofrenia intelectual necessária para sobreviver na Rússia comunista. Minha mãe tinha perdido o pai em um dos expurgos de Stálin; ele simplesmente desapareceu de um dia para o outro. Meu avô paterno foi um dos milhões de soldados russos que perderam a vida na Segunda Guerra Mundial, morrendo queimado vivo dentro do seu tanque danificado. Minha mãe desenvolveu uma atitude cautelosa em relação à autoridade: tomar cuidado, trabalhar duro e não fazer muito barulho. Meu pai, porém, era o oposto: ele nunca ingressou no Partido Comunista e lia os romances proibidos de Aleksandr Soljenítsin em casa, para desgosto de minha mãe, mais ortodoxa.

Certa vez, ao acompanhar meu pai em uma visita à famosa usina siderúrgica de Zaporozhye, na Ucrânia, tive de ser levado de trem para um hospital de Moscou. Naquela época, não existiam inaladores e a oferta de tratamentos com esteroides era limitada. Então, o tratamento indicado para minha "cura" foi o mesmo sugerido ao jovem Theodore Roosevelt em meados do século XIX: ar fresco e exercícios físicos.

Meu pai, Mikhail Ivanovich, formado pelo Instituto de Engenharia Eletrotécnica de Moscou, em 1955.

Durante minha fase de crescimento, existiam apenas dois canais de televisão, ambos estatais. Meu pai adorava assistir a hóquei ou futebol, enquanto minha mãe gostava de exibições de patinação artística e shows de estrelas dedicados às comemorações do Partido Comunista. Não havia nada na TV para mim e, assim, minha mãe fazia com que eu ficasse fora de casa o máximo possível. Eu não enfrentava dificuldades na escola. Tirava boas notas e gastava apenas alguns minutos por dia para fazer o dever de casa. Em seguida, saía para jogar futebol com meus amigos até o anoitecer. No inverno, como nosso segundo apartamento ficava na periferia pouco urbanizada da cidade, escapávamos para a floresta e esquiávamos até escurecer ou um dos nossos esquis velhos quebrar, o que acontecesse primeiro.

Eu chegava em casa molhado e gelado, bebia chá e me enfiava debaixo dos cobertores para me aquecer, mergulhando em um sono sem sonhos.

Na 9ª série, tive contato pela primeira vez com esportes organizados. Minha escola local, a Número 749, tinha que participar das competições distritais regulares de educação física, como parte do programa obrigatório "Preparado para o Trabalho e Defesa" que estava profundamente enraizado na história soviética. Um treinador da Escola de Esportes Júnior sub-18, do meu distrito de Kievsky, presenciou uma prova de 1.000 metros em que fiz uma corrida excelente, usando chuteiras encardidas e sem nenhum treinamento ou estratégia. Ele me convidou para começar a treinar com um grupo de corredores novatos, e eu adorei. Sentia prazer com a camaradagem entre os neófitos de diferentes escolas. Treinávamos três vezes por semana, ficando ao ar livre até escurecer e seguindo através de trilhas de esqui até o final do outono, quando elas começavam a ficar cobertas de neve.

Na 10ª série fui o mais rápido da prova de 3.000 metros da cidade de Moscou, marcando um tempo de 8min41s0. Naquele mesmo ano, também venci os 3.000 metros na prestigiosa competição entre Moscou e Leningrado e me tornei o campeão moscovita na difícil prova de 5.000 metros.

Havia descoberto que adorava competir e, em meus piores momentos desde então, tirei proveito da minha experiência em corridas de competição. Em várias ocasiões, os governos russo e norte-americano e todo o mundo esportivo tentaram me destruir. Quando estive sob pressão, lembrei-me da emoção do atletismo: como o medo nos paralisa antes de uma corrida importante e os joelhos fraquejam à medida que nos aproximamos do estádio.

Eu calçava os tênis de corrida, tirava o agasalho e observava os outros corredores. Ainda estava tremendo na linha de partida, mas, no momento que ouvia o tiro de partida — Bang! —, virava um lutador forte e confiante. Tenho grande experiência com drogas no esporte, mas para mim o esporte é a droga, a obsessão avassaladora. Competir e admirar a excelência dos homens e das mulheres que dedicam a vida para alcançar o impossível — o salto em altura acima dos 2 metros; a milha percorrida em menos de quatro minutos —, nada é mais importante para mim. Para mim, o esporte é a verdade. Uma verdade ocasionalmente corrompida, mas mesmo assim um belo ideal.

Sob o poder soviético e russo, e agora vivendo no exílio, meu amor pelo esporte sempre transcendeu as dificuldades da minha situação. Ainda ligo a televisão e assisto às competições de atletismo com a mesma sensação de admiração de quando era adolescente. Nesse sentido, nunca cresci.

No verão, quando não estava treinando com a equipe, corria pelos bosques dos subúrbios de Moscou e ao lado da raia de remo de Krylatskoye com meu cachorro Ajax, mistura de terrier com husky.

Minha asma se tornou uma lembrança distante. Eu me apaixonei pelo esporte e nunca deixei de amá-lo.

No ENSINO MÉDIO, MINHA AMBIÇÃO ERA ESTUDAR NA RESPEITADA UNIversidade Estatal de Moscou (UEM). Eu me saí muito bem no vestibular, com notas "excelentes" em matemática, física e química, e fui admitido no Departamento de Química no outono de 1977. A UEM tinha o currículo mais difícil do país e as aulas de laboratório se arrastavam noite adentro porque tínhamos de limpar nosso material de laboratório antes de ir para casa. Durante o ano letivo, treinamento esportivo sério estava fora de cogitação, mas o clube esportivo universitário tinha um campo de treinamento de verão na Estônia, onde consumíamos alimentos saudáveis, respirávamos ar puro e continuávamos a melhorar nossos tempos de corrida.

Eu no campo de treinamento na Estônia, em 1980

No segundo ano da faculdade, organizamos uma competição de atletismo com equipes de outras duas universidades: a Universidade Humboldt, de Berlim, e a Universidade Comenius, de Bratislava. Observando os atletas alemães e tchecos visitantes, não pude deixar de notar como as pernas dos corredores masculinos eram fortes. Mesmo as mulheres tinham panturrilhas e coxas bastante grossas. Depois que venci a prova de 1.500 metros, eu e outros atletas estávamos conversando no dormitório e alguns estudantes estrangeiros se ofereceram para nos vender tênis de corrida Adidas, que não estavam disponíveis na União Soviética. No entanto, eles não queriam que nós lhes pagássemos com rublos, moeda que não tinha valor fora da Rússia. Eles queriam drogas. Esteroides anabolizantes.

Como estudante de química, sabia o que eram esteroides, mas fora condicionado a pensar neles como estimulantes utilizados por atletas norte-americanos para obter uma vantagem injusta sobre nossos homens e mulheres russos "limpos". Lembro-me do meu jornal favorito, *Sovietsky Sport*, explicando que o uso de doping era comum entre os atletas norte-americanos, que estavam trocando as anfetaminas por programas de fortalecimento muscular, alimentados pelo uso sistemático de esteroides anabolizantes. Mas aqueles visitantes procediam de países "socialistas amigos" e não do mundo capitalista decadente.

Especificamente, aqueles corredores queriam ampolas de 50 miligramas de propionato de testosterona e comprimidos de 5 miligramas de metandienona, disponíveis em quase todas as farmácias de Moscou, para aumentar a massa e a força muscular. Nunca tinha ouvido falar daquelas drogas, e os visitantes caçoaram de mim, dizendo que eu era "virgem" em questão de doping. Em seguida, explicaram-me pacientemente que queriam testosterona e metandienona para vender a outros atletas amadores dos seus países. Para si mesmos, preferiam injetar o esteroide anabolizante Retabolil, apresentado em ampolas de 1 mililitro contendo 50 miligramas de decanoato de nandrolona como princípio ativo. Eles se injetavam Retabolil no início da temporada de treinamento no final do outono e, quando as corridas importantes começavam, substituíam o Retabolil por um esteroide diferente, de preferência Oral Turinabol, as chamadas "pílulas azuis", que ajudavam a relaxar os músculos antes da competição. O Oral Turinabol era comprado na Alemanha Oriental; isso abriu um mundo completamente novo para mim, que eu poderia pesquisar facilmente, porque nossa faculdade de química tinha uma das melhores bibliotecas científicas da URSS.

Por coincidência, foi naquele ano que fiquei sabendo de um escândalo de doping verdadeiro, e não a insinuação tola da imprensa soviética sobre os atletas norte-americanos, que era uma forma de guerra ideológica. Em 1978, o Campeonato Europeu de Atletismo foi realizado em Praga, na Tchecoslováquia socialista. Assim, o evento foi transmitido ao vivo pela TV soviética; um acontecimento bastante raro. Poucos meses depois, cinco atletas — lançadores de disco, arremessadores de peso e uma pentatleta — do Bloco Oriental, russos e búlgaros, perderam suas medalhas depois de testarem positivo para nandrolona.

Como seria de esperar, essa notícia nunca foi veiculada na Rússia, Bulgária ou qualquer outro país atrás da chamada "Cortina de Ferro". Só fiquei sabendo porque fazia parte de um grupo de leitura de inglês avançado na universidade, onde líamos os romances de Jack London, autor amigo do proletariado, e o *Morning Star*, jornal do Partido Comunista Britânico. A última página do *Star* tinha um apanhado geral de notícias de esportes internacionais e vi uma breve menção ali da desqualificação dos atletas.

Posteriormente, soube-se que o dr. Bernhard Chundela, diretor do relativamente sofisticado laboratório de controle antidoping de Praga, estava trabalhando sob o jugo da polícia secreta — o que não era incomum nos países do Bloco Oriental — e tinha optado por não divulgar os resultados positivos dos testes durante o campeonato europeu. Os membros da Comissão Médica da Federação Europeia de Atletismo Amador entravam e saíam do laboratório de Chundela, mas, como quase todos eram médicos, não tinham qualificação para interpretar os relatórios de imunoensaio, cromatografia gasosa e espectrometria de massa (GC-MS).

No entanto, infelizmente, para a União Soviética e para os atletas envolvidos, o dr. Manfred Donike, professor de química de Colônia, era membro da Comissão Médica da Federação Internacional de Atletismo Amador (IAAF, na sigla em inglês). No instante em que ele viu as cópias impressas, detectou os resultados do doping e disparou o alarme. Como sempre, os dirigentes e os treinadores insistiram que a urina ou os frascos tinham sido contaminados, mas os atletas foram suspensos por dezoito meses; uma punição bastante conveniente, que permitiria que eles competissem nos próximos Jogos Olímpicos de 1980, em Moscou.

Nadezhda Tkachenko foi a pentatleta que perdeu sua medalha de ouro no caso de doping em Praga. Contudo, ao longo de sua suspensão de dezoito meses, ela seguiu obstinadamente um "programa farmacológico" — em outras palavras, um esquema de doping — para se preparar para a Olimpíada em Moscou. Naquela época, não havia controle antidoping fora de competição. Os atletas podiam fazer o que quisessem, desde que testassem "negativo" nas provas oficiais.

De fato, uma Tkachenko "limpa" conquistou uma medalha de ouro olímpica inesquecível em Moscou, registrando seus melhores recordes pessoais em cada uma das cinco provas do pentatlo, aos 32 anos e em um único dia! De manhã, lançou o peso a uma distância de 16,84 metros e, ao cair da tarde, correu 800 metros com barreiras em 2min05s20. Seu recorde mundial permanece desde então, quando o heptatlo substituiu o pentatlo nos Jogos Olímpicos de 1984.

Os Jogos Olímpicos de 1980, em Moscou, foram um capítulo glorioso da história soviética. De fato, as pessoas brincavam que, em vez do comunismo eterno, tínhamos sido abençoados com o interlúdio bem-aventurado da Olimpíada. A cidade, limpa para receber os visitantes estrangeiros, estava quase deserta. Qualquer pessoa não envolvida nos Jogos Olímpicos fora enviada para acampamentos de pioneiros, dachas e balneários do governo. As lojas tinham bens de consumo, incluindo salame, Fanta e cigarros Marlboro. Não foi a glória do comunismo, mas foi um bom começo.

Aos 20 e poucos anos, comecei a perceber o lado sujo da máquina esportiva soviética. Como atleta e químico em ascensão, familiarizei-me com esteroides, injeções intravenosas e estimulantes que os competidores estavam usando. Comecei a apreciar a sofisticação dos regimes de doping esportivo. Era como preparar o *borshtch*, a sopa típica de beterraba da Europa Oriental. Qualquer um podia reunir os ingredientes, mas os chefs experientes faziam a melhor sopa.

Descobri coisas assustadoras. Lev Korobochkin, médico responsável pelo desenvolvimento de novos programas farmacológicos durante os Jogos Olímpicos de Moscou, morreu subitamente apenas dois meses depois do evento, aos 49 anos. Não encontramos nada sobre seu trabalho na internet. Após sua morte, o repositório de seus registros, incluindo décadas de análises médicas e dados de exames, desapareceu do Instituto de Pesquisa Científica de Cultura Física da Rússia (VNIIFK), onde, tempos depois, começaria minha carreira como pesquisador júnior no laboratório de controle antidoping.

MINHA PRÓPRIA CARREIRA DE CORREDOR ESTAVA INDO BEM, MAS NÃO pude deixar de notar que alguns rivais que tinha superado no passado estavam começando a correr mais rápido do que eu. De acordo com meu treinador, provavelmente eles estavam se dopando, mas ele não tinha ideia de qual tipo de droga eles faziam uso. Ele me disse que eu tinha talento suficiente para evitar o uso de doping, desenvolvendo-me naturalmente com treinamento, dedicação e disciplina. Quem me dera ele tivesse razão.

Meu treinador pertencia a uma geração que tinha competido e treinado durante os anos tranquilos do esporte soviético, quando os cartazes de propaganda declaravam que "Todos os recordes mundiais devem pertencer aos atletas soviéticos!". Ele era o último de uma estirpe antiga, que achava que o trabalho duro e a dedicação à ideologia marxista-leninista levariam os atletas soviéticos além da linha de chegada. Mas os tempos tinham mudado e a ideologia estava se rendendo à ciência.

No meu último ano da faculdade, meu corpo dava sinais de treinamento em excesso. Em um dia quente de verão, após um treino exaustivo, descobri sangue na minha urina e levei um choque: nunca me esqueci do sol iluminando minha poça de urina e vendo o que pareciam gotas de suco de beterraba nela. Antes disso, meu treinador me prescreveu uma dieta rígida, fazendo meu peso cair para pouco mais de 61 quilos. Naquele momento, estava colapsando debaixo do chuveiro após os treinos, sem energia e com os joelhos bambos como um bêbado.

Naquela época, o chefe do clube esportivo universitário ordenou que eu participasse de duas competições de atletismo na Tchecoslováquia: uma em Bratislava e outra em Nitra. Eu estava fora de forma, mas desenterrei minhas sapatilhas de corrida de uma prateleira do meu quarto e comecei a praticar alguns circuitos leves, como, por exemplo, dez repetições de uma corrida de 500 metros, intercaladas por corridas leves de 300 metros. Era uma das minhas rotinas favoritas. No entanto, eu me sentia sem ânimo, sem força, sem energia e sem vontade de correr. Minha boca tinha gosto de sangue, o que era mau sinal, mas a competição aconteceria em três semanas. Como atleta iniciante da máquina esportiva soviética, desistir de uma competição no exterior era impensável. O que eu poderia fazer?

Meus amigos mais experientes do campo de treinamento explicaram que três semanas era tempo suficiente para iniciar um ciclo leve de uso de esteroides anabolizantes. Eram necessárias três injeções de Retabolil ao longo de duas semanas e, depois, uma semana adicional para ajustar os músculos e a técnica. Disse a mim mesmo que três injeções de 50 miligramas não eram nada de mais e que, mais cedo ou mais tarde, teria que experimentar esteroides anabolizantes para descobrir se funcionavam ou não para mim.

Tomei a decisão avaliando dois extremos: voltar a encontrar sangue na minha urina ou treinar com segurança e me sentindo saudável. Minha mãe apoiou minha decisão e me pediu para ter paciência enquanto ela ia atrás do Retabolil.

Pelo fato de trabalhar no Hospital do Kremlin, minha mãe tinha se tornado membro da *nomenklatura* (origina-se da palavra em latim para "lista", e havia realmente uma lista — uma longa lista — de cidadãos privilegiados, incluindo bailarinas, escritores e cientistas importantes, que faziam compras em lojas especiais e passavam férias em hotéis especiais), que lhe dava acesso a muitos bens de consumo difíceis de conseguir, como bananas do "fraternal" Vietnã ou armações de óculos. No entanto, tudo o que me interessava eram as ampolas de Retabolil e as seringas e agulhas descartáveis. Foi assim que acabei no sofá com uma agulha espetada na nádega.

Comecei a correr duas vezes por dia e, como meus amigos previram, senti um pouco de dor nas pernas e nos quadris. Não tinha certeza se era causada pelo Retabolil ou pelos meus treinos mais longos e extenuantes. Após a terceira injeção, minha calça jeans começou a ficar apertada. Eu tinha ganhado quase 1.400 gramas de músculos.

Alguns dias antes de pegar o trem para Bratislava, saí no fim de tarde para fazer uma corrida de quase 21 quilômetros, em uma floresta perto de nosso apartamento. Estava frio e úmido, como um típico entardecer de outubro, apesar de ainda ser agosto. O sol com chuva, que os russos chamam de *gribnoy dozhd*, ou "chuva para cogumelos", deixava o terreno lamacento. Uma condição nada ideal para correr. Mas era a condição favorita para o meu cachorro: umidade, poças e relva molhada.

Percorri os quase 21 quilômetros em uma hora e dezesseis minutos, saltando por sobre poças e não escorregando nenhuma vez na lama e na relva molhada. Foi fácil, igual a subir rapidamente uma colina em uma motocicleta. Ao terminar, sentia-me bem-disposto o suficiente para repetir o percurso. Enquanto isso, meu cachorro peludo com cara de husky, o pobre Ajax, livre de doping, desabou na relva ao meu lado. Exatamente como teria acontecido comigo três semanas antes.

No trem para a Tchecoslováquia, minhas pernas começaram a coçar e ficaram rígidas. Fiquei preocupado em relação a cãibras, mas logo essa preocupação passou: realizei facilmente minha primeira sessão de treinamento em Bratislava e, no dia seguinte, venci sem dificuldade a prova de 5.000 metros em pouco mais de catorze minutos — um tempo excelente. Em Nitra, venci a prova de 1.500 metros, correndo a última volta muito à frente dos demais competidores. Como prêmio, levei para casa o troféu mais pesado da minha carreira, um grande vaso do famoso cristal tcheco.

EM 1982, FORMEI-ME NA UNIVERSIDADE DE MOSCOU E, COMO TODOS os jovens soviéticos, fui direto para o Exército, no meu caso para um estágio de três meses em uma unidade de guerra química e biológica situada a 300 quilômetros de Moscou. Era uma vida de Exército de verdade, em casernas sem água quente, sem espelhos e com banheiros pré-históricos envoltos em um miasma de dar náuseas. Nossos coturnos eram tão rígidos que pareciam feitos de madeira e tínhamos permissão para apenas um banho quente por semana, às terças-feiras. Embarcados em caminhões-tanque militares, cheios de desintoxicantes e desinfetantes, usando trajes e máscaras especiais contra substâncias perigosas, bombardeávamos as florestas e os pântanos locais. Em teoria, estávamos simulando a resposta soviética a um ataque de guerra química. Quando tirávamos os trajes especiais, enfrentávamos nosso verdadeiro inimigo: enxames de mosquitos e mutucas.

Exército soviético, 1982. Largada da prova de revezamento. Sou o segundo à esquerda.

O Exército tentou me recrutar como atleta profissional, onde meu único trabalho seria treinar para competições e trazer glória ao CSKA, o famoso Clube Central de Esportes do Exército. Até prometeram cortar dois anos da minha idade, para me garantir os benefícios de ser um "jovem atleta promissor", mas recusei a oferta. Gostava de ser estudante e enxergava um futuro para mim desenvolvendo pesquisas em laboratórios de química. Sentia orgulho da minha educação na Universidade de Moscou e estava de olho em um doutorado. Mesmo a vida como estudante pobre de pós-graduação seria melhor do que obedecer a ordens como um cão no Exército soviético.

Iniciei meus estudos de pós-graduação em um laboratório que funcionava sob a supervisão do acadêmico Nikolai Semenov, que fora agraciado com o Prêmio Nobel de Química em 1956, "por sua pesquisa sobre o mecanismo das reações químicas". Comecei a trabalhar no Departamento de Química da Universidade de Moscou como uma espécie de engenheiro e químico, vinculado a um projeto de lasers de corante fluorescente e orgânico. Estávamos trabalhando na vanguarda da pesquisa científica e, no meu primeiro ano ali, uma jovem e atraente estudante de doutorado do Departamento de Física se juntou a nós. Ela era especializada em óptica e espectroscopia, enquanto eu era especializado em cinética química e catálise.

Colaboramos em alguns projetos e começamos a almoçar juntos e compartilhar intervalos para o café. Provavelmente você sabe onde isso vai dar. Veronika não sabia nada sobre atletismo ou por que alguém usaria esteroides anabolizantes. Ela cantava no coral da universidade, que se apresentava na Bulgária, Iugoslávia e Polônia. Nós dois já tínhamos viajado para o exterior, o que era incomum. Quase ninguém da nossa idade havia saído da União Soviética, meus pais também não.

Nós nos casamos em junho de 1983 e passamos a lua de mel no famoso balneário de Sochi, na costa do Mar Negro. As verduras ali eram frescas e abundantes, ao contrário de em qualquer outro lugar da URSS. Preparávamos omeletes, saladas de tomate e pepino e frango cozido com macarrão. Éramos obrigados a cozinhar em nosso minúsculo apartamento, porque tudo era muito caro em Sochi e, como estudantes de pós-graduação, não tínhamos dinheiro para restaurantes e bares. Nosso único luxo era o famoso *morozhnoye* — sorvete cremoso e aveludado — oferecido por vendedores ambulantes.

Com Veronika, comemorando nosso 25º aniversário de casamento, em Colônia, em 2008.

Em 2007, 24 anos depois, Sochi seria anunciada como a cidade-sede dos Jogos Olímpicos de Inverno de 2014, o que era inimaginável na época. Quilômetros e quilômetros de praias com palmeiras balançando na brisa. Quem faria uma Olimpíada *de Inverno* ali?

EU QUERIA VOLTAR A CORRER, MAS PRECISAVA DE UM NOVO TREINADOR. Um treinador importante me convidou para ingressar em sua equipe, com a condição de que eu participasse de seu "programa farmacológico", mas aquilo teria um custo para mim. Um frasco com trinta comprimidos de 5 miligramas de estanozolol (Stromba) custava 30 rublos. Uma caixa com vinte comprimidos de Oral Turinabol, ou Turik, custava 10 rublos. Um estoque capaz de durar alguns meses me custaria 100 rublos, o dobro do valor da minha bolsa mensal de estudante de pós-graduação!

Meu regime de esteroides precisava de um esquema de financiamento distinto. Eu tinha uma ideia em mente. Meu amigo Stepan havia ingressado na equipe de corrida do Exército soviético na Alemanha Oriental e estava se sustentando aproveitando as disparidades de preços entre os aliados socialistas da Rússia. Por exemplo, sua mulher trabalhava em um restaurante e desviava grãos de café para ele, que Stepan revendia na Alemanha Oriental por três vezes o preço de compra em Moscou.

Certo dia, enquanto estávamos correndo em uma floresta, Stepan me disse que as mulheres do restaurante de sua mulher estavam torrando sua paciência por causa do Aponeuron, inibidor de apetite vendido na Alemanha Oriental. Elas trabalhavam o dia todo com comida e não queriam engordar. Stepan gostava de fazer negócios com comprimidos, porque transportar pequenas cartelas da Alemanha Oriental era muito mais fácil do que encher suas malas com porcelanas de Dresden ou as famosas imitações do jeans Levi's fabricadas ali. Eu disse para ele que as mesmas farmácias da Alemanha Oriental que vendiam inibidores de apetite (um derivado da anfetamina) também vendiam Turik, nosso apelido para o Oral Turinabol, famoso esteroide daquele país. Stepan concordou em comprar cinquenta caixas para mim, por 5 rublos cada uma.

Entrei no negócio. Vendi 45 caixas ao meu treinador e aos companheiros de equipe por 8 rublos cada uma, reembolsei Stepan e obtive um lucro de 110 rublos, que, anteriormente, gastava com esteroides, mantendo cinco caixas para mim, que durariam o restante da minha carreira de corredor. Ao ingressar no laboratório de controle antidoping, tornei-me o único químico ligado aos esportes de Moscou que tinha uma amostra daquela preparação farmacêutica de esteroide. O restante do pessoal do laboratório só a conhecia de nome, embora estivesse circulando na corrente sanguínea de muitos dos atletas mais importantes do país.

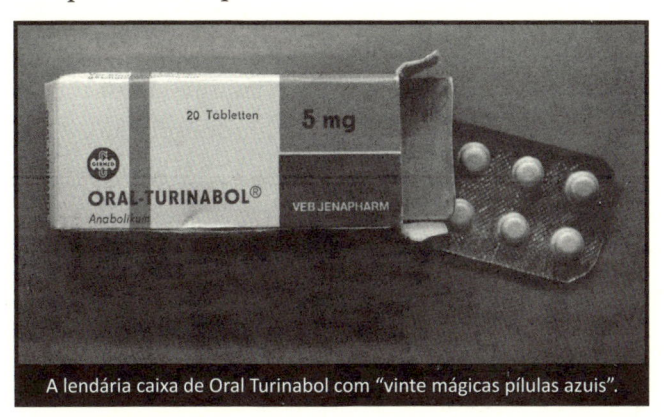

A lendária caixa de Oral Turinabol com "vinte mágicas pílulas azuis".

Em 1985, minha carreira como corredor semiprofissional estava chegando ao fim. Veronika e eu tivemos um filho, Vasily, e eu não tinha tempo para me dedicar a um programa sério de corrida. Estávamos morando naquele apartamento apertado de 58 metros quadrados (onde minha mãe injetou

Retabolil em mim), com meus pais e minha irmã. Veronika sonhava em ter o próprio apartamento, com uma cozinha só para ela, mas isso só aconteceria em um futuro distante. Naquele momento, ela passava os verões com seus pais em Saransk, a 650 quilômetros de Moscou, o que me permitia viajar para competições e campos de treinamento.

Minha dedicação como corredor tornou-se problemática diante dos nossos planos de concluir o doutorado. Veronika terminou o dela muitos anos antes que eu e, naquela época, a bolsa acadêmica dela era uma fonte de renda muito necessária para nós. Eu estava publicando pesquisas, mas ainda precisava trabalhar duro durante muitos anos como *soiskatel,* ou candidato a emprego, antes de conseguir alcançar Veronika e obter meu doutorado. Nós sonhávamos em ter outro filho, mas nossas condições de vida não permitiam.

Finalmente, meu treinador e eu concordamos em fazer uma última tentativa, mas ele impôs outra condição: eu deveria suplementar meu consumo de esteroides com estimulantes pré-corrida. Ou, para ser mais preciso, três doses de Sydnocarb (mesocarb), um antigo antidepressivo húngaro que recentemente foi redescoberto pelos cientistas como um possível tratamento para o mal de Parkinson.

Em uma de minhas últimas corridas, corri 1.500 metros em 3min44s5, meu recorde pessoal. Senti-me muito forte, graças ao poder sinergético do Sydnocarb e do estanozolol circulando dentro de mim. Senti-me duas vezes mais potente do que tinha me sentido alguma vez, e poderia ter participado da corrida novamente. No entanto, ao chegar em casa, não conseguia dormir e saí para correr simplesmente para tentar relaxar.

Eu estava irremediavelmente superestimulado. Assim, na competição seguinte tomei um comprimido em vez de três. E funcionou muito bem. Corri a prova de 3.000 metros em 8min02s42, meu recorde pessoal, e a prova de 5.000 metros em 13min52s57, outro recorde pessoal. Contudo eu não era rápido o suficiente para me qualificar como corredor de elite. O destino estava traçado. "*Enough is enough*" (Já chega!), como tínhamos aprendido com Donna Summer, cujas músicas ouvimos pela primeira vez em LPs búlgaros, antes de finalmente aparecerem na Rússia durante os anos da *perestroika.*

Em 1985, eu tinha 26 anos, não conquistara nenhum troféu ou título importante, e sem dúvida não era um corredor de nível internacional. Passei vários meses em campos de treinamento, meu corpo estava ficando mais forte, mas meu sonho de me tornar um atleta de elite estava cada vez mais distante. Dei-me conta de que, se quisesse me tornar um esportista de elite, teria que abandonar completamente minha família e largar totalmente a vida civilizada. Os campos de treinamento me reduziam intelectualmente, não estimulavam exatamente o tipo de pensamento esperado de um doutorando. E também favoreciam uma infantilização, já que nos comportávamos como garotos de escola e o treinador agia como um professor do ensino fundamental.

Não tenho certeza se percebi isso naquela época, mas, quando voltei ao laboratório, era como um novato destreinado: todos os meus pensamentos e minhas habilidades científicas pareciam ter evaporado. E depois havia a questão do doping. Minha dosagem de esteroide era muito pequena em comparação com a utilizada pelos corredores profissionais, mas seus músculos superdesenvolvidos e suas veias salientes me assustavam. Usava anabolizantes porque estava treinando em condições difíceis, nos caminhos gelados ou cobertos de neve de Moscou, na escuridão e com vento frio. Eu não estava em um campo de treinamento ensolarado do Mar Negro. Os atletas ali dormiam duas horas depois do almoço, mas eu tinha que trabalhar o dia todo no laboratório entre as sessões de treinamento de manhã e no final da tarde.

Às vezes, parecia uma tortura, mas tentei me manter motivado. O doping não me ajudou a progredir, mas me ajudou a me manter igual. Naquela fase da minha vida, "doping significava competir", pura e simplesmente.

De qualquer forma, não nos iludamos. Eu não estava fazendo nada que outros atletas ambiciosos da minha idade não fizessem. Não eram apenas os treinadores "atrás da Cortina de Ferro" que empurravam "programas farmacológicos" aos seus protegidos. O doping pode ter sido um pecado para um amador como eu, mas era um pecado perdoável, no máximo. No entanto, a União Soviética não tinha o monopólio do pecado, e minha alma não estava em perigo. Pelo menos, ainda não.

2.
APRENDENDO O OFÍCIO

Em 1955, enquanto trabalhava em uma maternidade no leste do Cazaquistão, minha mãe viu um anúncio no jornal *Meditsinskaya Gazeta* que mudou sua vida. Era um concurso para vagas em um programa de residência avançada no Instituto Regional de Obstetrícia e Ginecologia de Moscou. Ela enviou seu currículo e foi aceita, deixando as províncias e ingressando nos altos escalões da medicina soviética.

Algo parecido aconteceu comigo. Certo dia, no verão de 1985, estava assistindo a um jogo de futebol internacional na TV e lendo o *Sovietsky Sport* quando vi um anúncio no pé da última página: o Instituto de Pesquisa Científica de Cultura Física da Rússia (VNIIFK) estava recrutando pessoal para seu laboratório de controle antidoping. Queriam candidatos que morassem em Moscou, conhecessem química e instrumentação e tivessem formação em físico-química, química orgânica ou química analítica.

Eu era bastante versado naqueles assuntos, mas não tinha ideia de como poderiam ser mobilizados para detectar doping em um laboratório. Havia lido sobre médicos que coletavam amostras de sangue de atletas e as colocavam em tubos de ensaio para checar a presença de estimulantes ou esteroides, mas nunca tinha ouvido falar de alguém que havia sido pego ou punido na União Soviética. No entanto, existiam muitas evidências de uso abusivo de substâncias químicas: por exemplo, algumas velocistas, corredoras e saltadoras tinham a voz grave, como homens, e costumavam exibir musculatura semelhante. Aquilo parecia esquisito. Era estranho que ninguém jamais fosse pego e desqualificado, e foi por isso que o controle antidoping me interessou.

Na segunda-feira, telefonei para o instituto e me peguei falando com o dr. Victor Uralets, um dos maiores especialistas em cromatografia gasosa do mundo. Como eu, ele tinha se formado na Faculdade de Química da UEM e conhecia alguns dos meus colegas do laboratório de cinética química onde eu trabalhava.

Educadamente, Uralets me perguntou que tipo de trabalho eu estava procurando e expliquei que esperava encontrar um trabalho que me levasse a um doutorado em físico-química ou química analítica. Ele me convidou para visitar o laboratório, onde fiquei surpreso de não encontrar médicos ou amostras de sangue. Havia pequenos frascos de urina guardados em congeladores e alguns químicos analíticos trabalhando ali. Uralets pareceu feliz com a perspectiva de recrutar outro formado pela UEM para seu laboratório. Ele entrou na sala do dr. Vitaly Semenov, chefe do laboratório, e, algum tempo depois, convidou-me para entrar.

O dr. Semenov estava sentado atrás de uma grande mesa com pilhas de documentos e pastas. Ele tinha quase 50 anos e estava ficando calvo, mas havia penteado os fios de cabelo restantes de uma maneira a esconder o fato. Usava um bigodinho e tinha olhos escuros e atentos, que pareciam penetrar nos pensamentos do interlocutor enquanto estava conversando. Posteriormente, fiquei sabendo que as garotas do laboratório o chamavam de Cigano, porque o viam como uma pessoa misteriosa e evasiva. Ele me disse que o laboratório estava lançando um novo programa de pesquisa e desenvolvimento e que precisava de pessoal.

O dr. Semenov me fez algumas perguntas meramente formais e me contratou na hora, como pesquisador júnior subordinado ao dr. Uralets.

Um dia eu estava na universidade e no outro era funcionário do VNIIFK, trabalhando basicamente para o Goskomsport (Comitê Estatal de Esportes) e o Comitê Olímpico Soviético. Era o tipo de mudança que eu tinha desejado: o VNIIFK possuía os computadores mais recentes fabricados no Ocidente e instrumentação analítica atualizada. A mudança elevou o meu moral e reavivou meu desejo de mergulhar em um trabalho sério de laboratório.

O dr. Uralets me deu para ler cópias de artigos de publicações estrangeiras sobre cromatografia gasosa, espectrometria de massa e extração e análise de esteroides. Enquanto lia atentamente aqueles artigos no metrô, às vezes a polícia me pedia para mostrar o que eu estava lendo. Os *samizdat*, ou seja, edições de literatura "anticomunista", circulavam frequentemente em cópias, e as fotocopiadoras eram monitoradas rigorosamente na União Soviética. Estávamos em 1985 e era o fim da "era da estagnação" em um país completamente desprovido de liberdades individuais. A velha URSS estava literalmente morrendo: Leonid Brezhnev, líder esclerosado do Partido Comunista, tinha morrido em 1982. Foi sucedido por Iúri Andropov, igualmente idoso, que faleceu dois anos depois. Na sequência, em 1985, morreu o sucessor de Andropov, o asmático Konstantin Chernenko.

O comparativamente jovem Mikhail Gorbatchov, de 54 anos, tinha acabado de assumir o cargo de secretário-geral do Partido Comunista. Assim que a polícia visse os textos em inglês e as imagens de cromatogramas e espectros de massa, relaxaria e me desejaria tudo de bom.

Só para checar.

Não tinha ideia do que esperar em termos de atribuições e salário. Achei que, no mínimo, teria acesso a alguns computadores sofisticados fabricados nos Estados Unidos não encontráveis em nenhum outro lugar em Moscou. O que provou ser verdade, pois, por meio de algum milagre, o Comitê Olímpico Internacional (COI) tinha conseguido escapar do embargo de tecnologia do presidente Ronald Reagan ao "império do mal", que fora imposto após a invasão soviética do Afeganistão, em 1979.

Pouco antes dos Jogos Olímpicos de 1980, em Moscou — boicotado explicitamente pelos Estados Unidos e seus aliados —, o príncipe belga Alexandre de Merode, chefe da Comissão Médica do COI, convenceu os norte-americanos a nos deixar importar a mais recente tecnologia da Hewlett-Packard necessária para o credenciamento do nosso laboratório. Quando parecia que enviaríamos atletas para os Jogos Olímpicos de 1984, em Los Angeles, De Merode assegurou o envio de ainda mais equipamentos para o laboratório de Moscou. Na Rússia, nenhum outro laboratório tinha equipamentos e computadores como o nosso, e não teria até a década de 1990, depois que o "império do mal" entrou em colapso.

Eu adorava trabalhar no laboratório do VNIIFK, ainda que tenha começado a incomodar quase tão logo cheguei. Surpreendi-me ao saber que a testosterona e os dois esteroides anabolizantes que havia usado durante três anos, o Turik e o Stromba, eram completamente indetectáveis, mesmo pela tecnologia mais recente. Parecia totalmente bizarro que os esteroides anabolizantes usados de modo amplo e abusivo não fossem controlados. Além disso, a primeira amostra de Turik vista no laboratório de Semenov veio do meu estoque pessoal, coletada do outro lado da barricada, por assim dizer. O mesmo acontecia em relação ao Sydnocarb, outro item básico na lista de consumo dos atletas.

Semenov não gostou de saber disso e me disse para ficar calado. Percebi rapidamente que um dos problemas do laboratório era que ele não tinha um parâmetro da vida real sobre o que procurar. Os nossos analistas seniores eram cientistas com doutorado, trajados com jalecos brancos, que não haviam passado nem um segundo em um vestiário ou em uma pista de corrida. Como consequência, não tinham muita ideia de quais drogas ilícitas os atletas estavam usando e, quando tinham um alvo definido, a expertise ficava aquém das habilidades dos atletas para enganá-los. E eram incapazes de confirmar a presença ou a ausência de substâncias com que nunca tinham se deparado.

O dr. Semenov era uma personalidade única daquela época. Ele era membro da Comissão Médica do COI e tinha um relacionamento caloroso com seu presidente, o príncipe Alexandre de Merode, e com o presidente do COI, o marquês Juan Antonio Samaranch. A figura pública de Semenov declarava: meu laboratório detecta *tudo*. Aquilo era ridículo, mas todos os outros laboratórios de controle antidoping estavam fazendo as mesmas declarações exageradas. Em 1984, a declaração de um laboratório de Los Angeles de que poderia detectar o estanozolol, esteroide amplamente utilizado pelos principais atletas da União Soviética (que nós mesmos não conseguíamos detectar), foi parcialmente responsável pelo boicote soviético aos Jogos Olímpicos de Los Angeles.

EXISTIRAM DUAS ÉPOCAS DISTINTAS NA HISTÓRIA DO CONTROLE CONtra o doping no esporte. Entre 1967 e 1999, a Comissão Médica do COI estava no comando. Então, em 1999, o COI instituiu a Agência Mundial Antidopagem (WADA), órgão independente criado para lidar com as incessantes dores de cabeça associadas ao controle do doping, porque o COI vinha perdendo a guerra contra as drogas no esporte.

O controle antidoping tornou-se inevitável depois da morte de diversos ciclistas devido a causas evidentes relacionadas ao consumo de dopantes durante a década de 1960. Em reação, em 1967, o COI publicou uma lista de substâncias proibidas, mas o sistema era imperfeito desde o começo. Nos Jogos Olímpicos de 1968, na Cidade do México, um pentatleta sueco foi desqualificado por beber algumas cervejas antes de uma prova; o álcool estava na lista de substâncias proibidas!

A posição do COI em relação ao doping era de que ele fazia mal: as drogas podiam melhorar o desempenho dos atletas, mas prejudicavam sua saúde. Na prática, isso não era verdade; os exaustivos programas de treinamento dos atletas prejudicavam muito mais do que a maioria dos intensificadores de desempenho e incitavam os atletas e os treinadores a sonhar com "pílulas mágicas". Os atletas estavam procurando maneiras de se proteger dos estragos físicos causados pela preparação ao nível olímpico. O propósito verdadeiro do doping não é desenvolver músculos, mas sim ajudar o corpo a se recuperar da competição ou sobreviver aos rigores do treinamento.

Em outras palavras, era uma troca: os atletas começavam a se dopar quando o dano potencial do treinamento em excesso superava o dano potencial do uso de drogas. Os membros da equipe do atleta — médicos, massagistas e treinadores — aprenderam a usar produtos farmacêuticos e evitar problemas com controles antidoping. Por uma questão de segurança, as regras eram simples: sem overdose e sem misturar muitos medicamentos. Na década de 1960, houve uma revolução farmacêutica, que apresentou novas oportunidades para fraudes. Os laboratórios de controle antidoping não conseguiam acompanhar o ritmo.

Entendi como isso funcionava. Poucos anos antes, minhas sessões de treino no verão me deixaram com os joelhos bambos, desidratado e urinando sangue. Debilitavam-me muito mais do que os esteroides anabolizantes que comecei a usar para ajudar na minha recuperação. Ética à parte, preferia usar esteroides a sofrer os sintomas extenuantes do treinamento em excesso.

Para enfatizar, essa não era uma posição exclusivamente "soviética". A moralidade ocidental provou ser igualmente flexível. Os atletas norte-americanos que competiam na Europa seguiam rigorosamente uma "preparação adequada" — um eufemismo para doping — para melhorar seu desempenho. Lembro-me de ter lido as 657 páginas do "Inquérito sobre o uso de drogas e práticas proibidas destinadas a melhorar o desempenho atlético", presidido pelo juiz canadense Charles Dubin, depois que o velocista Ben Johnson testou positivo para estanozolol nos Jogos Olímpicos de 1988, em Seul. Fiquei realmente surpreso ao ler esse relato em inglês. Era uma loucura: o Canadá agia quase como a União Soviética no *front* do doping. A conclusão inevitável era que não havia como vencer sem doping.

Naquele momento, o doping se tornou sinônimo de fraude. É por isso que na URSS sempre nos referíamos à "farmacologia" dos nossos atletas. Como justificávamos isso para nós mesmos, éramos forçados a desenvolver esquemas e protocolos para competir com nossos rivais: os atletas dos Estados Unidos e os de camiseta regata azul da Alemanha Oriental. É claro que eles estavam fazendo uso de doping. Não tínhamos dúvidas. Caso contrário, como eles podiam competir e até vencer os atletas soviéticos, que tinham um *background* incrível em ciência, medicina esportiva avançada e farmacologia, além de campos de treinamento excelentes e disciplina rígida?

Doping, ou fraude, era o que os nossos adversários faziam. Os atletas soviéticos eram patriotas, puros e honestos, defendendo a glória eterna do comunismo. As virtudes do duplipensamento estavam em ação no mundo esportivo.

Em 1985, existiam apenas alguns laboratórios de controle antidoping: em Colônia, na Alemanha Ocidental; Gante, na Bélgica; Kreischa, na Alemanha Oriental; Londres, Los Angeles, Montreal, Moscou, Paris, Praga e Roma. Manfred Donike, em Colônia, era o líder informal do grupo. Em 1969, ele tinha criado e sintetizado o MSTFA, reagente capaz de detectar pequenas quantidades de esteroides anabolizantes e que é utilizado até hoje. Donike também insistiu em credenciar laboratórios de controle antidoping e uniformizar os procedimentos analíticos. Instituiu o controle de qualidade e recomendou o registro rigoroso de informações e a conservação perfeita de documentação, para que as análises laboratoriais pudessem fazer frente à revisão por pares e ser válidas em tribunais. Ele pressionou por testes fora de competição a vida toda. Finalmente, em 1989, isso se tornou realidade na Conferência Mundial Antidoping realizada em Moscou.

Na década de 1980, com a criação da WADA ainda um pouco distante, não havia regras acordadas regulamentando os laboratórios nacionais, nem protocolos compartilhados especificando procedimentos analíticos e substâncias-alvo. A Guerra Fria impedia que os países socialistas e capitalistas cooperassem uns com os outros.

Pelo resto da minha vida, eu me lembraria desta lição: os laboratórios de controle antidoping estão sempre atrasados em relação aos esportistas que se dopam, produzindo principalmente resultados falso-negativos. Não levei muito tempo para me dar conta de que o laboratório do VNIIFK era uma instituição singularmente soviética. Sua função principal não era pegar atletas que usavam substâncias proibidas, mas instruir as equipes nacionais a respeito de como não serem pegas, fornecendo detalhes sobre janelas de detecção e períodos de eliminação de todos os esteroides anabolizantes prescritos por médicos e treinadores. A União Soviética não praticava o controle antidoping *per se*, mas exercia controle sobre o uso permitido de substâncias dopantes.

Todo mundo está "limpo"! Só que não estão.

No âmbito da equipe nacional, o objetivo final era ser liberado pelo controle antidoping obrigatório antes do embarque para participar das competições no exterior. Apenas os atletas certificados como "limpos" podiam viajar para fora da URSS. O sistema era movido por um medo profundo de escândalo. Se um atleta soviético fosse pego num teste no exterior, diversos *apparatchiks* (burocratas) do Goskomsport perderiam o emprego ou a filiação ao Partido Comunista e, com isso, suas viagens ao exterior, o privilégio mais sedutor do esporte soviético.

Dentro da União Soviética, eu sabia que os atletas da equipe nacional de atletismo utilizavam todos os esteroides e estimulantes que conseguiam obter, sem medo de ser desqualificados. Como nunca tinha ouvido falar de um atleta ser desqualificado no território soviético, era evidente que os atletas que se dopavam se sentiam seguros em casa.

No entanto havia regras. Os *apparatchiks* do Goskomsport escolhiam os atletas que seriam inscritos em programas de doping. Nem todos eram autorizados a participar. Se o atleta não estivesse inscrito no programa e fosse pego durante um teste antidoping de rotina em uma competição, ele era punido. Além de ser impedido de fazer viagens lucrativas ao exterior, podia ser excluído dos campos de treinamento da equipe nacional ou perder o acesso a materiais esportivos cobiçados, como os tênis de corrida Adidas mais modernos, que nunca encontraria em uma loja soviética.

EM 1986, O GOSKOMSPORT E SEMENOV ORGANIZARAM UM ENCONTRO em Moscou do subcomitê antidoping da Comissão Médica do COI. O encontro foi realizado no Sport Hotel, na *Avenida Leninsky*. O lendário professor Donike, fundador e diretor do Instituto de Bioquímica da Universidade Alemã de Esportes de Colônia, presidiu os trabalhos. Ele conhecia e entendia o esporte por dentro, tendo sido um ciclista campeão e competido no Tour de France. Ele me disse que os ciclistas usavam anfetaminas para manter o espírito competitivo e combater o cansaço. Posteriormente, como diretor do laboratório de Colônia, parava sua bicicleta vermelha que tinha "DONIKE" escrito no quadro junto à porta do seu escritório.

Lembro-me de esperar por Donike e o dr. Semenov no saguão do hotel. Ajudei a carregar a bagagem de Donike, o que pareceu incomodá-lo. Recordo-me de que foi a primeira vez que vi uma mala com rodinhas. Viajando pelo mundo rapidamente, Donike estava bem-vestido, com uma gravata elegante e um terno impecável. Ele tinha uma expressão preocupada e olhos grandes e calorosos.

Apresentei-me a Donike, mas ele não tinha interesse em conversa fiada e prontamente me perguntou a respeito da metodologia que usávamos para análise de testosterona e quantos resultados positivos obtínhamos. A pergunta me perturbou, porque não tínhamos um protocolo de detecção de testosterona. Semenov estava andando bem atrás de nós e, embora ele não fosse fluente em inglês, entendeu o que estávamos falando. Suas caretas eram um sinal claro de que eu deveria mudar de assunto. Então, começamos a conversar sobre questões de instrumentação. Com orgulho, relatei que tínhamos recebido alguns novos e sofisticados equipamentos da Hewlett-Packard: um cromatógrafo gasoso automatizado acoplado a um espectrômetro de massa, que se tornaria o padrão ouro para o trabalho antidoping nos anos vindouros.

Na manhã seguinte, a Comissão Médica do COI visitou o nosso laboratório com grande pompa e circunstância. Todos os visitantes usavam terno e gravata e nós, o pessoal dos laboratórios, usávamos jalecos brancos bem passados. Nossas assistentes, que tinham se embonecado, serviram café e guloseimas. Ainda me lembro dos cheiros de perfumes e cigarros, os odores reveladores dos visitantes estrangeiros. O dr. Uralets servia de intérprete para o dr. Semenov, que se agarrou ao príncipe Alexandre de Merode como uma lampreia, certificando-se de que todos soubessem que o príncipe era o seu convidado pessoal.

Eu estava posicionado ao lado do nosso mais novo equipamento da Hewlett-Packard enaltecendo-o, como se fosse um representante de vendas. Quando os visitantes saíram, Donike ficou para falar comigo, perguntando sem rodeios como eu detectava o estanozolol e quantos resultados positivos eram obtidos. Eu havia previsto aquela pergunta, mas não tinha uma resposta pronta. Tentei enrolar usando jargão técnico, para evitar admitir que obtínhamos inúmeros resultados positivos. Como assistente júnior trocando informações com um investigador estrangeiro de alto nível, eu estava em uma posição muito ingrata, que beirava a insubordinação. Donike, porém, manteve a mão firme na maçaneta da porta: eu estava encurralado.

— Então, me diga, o que você faz se vê um resultado positivo? — Donike me perguntou.

— Comunico ao dr. Semenov, é claro.

— E só para ele?

— Sim.

— E depois? — Donike quis saber, aproximando-se com seus grandes olhos, deixando-me ainda mais nervoso.

— Não sei — respondi.

O que eu podia dizer? Donike me encarou, esperando que eu acrescentasse alguns detalhes ao nosso diálogo, mas não consegui. Já me sentia como um rato. Então, ele relaxou e percebi que tínhamos chegado a algum tipo de entendimento tácito. Donike me incentivou a ir a Colônia no ano seguinte, para participar de seu workshop anual sobre análise de doping.

— Por favor, considere como um convite pessoal — ele disse.

Então, Donike finalmente saiu da minha sala e pude voltar a respirar.

O dr. Semenov tinha reparado na minha conversa particular com Donike e quis saber sobre o que estávamos falando. Respondi que o professor Donike indagara a respeito da detecção de testosterona e nos aconselhou a comprar outro sistema da Hewlett-Packard para aquele tipo de análise.

Fizemos isso, mas não mudou muita coisa em nossa guerra contra o doping. Rapidamente, os atletas descobriam quais anabolizantes ficaram detectáveis e ficavam sabendo sobre qualquer aumento nas janelas de detecção. O sistema era perfeitamente eficiente. No momento em que os atletas ou seus treinadores tomavam conhecimento de qualquer mudança em nossa prática laboratorial, alteravam seus esquemas de doping de forma correspondente. Éramos como marechais de campo sempre condenados a lutar na guerra anterior.

Em 1985, quando comecei a trabalhar no vniifk, nossas metodologias de teste poderiam ter sido chamadas educadamente de "aleatórias". Quando nosso laboratório ficava sobrecarregado de amostras, o dr. Semenov realizava uma triagem que chamava de "o peixe do dia". Tínhamos que analisar todas as amostras dos atletas de atletismo e dos halterofilistas, que faziam uso abusivo crônico de esteroides. Testar as amostras de nadadores e ciclistas também tinha alta prioridade. Mas, quando se tratava de arqueiros, esgrimistas, ginastas e patinadores artísticos, Semenov pegava as amostras de urina e as despejava na pia. Em seguida, relatava que, "após a devida realização de todas as investigações analíticas, nenhuma substância proibida de doping havia sido encontrada".

Futebol e hóquei desfrutavam de um *status* especial no Partido Comunista e tinham os próprios planos de teste sob medida; todos torciam por aqueles times, dos operários do chão de fábrica aos membros do Politburo. No hóquei, o controle de doping também era bastante desleixado. Às vezes, recebíamos amostras de urina da seleção nacional de hóquei na sexta-feira à noite e precisávamos analisá-las imediatamente. Informávamos os resultados a Semenov, que se comunicava com seus superiores obedientemente e sem reclamar.

A história a seguir é um exemplo do que o nosso laboratório credenciado pelo COI tinha que enfrentar. O lançador de martelo Yuriy Sedykh foi bicampeão olímpico e um usuário pesado de esteroides. (Para constar, Sedykh negou o uso de técnicas de doping esportivo.) Ele tinha apenas 1,85 metro, mas pesava espantosos 110 quilos. Quase todo seu peso era constituído de massa muscular. Sedykh consumia estanozolol em doses tão elevadas que, após introduzirmos sua amostra em nossa máquina Hewlett-Packard, um alarme soava e o equipamento ficava tão contaminado com metabólitos de estanozolol que as amostras seguintes de outros atletas apresentavam resultados falso-positivos, mesmo quando sabíamos que não havia esteroides presentes. Na prática laboratorial, esse fenômeno é conhecido como "efeito memória" ou "amostra cruzada", mas nós o chamávamos de "efeito Sedykh".

Depois que Sedykh estabeleceu um recorde mundial em Tallinn, em 1986, lançando o martelo a uma distância de 86,66 metros durante uma competição entre a União Soviética e a Alemanha Oriental, recebemos sua amostra de urina em Moscou. Era uma amostra anônima, mas, como foi selecionada para teste como amostra associada a um recorde mundial, e como eu tinha ouvido notícias no rádio e na TV sobre a conquista de Sedykh durante todo o dia, não foi difícil juntar os pontos. Apesar de eu ter diluído sua amostra em água destilada na proporção de 10:1, ainda assim sobrecarregou meu cromatógrafo gasoso-espectrômetro de massa com picos gigantescos de metabólitos de estanozolol.

Não obstante o "efeito Sedykh", não relatamos como resultado positivo.

Naquele mesmo ano, Sedykh estabeleceu um novo recorde mundial (que ainda permanece) durante o Campeonato Europeu de Atletismo em Stuttgart, mas Manfred Donike, que dirigia o melhor laboratório de controle antidoping do mundo, não relatou nada. Sedykh devia saber o que estava fazendo.

Nessa categoria, outra grande campeã foi a talentosa arremessadora de peso Natalya Lisovskaya, que conquistou um recorde mundial inacreditável em Moscou, em 1987. Ela arremessou a bola de 5 quilos a uma distância de 22,60 metros e, em seguida, bateu esse novo recorde mundial na segunda tentativa, arremessando a uma distância de 22,63 metros. Outro recorde que ainda não foi batido.

Como expliquei a Donike, eu comunicava os resultados a Semenov, e depois daquilo... quem sabe?

Eis como a história termina: Yuriy Sedykh e Natalya Lisovskaya se casaram tempos depois. Mudaram-se para a França, onde vivem com a filha e frequentemente falam contra o doping no esporte. Em 2013, foram incluídos no hall da fama da Associação Internacional de Federações de Atletismo (IAAF, antiga Federação Internacional de Atletismo Amador), o único casal homenageado. Programados para vencer, são exemplos maravilhosos da relação estreita entre o programa estatal de doping e a ideologia do comunismo.

3.
ATRÁS DAS LINHAS INIMIGAS

Trabalhar em um laboratório de controle antidoping tem suas peculiaridades. Por exemplo, a maioria dos eventos esportivos nacionais e internacionais acontece no verão. Portanto, é a época com mais trabalho e, assim, as férias de verão eram uma raridade na minha área.

Depois de três anos trabalhando no laboratório, no verão de 1988 pedi a Semenov uma folga, porque Veronika havia ganhado uma viagem de três semanas com despesas pagas para um resort perto de Sochi, no Mar Negro. Viagens como aquela eram uma recompensa da "realidade soviética": se você não se metesse em confusão e não reclamasse da sociedade soviética, você e sua família eram agraciados com um apartamento à beira-mar em um resort no Mar Negro, incluindo todas as refeições. A praia funcionava como uma creche e as barracas de rua vendiam frutas e legumes mais baratos e melhores do que os encontrados nos mercados sempre desabastecidos de Moscou.

Após ponderar por uma ou duas semanas, Semenov aprovou um tanto contrariado minha viagem. Quando eu estava às vésperas de viajar, porém, ele me chamou em seu escritório. Parecendo chateado, confidenciou, enquanto fazia uma careta e apontava o dedo para cima, que "aqueles idiotas" do Goskomsport decidiram que precisávamos de um laboratório secreto e "hermeticamente fechado" em Seul para os próximos Jogos Olímpicos, que se realizariam ainda naquele ano. Ele me designou para dirigi-lo. Minhas férias foram reduzidas a um terço.

Um laboratório secreto não era nenhuma novidade. Alguns meses antes, Semenov tinha relutantemente ajudado a montar um laboratório não oficial em um chalé de esqui em Canmore, no Canadá, onde foram realizadas as provas de esqui e biatlo — modalidade que combina esqui cross-country e tiro esportivo — durante os Jogos Olímpicos de Inverno de Calgary. Infelizmente, Manfred Donike ficou sabendo desse plano, o que resultou em um pequeno escândalo.

O laboratório de Calgary também teve seu precedente: de maneira inacreditável, os soviéticos planejaram ocultar um laboratório de controle antidoping a bordo de um navio no porto de Los Angeles durante os Jogos Olímpicos de 1984, depois que Donike e Don Catlin, do Laboratório Olímpico Analítico da Universidade da Califórnia, em Los Angeles (UCLA), anunciaram que seriam capazes de detectar todos os esteroides — incluindo o estanozolol e a testosterona — nos Jogos Olímpicos de Los Angeles. Testar os atletas na União Soviética antes da viagem não seria suficiente. Os czares do esporte soviético tinham que ter o próprio laboratório no local, para garantir que nenhum atleta soviético "sujo" chegasse à linha de partida das provas. Surpreendentemente, o reservado Semenov nunca disse aos seus chefes que seu laboratório não conseguia detectar estanozolol e testosterona.

Quando Los Angeles não permitiu que nosso navio entrasse no porto, aquela foi a gota d'água. O Politburo cancelou tudo e boicotou totalmente a Olimpíada.

A ideia náutica ressurgiu nos Jogos de Seul. Semenov me instruiu a esconder nossos aparelhos de laboratório a bordo do luxuoso transatlântico *Mikhail Sholokhov*, nomeado em homenagem ao famoso escritor soviético agraciado com o Prêmio Nobel de literatura em 1965. Era uma ideia ambiciosa e temerária: do ponto de vista soviético, o *Mikhail Sholokhov* estava atracado em águas inimigas. A Coreia do Sul era considerada como nada mais do que uma base militar norte-americana disfarçada de país. A última vez que um navio russo tinha atracado no porto de Inchon havia sido em 1905, quando a Marinha imperial japonesa afundou o cruzador *Varyag* após uma batalha breve e unilateral. Não era um presságio auspicioso.

Mesmo assim, perseveramos, e equipar o laboratório secreto se tornou uma operação militar. Projetamos enormes caixas de madeira para proteger e esconder nossos aparelhos durante seu transporte até o outro lado do mundo. Nosso local de preparação para os Jogos Olímpicos era em Vladivostok, na costa do Pacífico.

Como sede da Frota do Pacífico, Vladivostok era uma cidade "fechada", cujo acesso até os cidadãos soviéticos precisava de autorizações especiais.

Quando voltei de minhas curtas férias no Mar Negro, soube que os soldados embarcaram nosso cromatógrafo gasoso-espectrômetro de massa em um avião cargueiro militar e voaram com o equipamento pelo país. Depois de obter uma autorização de viagem na delegacia de polícia local, fui rapidamente para Vladivostok e supervisionei a chegada das caixas. Em seguida, providenciei para que fossem embarcadas no *Mikhail Sholokhov*.

O transatlântico fez uma escala em Busan, onde as competições de vela da Olimpíada seriam realizadas. Ali, algo bizarro aconteceu. Enquanto manobrava as embarcações no porão do navio, um desventurado marinheiro foi esmagado por uma pesada plataforma metálica. O médico da tripulação tentou ajudá-lo, mas os ferimentos do marinheiro eram muito graves. O médico não tinha experiência nem recursos para tratar a vítima, cuja pele estava ficando azul.

Como solução, decidiram esconder o marinheiro ferido no congelador do navio. Basicamente, os marinheiros não tinham direitos. Os acidentes a bordo eram guardados em segredo, e os piores segredos eram mantidos no freezer.

Mas era 1988. Mikhail Gorbatchov, líder soviético um pouco mais liberal, estava falando da *perestroika* — uma "reconstrução" da economia e da sociedade soviética — e as mentalidades tinham começado a mudar. Havia uma equipe completa de médicos para os Jogos Olímpicos em uma clínica improvisada a bordo do *Mikhail Sholokhov*: cardiologistas, especialistas em traumatismo e até um dentista. Quebrando o protocolo, o médico da tripulação pediu ajuda a eles.

Quando um médico de Vladivostok viu o paciente, ordenou que ele fosse hospitalizado imediatamente. O amedrontado médico da tripulação se opôs, afirmando que não podíamos entregar um cidadão soviético a um hospital administrado por inimigos ideológicos do nosso país. No entanto, muitos cantores, artistas e músicos a bordo ficaram sabendo da situação difícil do marinheiro e disseram que se recusariam a se apresentar se um homem morresse no congelador debaixo deles. Ao atracarmos em Inchon, uma ambulância sul-coreana encostou no cais e levou o marinheiro para um dos melhores hospitais da Coreia do Sul. Ele voltou um mês depois, após uma recuperação impressionante.

O incidente foi um prenúncio de uma nova era na história soviética. Ninguém poderia imaginar que a URSS deixaria de existir em apenas três anos.

Para os soviéticos, as apostas em Seul eram altas e quase nada foi deixado ao acaso. Os principais protagonistas da aparentemente interminável Guerra Fria não se enfrentavam em uma competição esportiva internacional por quase uma década: os Estados Unidos boicotaram os Jogos Olímpicos de 1980, em Moscou, e a União Soviética boicotou os Jogos Olímpicos de 1984, em Los Angeles.

Ted Turner, o extravagante magnata da mídia norte-americana, organizou os Jogos da Boa Vontade, em Moscou, em 1986, mas foram principalmente uma vitrine para os atletas soviéticos, que arrasaram os Estados Unidos e a Alemanha Oriental na contagem total de medalhas. Nos Jogos da Boa Vontade, o controle antidoping acabou se revelando uma mera formalidade. Nosso laboratório detectou catorze resultados positivos, mas os *apparatchiks* do Goskomsport preferiram não divulgá-los. Ninguém queria manchar a "Olimpíada alternativa" de Turner. O canadense Ben Johnson venceu o norte--americano Carl Lewis, mas depois testou positivo para estanozolol (Stromba).

Eu fiz a análise da amostra de Johnson. O resultado nunca foi divulgado.

O constrangimento de uma desqualificação por doping de atletas soviéticos em Seul estava fora de cogitação. Semenov explicou para mim que as equipes soviéticas foram instruídas a parar de consumir comprimidos trinta dias antes da viagem para Seul. Qualquer atleta pego injetando substâncias proibidas antes dos Jogos Olímpicos seria deixado em Vladivostok.

Antes de deixarmos Moscou, expliquei a Semenov que era comum os atletas cederam ao desejo de tomar uma injeção intravenosa de Stromba ou uma pequena dose de testosterona antes de uma grande competição. Nossa tecnologia não era capaz de detectar esse "polimento" depois de uma semana ou duas, dependendo da dosagem.

Não era aquilo que ele queria ouvir. "Nunca discuta questões de controle de doping com seus chefes", Semenov disse. "Sempre que o ouvirem a respeito de um problema, vão concluir que você não está fazendo seu trabalho direito. Se os *apparatchiks* do Goskomsport tomarem conhecimento dos problemas que temos, eles vão entrar em pânico. Contar a eles algo diferente seria o maior erro de sua vida. Ninguém da equipe nacional soviética vai ter problemas de doping nessa Olimpíada", Semenov afirmou. "E agora é hora de você fazer o seu trabalho", concluiu.

FIZEMOS NOSSO TRABALHO E NOS DIVERTIMOS FAZENDO ISSO. ALÉM de viagens breves ao laboratório de Colônia e à Finlândia, nunca tinha viajado para fora do Bloco Oriental por tanto tempo, e a Coreia do Sul parecia uma Disneylândia asiática. Uma das primeiras coisas que vimos em Seul foi uma estátua do general norte-americano Douglas MacArthur, um dos grandes guerreiros anticomunistas do século XX; as nossas escoltas ideologicamente empertigadas da KGB ficaram loucas quando tiramos uma foto dela!

Embora fossem nossos supostos adversários, os sul-coreanos não poderiam ter sido mais amigáveis. Sempre que nos aventurávamos na cidade, éramos cercados por garotinhas que estavam estudando russo e não tinham oportunidade de falar com um falante nativo. Se elas nos entendiam, quase desmaiavam! Nunca tinham conhecido uma pessoa "real" que falasse russo. Para elas, éramos como aparições milagrosas de outro planeta, e falar conosco era como um exame final desafiador, mas agradável.

Não foi a primeira vez que nossa experiência direta entrou em choque com as caricaturas retratadas pela propaganda soviética. Os sul-coreanos capitalistas não nos odiavam: eles queriam que comprássemos seus aparelhos eletrônicos baratos, víssemos suas escolas e provássemos seu exótico churrasco. A força da vida fora da Cortina de Ferro, capaz de enfraquecer a ideologia política, era um dos motivos pelos quais a União Soviética limitava as viagens ao exterior e permitia que somente funcionários "confiáveis" visitassem o Ocidente. E aqueles funcionários confiáveis eram obrigados a deixar um familiar em casa, por via das dúvidas.

Depois que Gorbatchov assumiu o poder, em 1985, as regras a respeito do que era proibido na vida soviética mudaram. Por exemplo, meus pais me batizaram secretamente no fim da década de 1950, temerosos das consequências. Isso não era incomum, mas não era divulgado. No entanto, ali na Coreia do Sul, quando um pastor metodista nos convidou a visitar sua igreja, aceitamos com cautela. Acontece que as câmeras de TV gravaram nossa presença, mas, felizmente, o programa foi transmitido em uma rede religiosa sul-coreana que não estava registrada no radar da KGB.

Os cristãos evangélicos são muito ativos na Coreia do Sul e, a quase todos os lugares que íamos, as pessoas nos davam Bíblias. Eram versões em russo impressas em Toronto. Era emblemático da mudança da atmosfera política provocada pela *perestroika* que todos levassem Bíblias para casa. Eu ganhei umas vinte, e a única reação que os "acompanhantes" da KGB tiveram foi: "Por favor, compartilhe conosco". Como parte da campanha bastante impopular de Gorbatchov contra o consumo de álcool, os funcionários da alfândega foram alertados para ficar atentos ao contrabando de bebidas alcoólicas, e as Bíblias de repente se tornaram menos preocupantes. Acabei dando metade das vinte que ganhei para o nosso destacamento de segurança e guardei o restante para dar de presente a meus amigos de Moscou.

Até nós, funcionários do laboratório, recebemos uniformes especiais para participar da cerimônia de abertura. Foi um raro dia chuvoso, mas o céu cinzento, o estádio vibrante e as delegações internacionais elevaram a emoção a um nível incrível, e me lembro de um crescendo de alegria, euforia e até choro quando centenas de crianças entraram correndo no campo do estádio. Quando meus colegas me perguntaram o que estava acontecendo, juntei pedaços da tradução para o inglês e me dei conta de que aquelas crianças tinham nascido em 20 de setembro de 1981, o dia em que Seul foi anunciada como sede do Jogos Olímpicos de 1988.

Estaria envolvido com Jogos Olímpicos no próximo quarto de século, mas teria o privilégio de participar de apenas outras duas cerimônias de abertura: os Jogos Paralímpicos de 2008, em Pequim, e os Jogos Olímpicos de 2012, em Londres.

Acompanhei a Olimpíada de Seul o mais de perto que pude, e dois momentos foram marcantes para mim. Na última etapa da prova de revezamento feminino 4 × 400 metros, Olga Bryzgina, da União Soviética, conteve dois ataques da maior velocista feminina de todos os tempos, a norte-americana Florence Griffith Joyner, e estabeleceu um recorde mundial que permanece até hoje. "Flo-Jo", como a chamavam, também ainda mantém dois recordes mundiais.

Meu outro destaque pessoal foi ter testemunhado a inesperada perda da medalha de ouro pelas mulheres soviéticas na final de handebol para as sul-coreanas. Aquilo era simplesmente impensável: nossa seleção nacional tinha dominado o esporte por mais de uma década. A derrota provou ser um dos primeiros sinais de rachadura na lendária "Grande Máquina Vermelha", o rolo compressor esportivo do pós-guerra que foi o orgulho e a alegria da União Soviética.

Em breve não existiria mais a URSS, e os países recém-criados, como Ucrânia e Bielorrússia, aliciariam a nata dos atletas soviéticos, e as políticas da *glasnost* (abertura) e *perestroika* derrubariam temporariamente o enorme aparato esportivo do governo. Tudo estava prestes a mudar.

Em termos de escândalos de doping, os Jogos Olímpicos de Seul foram bastante comportados, com apenas um fiasco importante. Três dias depois de sua vitória na prova dos 100 metros, em 9,79 segundos, novo recorde mundial, o velocista canadense Ben Johnson foi desclassificado pelo uso de estanozolol. Carl Lewis, seu rival norte-americano, levou para casa a medalha de ouro.

Soube mais tarde que o fiasco de Johnson tinha sido construído ao longo dos anos. Os analistas sul-coreanos, treinados por especialistas do laboratório de Donike, em Colônia, relataram o resultado positivo, e o próprio Donike, como chefe do subcomitê antidoping do COI, revisou a amostra. Posteriormente, ele me disse que toda a delegação canadense, incluindo Dick Pound, vice-presidente do COI e futuro presidente da WADA, ficou desapontada por ter de divulgar o resultado positivo. Aquele não foi um caso tão simples. Vi os resultados do teste do laboratório. O fato é que, na metade dos Jogos Olímpicos, a instrumentação do laboratório precisava desesperadamente de limpeza e manutenção. Os picos detectados de metabólitos de estanozolol soaram um pouco duvidosos para mim, mas parecia que havia esta-nozolol na amostra de Johnson.

No fim, foi o príncipe Alexandre de Merode, presidente da Comissão Médica do COI, que fez o comunicado final e anunciou o resultado positivo. Acontece que De Merode estava alimentando uma mágoa pessoal: ele não só tinha ouvido rumores sobre o doping de Johnson nos Jogos da Boa Vontade de 1986, mas também estava furioso a respeito de um incidente nos Jogos Olímpicos de 1984, em Los Angeles. Ali, ele tinha estado de posse de documentos relativos a doze testes positivos de doping em mais de 1.500 amostras de urina, mas todo aquele tesouro de papéis desapareceu da sua suíte presidencial.

Normalmente, alguém poderia ter suspeitado de algum tipo de "truque sujo" soviético, mas nós tínhamos boicotado aquela Olimpíada. De Merode suspeitou fortemente que os norte-americanos organizaram o roubo, possi-velmente com seus aliados canadenses, e decidiu aplicar a punição máxima em Johnson. Má sorte para o canadense! Depois de sua desclassificação, ele competiu novamente e foi pego de novo, dessa vez, por uso abusivo de testosterona.

Mais notícias: quatro atletas do Bloco Oriental — dois húngaros e dois búlgaros — também testaram positivo para esteroides, mas eles eram halterofilistas e esse tipo de comportamento era esperado por parte deles. Nossa equipe testou 100 por cento "limpa", principalmente por causa de nossos rigorosos protocolos de teste antes do embarque. Como eu me gabava para Semenov: "Você nunca pode suplantar meus resultados. Você só pode esperar replicá-los". Tínhamos detectado diversos casos positivos antes da competição em nosso laboratório e, como de costume, os atletas que faziam um uso mais abusivo de substâncias proibidas eram os halterofilistas e os lançadores de martelo. Eles, contudo, conseguiram se limpar a tempo.

Tivemos uma perda dolorosa por causa do controle antidoping em Seul: meu amigo de infância Yuriy Dumchev, famoso lançador de disco. Tínhamos nos tornado amigos em um campo de treinamento para nos preparar para a Spartakiada Escolar da União, em Lviv, em 1976. Yuriy era um ator talentoso, cujas imitações de personagens de desenhos animados, de treinadores bêbados e até de Leonid Brezhnev, secretário-geral do Partido Comunista, nos faziam rolar de rir. Em 1983, ele estabeleceu o recorde mundial de lançamento de disco, alcançando a marca de 71,86 metros.

Yuriy tinha me telefonado antes dos Jogos Olímpicos de Seul para perguntar se o laboratório do coi na Coreia do Sul seria capaz de detectar o estimulante Sydnocarb, que eu conhecia muito bem por causa da minha carreira de corredor. Semenov havia me questionado a respeito desse mesmo assunto no período que antecedeu o embarque para Seul. Ele sabia que Donike representava o padrão de excelência em controle antidoping. É claro que eu tinha memorizado todo o trabalho de Donike, além de ter visitado o laboratório de Colônia duas vezes. Então, estava familiarizado com os métodos de teste, a instrumentação de laboratório e o pessoal de Donike. Sabia que a metodologia dele não detectava o Sydnocarb, mas Semenov ainda se sentia ameaçado.

— Você tem certeza de que o Sydnocarb não é detectável em Colônia? — ele ficava me perguntando. — E Donike está a par da questão do Sydnocarb?

— Sim, para sua primeira pergunta e também sim para sua segunda pergunta — respondia.

Lembro-me de sua respiração ofegante.

— O que você quer dizer? — Semenov perguntava.

— Receio que exista uma pequena chance, talvez 1 por cento, de que Donike possa alterar seus procedimentos para detectar o Sydnocarb — admiti. — Ele pode esconder isso até o último minuto, como uma surpresa desagradável para nossos atletas.

Semenov ficou desanimado: 1 por cento não era um risco que ele estava disposto a correr. Por precaução, decidiu informar a todas as nossas equipes que o Sydnocarb seria detectável em Seul.

Então, quando Yuriy me telefonou, tive que lhe dizer para suspender o uso do Sydnocarb. Dois meses antes dos Jogos Olímpicos, a União Soviética tinha perdido sua chance de conquistar a medalha de ouro em lançamento de disco. Yuriy competiu "limpo" e terminou em quarto lugar, o pior lugar absoluto no esporte. Ele nunca ganharia uma medalha olímpica no esporte em que se destacou. Em 1984, ganhou uma medalha inútil nos Jogos da Amizade, em Moscou, o evento olímpico substituto da Rússia destinado a rivalizar com os Jogos Olímpicos de Los Angeles.

Quando expliquei a Yuriy, depois dos Jogos Olímpicos de Seul, que, por motivos complexos, o Sydnocarb não teria sido detectado, aquilo partiu seu coração, mas ele se recompôs e lutou para que seu prêmio nos Jogos da Amizade fosse reconhecido como o equivalente a uma medalha olímpica. Ele foi bem-sucedido e assegurou uma pensão vitalícia, mas não viveu para colher os benefícios, morrendo subitamente em Sochi, em 2016, aos 57 anos.

4.
GLASNOST, OU AS
COISAS DEGRINGOLAM

Em 1988 e 1989 podíamos sentir a terra se movendo sob os nossos pés. O mundo que conhecíamos, onde os jornais eram censurados, os livros eram proibidos e a polícia se certificava de que você não estava lendo material ilícito no metrô, estava definhando. Inicialmente, as políticas de Gorbatchov de *glasnost, perestroika* e *uskoryenie* (aceleração econômica) pareceram promissoras. Em 1989, a "Cortina de Ferro" e os "regimes socialistas fraternos" da Europa Oriental, tais como as comunistas Alemanha Oriental, Polônia e Tchecoslováquia, desapareceram quase de um dia para o outro. Quando os cidadãos berlinenses se aglomeraram sobre o Muro de Berlim, Gorbatchov se recusou a apoiar a ditadura da Alemanha Oriental, e a maioria dos regimes comunistas rapidamente deu lugar a formas quase republicanas de governo democrático. O totalitarismo estava morto. Naquele momento, pelo menos.

Os estrangeiros saudaram o que consideraram como o advento da sociedade civil e de uma economia baseada no mercado, que era mais visível em Moscou e São Petersburgo. No entanto, no interior da Rússia, as coisas pareciam diferentes. O livre mercado estava em alvoroço, e os bens de consumo básicos, como pão, manteiga, verduras e gasolina, não eram mais sujeitos ao controle de preços. Antes de Gorbatchov, apenas o governo possuía propriedades na União Soviética; naquele momento, senhorios começaram a comprar ou construir prédios de apartamentos e cobrar todos os aluguéis que conseguissem. Os empresários enriqueceram e começamos a ouvir falar dos "oligarcas", homens fantasticamente ricos — muitos deles ex-membros do Partido Comunista — que assumiram o controle de vastos setores da economia.

Para o homem ou mulher do povo, a vida estava ficando mais cara, mais difícil e mais confusa.

Pouco antes da queda do Muro de Berlim, o dr. Uralets e eu viajamos para a Alemanha Oriental, que estava desmoronando diante de nossos olhos. Ficamos em Dresden, e todas as noites as ruas se enchiam de manifestantes festejando a queda do comunismo. O dr. Claus Clausnitzer, membro da Comissão Médica do COI e diretor do laboratório em Kreischa, na Alemanha Oriental, simplesmente desapareceu um dia e nunca mais se ouviu falar dele.

Nossa vida também foi afetada. Pelo lado positivo, depois de seis anos de espera, destinaram um apartamento novo de dois quartos, mas muito pequeno, para minha mãe, em um bairro agradável de Moscou: Krylatskoye, a menos de 2 quilômetros de distância do canal de remo e do velódromo usado nos Jogos Olímpicos de 1980. No entanto, minha mãe permaneceu em seu antigo apartamento, enquanto Veronika, Vasily e eu nos mudamos para o novo apartamento, onde eu passaria os próximos 23 anos. Tínhamos a nossa própria cozinha e o nosso próprio banheiro, o que era coisa dos sonhos para uma jovem família na ex-União Soviética.

Em junho de 1990, defendi minha tese de doutorado sobre a detecção cromatográfica e espectral de massa de corticosteroides sintéticos. Alguns dias depois, contraí amigdalite. Minha mãe e Veronika ficaram apavoradas com o fato de que eu pudesse transmitir a doença. Foi assim que soube que Veronika estava grávida de nosso segundo filho. A bebê era esperada para dezembro. Eu estava em êxtase.

No inverno de 1990, tínhamos uma filha recém-nascida e a compra de alimentos frescos se tornou um pesadelo. Era necessário entrar na fila uma hora antes da abertura da loja, em um frio intenso. A manobra mais perigosa era passar espremido pelo estreito batente da porta sem quebrar as costelas. A comida se tornou bastante escassa, com a compra de queijo e manteiga limitada a 500 gramas por vez. Se você quisesse mais, teria que estar preparado para ficar na fila por mais duas horas.

Para ganhar um dinheiro extra, assumi a tarefa de limpar a rua do instituto, o que era um trabalho árduo no inverno. Quando nevava, eu tinha que chegar com duas horas de antecedência para varrer a calçada em frente ao prédio, trabalhando no escuro e com um vento cortante. Então, limpava cuidadosamente os degraus da escada para garantir que ninguém escorregasse e caísse ao entrar pelas portas do VNIIFK. Tomava uma xícara de chá para me aquecer e costumava me apresentar zonzo e sonolento ao trabalho, como se tivesse bebido algo muito mais forte.

Semenov sabia das nossas dificuldades e permitia que os funcionários se ausentassem durante o expediente para procurar alimentos nas lojas do bairro. Às vezes, topávamos com um caminhão vendendo produtos agrícolas a granel e com pagamento apenas em dinheiro trocado. Certo dia, pouco antes dos feriados de fim de ano, Semenov encomendou uma carcaça de vitela. Éramos químicos e não açougueiros, mas de algum modo dividimos o espólio entre nós. Orgulhosamente, levei para casa um pedaço de mais de 10 quilos de osso e carne escorrendo sangue. Veronika mal soube o que fazer com aquilo. Não tínhamos os instrumentos de corte certos em casa.

Todo mês, os pais de Veronika, que moravam na Mordóvia, 650 quilômetros a sudeste de Moscou, enviavam para nós um pacote enorme cheio de carne de porco, picles, cogumelos, cebolas, cenouras, repolhos, batatas e mel. Eu usava um carrinho dobrável especial para transportar a comida para casa. Naqueles primeiros anos da *perestroika*, quando o sistema estatal de distribuição de alimentos entrou mais ou menos em colapso, esses carrinhos eram tão usados que foram proibidos de entrar no metrô em determinados horários.

E nós éramos os afortunados. Quando minha filha Marina, de apenas 10 semanas de idade, contraiu uma infecção perigosa, minha mãe providenciou para que ela e minha mulher fossem internadas no Hospital do Kremlin, que tinha bastante comida, serviço de lavanderia e calefação adequada. Ao mesmo tempo, enviamos Vasily, nosso filho de 7 anos, a Saransk, para ficar com os pais de Veronika, onde ele poderia pelo menos comer decentemente.

Pela primeira vez em nossa vida, a criminalidade se tornou uma preocupação genuína. Começamos a passar a noite no laboratório para impedir o roubo de nossos valiosos aparelhos, sobretudo computadores e impressoras. Ladrões levaram o novo sedã Lada do dr. Uralets do pátio ao lado do seu prédio. Ao procurar a polícia, os policiais simplesmente deram de ombros e lhe disseram que o carro provavelmente fora desmanchado poucas horas depois do desaparecimento. Uralets ficou desesperado, ele pertencia à geração de verdadeiros crentes soviéticos, para quem comprar um carro era uma confirmação de sucesso.

Em agosto de 1991, a *nomenklatura* comunista tradicional estava farta de Gorbatchov e de suas reformas, que mergulharam o país em um quase caos. Houve um golpe de Estado em Moscou, um acontecimento inimaginável para as gerações criadas pelo poder soviético. Uma coalizão heterogênea de generais e comunistas da velha guarda "demitiu" Gorbatchov e o manteve em prisão domiciliar no Mar Negro, onde ele estava passando férias. Diante da resistência popular em Moscou, o golpe fracassou, mas não estava claro quem se apresentaria para assumir o controle do país.

Correram boatos de que o Exército estava pronto para entrar em Moscou. A cidade parecia abandonada. Barricadas apareceram diante do Parlamento russo e prometi a Veronika não me envolver nas manifestações. Pretendia manter minha palavra, mas, depois de ficar confinado no laboratório durante dois dias, dei por mim em uma livraria comprando cinco livros de Aleksandr Soljenítsin. (Em 1989, o livro *1984*, de George Orwell, também foi publicado na Rússia pela primeira vez.) Quem sabia quando poderiam estar disponíveis novamente? Naquela noite, cheguei em casa, mas não consegui dormir. Quando o metrô abriu, às 5h45 da manhã, atendi ao chamado proveniente da estação de rádio Eco de Moscou e me dirigi para a "Casa Branca Russa".

A atmosfera na escadaria do Parlamento era impressionante. O medo e o desespero estavam completamente ausentes e me senti fortalecido e inspirado pela multidão. Ninguém me perguntou onde eu havia estado nas duas noites anteriores que os manifestantes passaram ao ar livre sem saber se seriam atacados. As pessoas me aceitaram como se eu tivesse estado com eles o tempo todo.

Depois do meio-dia, ficou claro que as tropas estavam deixando Moscou. Não haveria ataque ao Parlamento. O sol irrompeu entre as nuvens e a euforia reinou. Estávamos tão felizes e relaxados que ninguém queria voltar para casa. Tomei vodca em um copo de plástico e compartilhei meus preciosos cigarros Dunhill *duty-free* com meus novos camaradas. Usávamos braçadeiras com as cores da nova bandeira russa: vermelho, azul e branco. As cores estavam ao contrário, porque ninguém sabia que cor ficava em cima, mas ninguém se importava. Finalmente, as barricadas foram desmanteladas e o prime ro caminhão que entrou na área do Parlamento estava carregado de melancia da Tchetchênia. Saí andando fumando um Dunhill e me sentindo leve e zor zo. Voltei a acreditar no futuro.

Nosso laboratório sofria com a confusão doméstica. O dr. Uralets recebeu uma oferta de emprego do Nichols Institute, nos Estados Unidos, e a agarrou sem pestanejar. Ele escapou sozinho, passando sua última noite em meu apartamento. Depois, transferiu sua família para San Diego. Isso aconteceu poucos meses antes dos Jogos Olímpicos de 1992, em Barcelona, o que enfureceu os chefões do Goskomsport. Eles acusaram Semenov de pôr Uralets para fora, com medo da competência e qualificações dele. Foi um ponto negativo sutil contra Semenov: a eliminação perceptível de um rival em potencial.

Também estávamos ficando sem dinheiro. O VNIIFK fora dividido em dois e, naquele momento, trabalhávamos para o recém-criado Instituto do Esporte. O diretor, Valentin Sych, também dirigia a Federação Russa de Basquete. Uma vez ele atrasou o pagamento do nosso salário em um mês para poder pagar a seleção nacional de basquete.

O laboratório de Moscou em 1991. Da esquerda para a direita: Serguei Bolotov, Victor Uralets, eu, Vitaly Semenov e Thierry Boghosian da UCLA.

Precisávamos ganhar dinheiro de qualquer jeito. O dr. Uralets sempre tinha sido contra o laboratório fazer bicos, mas, depois que ele saiu, começamos a analisar produtos naturais malcheirosos, como vesícula biliar de urso, glândula de cervo-almiscarado e castóreo de castor (secreção anal utilizada na fabricação de perfumes). As glândulas e as vesículas biliares de veado vendiam muito bem nos países asiáticos, pois culturalmente se acreditava que aumentavam a virilidade masculina. Com as fronteiras russas repentinamente abertas, havia uma demanda por produtos de origem animal da Sibéria que haviam sido embargados anteriormente. Os clientes estrangeiros exigiam certificados de análise para provar a autenticidade de quase todos os produtos, e nosso laboratório emitia esses certificados. Cobrávamos muito caro pelo que chamávamos de "perfil de ácido biliar" de vesículas biliares de ursos e de "perfis de esteroides" de glândulas de cervo-almiscarado, mas ficávamos cheirando muito mal quando voltávamos para casa no metrô. Nossa renda mensal triplicou, mas a inflação acompanhava o ritmo.

Outra oportunidade de negócio lucrativa apareceu quando um homem enorme, que não falava russo, apareceu certo dia no instituto. Ao observar seus braços inchados de Popeye, reconheci imediatamente um usuário de esteroides. De acordo com ele, alguns amigos seus haviam sido vítimas de lesões e precisavam de esteroides para ajudá-los na recuperação. Apontei para seus braços e afirmei que ele mesmo tinha alguma familiaridade com esteroides.

Ele não discordou e me disse que tinha 200 dólares e precisava de vinte caixas de Diana ou metandienona.

— Você conhece o Diana? — ele me perguntou, sorrindo.

— Conheço muito bem — respondi.

Após nosso acordo inicial, fechamos um segundo negócio: 100 caixas de Diana por 800 dólares. Cem caixas nos custavam 200 dólares e, portanto, estávamos indo muito bem. Aparentemente, aquele homem fazia parte da equipe de segurança da embaixada norte-americana. Fizemos diversos negócios dentro do seu utilitário Hummer, que era uma raridade nas ruas de Moscou. Infelizmente, quando ele deixou a cidade, não passou o contato para seus colegas. Assim, perdemos uma valiosa fonte de receita.

O dinheiro continuou a ser um problema, e as relações entre Sych e Semenov ficaram tensas. O instituto estava tão sem verba que Sych não tinha mais condições de pagar seu motorista. Assim, ele teve de aprender a dirigir seu novo Lada branco em idade avançada. Infelizmente, ele não estava destinado a ficar muito mais velho. Em meados da década de 1990, Sych foi nomeado chefe da Federação Russa de Hóquei no Gelo, parte de uma tentativa de recuperar a seleção nacional após uma participação medíocre nos Jogos Olímpicos de Inverno de 1994, em Lillehammer.

O hóquei provou ser um jogo tão bruto fora do gelo quanto nele. Na Rússia, era um esporte particularmente corrupto, em que melhor seria não se arriscar a fazer os inimigos errados. Em abril de 1997, um assassino de aluguel que esperava do lado de fora da dacha de Sych descarregou seu fuzil Kalashnikov no carro dele, matando-o instantaneamente e ferindo gravemente sua mulher.

Trabalhando sob o novo regime, Semenov estava se tornando paranoico, retraído e ganancioso. Ele relutava em dividir a quantia apurada em nossos acordos de pagamento direto com as federações de halterofilismo e nado sincronizado, esta última uma organização inteiramente nova. Com resistência, ele separava pequenos pagamentos de cerca de 100 ou 200 dólares, em intervalos pouco frequentes.

Pode ser difícil entender como a nossa situação econômica era desesperadora. Sim, estávamos fazendo análises clandestinas e vendendo substâncias para doping que conseguíamos obter, mas 200 dólares suplementares podiam fazer a diferença entre consumir comida decente e sobreviver apenas com pão e água para nós e nossas famílias. Graças a Mikhail Gorbatchov e à *perestroika*, algumas leis soviéticas obscuras foram modificadas e a chamada "especulação" — venda, revenda e lucro nesse ciclo — foi descriminalizada. Isso nos deu algumas maneiras de ganhar uma renda extra e sobreviver àqueles tempos.

Certo dia, um homem da Embaixada da Índia em Moscou foi ao instituto. Seu inglês era bastante técnico e Semenov me pediu para traduzir. O visitante queria que analisássemos amostras de urina fora de competição da equipe nacional indiana que planejava participar dos Jogos da Commonwealth de 1994, que seriam realizados em Victoria, no Canadá. Ao acompanhá-lo até a porta na saída, fiquei sabendo que havia nos contratado para analisar 150 amostras a 100 dólares cada uma.

Acabamos testando 160, mas, quando meu colega, o dr. Serguei Bolotov, perguntou a Semenov onde estava o nosso dinheiro, Semenov lhe disse que os indianos nunca tinham pago pelo serviço. Entramos em contato com a Embaixada da Índia, que nos informou ter desembolsado 16.000 dólares, conforme o combinado. Aquele montante poderia comprar três carros Lada novos, como o de Sych.

Quando abordei Semenov junto com dois outros pesquisadores seniores, ele ficou irritado e começou a contar histórias sem pé nem cabeça, dizendo que não poderia nos pagar naquele momento e que teríamos que esperar. Mas não desistimos e dissemos a ele que o laboratório pararia de funcionar até que fôssemos pagos. Ele ficou vermelho e bastante nervoso, e tivemos a impressão de que estava prestes a sofrer um ataque cardíaco. Então, balbuciando, disse que nos pagaria no dia seguinte.

Na manhã seguinte, cada um de nós recebeu 2.000 dólares em notas sujas de 100 dólares, mas, quando ligamos para a Embaixada da Índia para reclamar, eles garantiram que pagaram Semenov com notas novas.

É pouco dizer que fiquei extasiado quando recebi uma oferta de emprego da Hewlett-Packard para trabalhar em seu escritório em Viena. Não via a hora de ter uma vida com salário fixo pago em uma moeda que as pessoas realmente queriam e de ficar livre das tramoias políticas do mundo do doping esportivo.

5.
ENCONTRO COM OS FEITICEIROS

Entre 1994 e 2004 tive diversos empregos. Passei alguns anos trabalhando para a Hewlett-Packard, que mais à frente se fundiu com a Compaq e desmembrou seu grupo de produtos analíticos em uma empresa distinta: *perestroika* capitalista! Tive uma breve passagem pelo antigo laboratório dos Jogos Olímpicos de Inverno de 1988, em Calgary, na província canadense de Alberta, que, àquela altura, tinha se convertido em um centro de exames toxicológicos. Também passei algum tempo trabalhando para uma empresa de petróleo e gás que atuava na Sibéria e no Extremo Oriente. Mas o mundo do doping esportivo é como obsessão e paixão: uma vez que você esteve dentro, nunca realmente sai.

Em 1997, Semenov pediu que eu fosse seu tradutor em uma reunião de todos os diretores de laboratório do COI, em Lausanne, que havia sido convocada pelo príncipe Alexandre de Merode. Ficamos hospedados no Palace Hotel, um cinco-estrelas e um dos mais finos da Europa. Foi uma espécie de emboscada para Semenov, que se viu na berlinda durante a primeira reunião do grupo. Seus colegas queriam saber por que, como diretor de um laboratório de controle antidoping credenciado pelo COI, ele não tinha compartilhado seu conhecimento a respeito de novas drogas, como bromantan e cardefon, que eram bastante usadas pelos atletas russos. Eles estavam especialmente irritados por causa do bromantan, um estimulante originalmente desenvolvido por cientistas soviéticos para ajudar soldados e astronautas a ficar acordados por vários dias. Numerosos resultados foram ignorados por muitos anos, até que diversos atletas russos testaram positivo nos Jogos Olímpicos de 1996, em Atlanta. De forma ainda mais impressionante, atletas russos estavam *vendendo* bromantan em competições internacionais.

Cientistas russos haviam desenvolvido aqueles fármacos mais novos, e os atletas russos os usaram, então por que Semenov nunca relatou seu uso nem forneceu amostras de bromantan e cardefon a seus colegas para que eles investigassem? Sua defesa foi tão incoerente que ninguém poderia ter entendido minha tradução. Quando Semenov começou a ficar vermelho e completamente desorientado, o príncipe Alexandre de Merode sorriu e interrompeu a discussão. Como um espectador em uma tourada, ele não precisou testemunhar o golpe de misericórdia.

Após a reunião, os diretores de laboratório se reuniram para uma refeição e De Merode avisou que todas as conversas sobre doping na Rússia deveriam cessar. Ele convidou Semenov para se sentar ao lado dele, e eu me sentei ao lado de Semenov. Como mestre de cerimônias de fato, o príncipe era um defensor da etiqueta. Ele foi bastante educado comigo, o tradutor, e sorriu satisfeito enquanto me deixava terminar de comer. Então, dirigiu-se a Semenov.

Na noite seguinte, quando a maioria dos participantes havia voltado para casa, Semenov e eu fomos jantar no restaurante quase vazio do hotel. Notei que a mesa atrás de nós estava parcialmente escondida e reservada para alguém especial. Posteriormente, ainda naquela noite, descobrimos quem era a pessoa. O presidente do COI, o marquês Juan Antonio Samaranch — o "Senhor dos Anéis Olímpicos" da vida real —, apareceu e apertou as duas mãos de Semenov, sorrindo e condescendendo em um bate-papo. Semenov perderia a batalha, mas não a guerra.

EM 2003 DEI UM PASSO QUE ME APROXIMARIA AINDA MAIS DA MINHA vida anterior.

Naquela época, os pró-hormonais, ou seja, esteroides sintéticos seme-lhantes à testosterona, eram relativamente novos, e meus amigos treinadores, sempre à procura de "pílulas mágicas", ficavam me perguntando sobre eles. Sabia que, nos Estados Unidos, os melhores fabricantes eram a ErgoPharm e a Molecular Nutrition, e encontrei o distribuidor deles em Moscou na inter-net: Oleg era um ex-fisiculturista que tinha se tornado meu amigo. Naquele momento, no ramo de nutrição esportiva, ele me ofereceu um emprego como vendedor de esteroides norte-americanos na Rússia.

Oleg veio ao meu apartamento com dez caixas de diferentes tipos de pró-hormonais. Ele me cobrou metade do preço e me deu um prazo de pagamento de trinta dias. Uma oferta decente. Virei uma espécie de supervendedor, vendendo aparelhos Hewlett-Packard, peças sobressalentes e insumos, de um lado, e suplementos alimentares e de nutrição esportiva, de outro. Entrei em contato com meus antigos companheiros de corrida que tinham se tornado treinadores e eles ficaram ansiosos para comprar meus suprimentos e fazer novos pedidos sempre que quisessem.

Tentei lembrar meus amigos de que a palavra mais importante no doping esportivo é "medo", o que significa que os usuários teriam que ser monitorados de perto. Se usassem pró-hormonais durante duas ou três semanas, teriam que coletar amostras de urina de poucos e em poucos dias, trazê-las para mim e pagar pela análise. Meus ex-colegas do laboratório de controle antidoping concordaram em testar minhas amostras por 50 dólares cada, ignorando Semenov completamente.

O negócio dos pró-hormonais decolou como um foguete. Descobrimos como combiná-los com anabolizantes "clássicos", como oxandrolona e metenolona, e, em seguida, com Oral Turinabol, nosso velho amigo Turik, que se tornara amplamente disponível após dez anos fora do mercado.

Teria sido ingenuidade imaginar que uma operação séria com "suplementos" de doping como a minha e de Oleg pudesse passar despercebida. Não passou. Em março de 2003 recebi um telefonema de Valery Kulichenko, o treinador principal da seleção russa de atletismo. Seu apelido era "Pinochet", em referência ao seu comportamento ditatorial e ao hábito de usar óculos escuros o tempo todo, mesmo em lugares fechados. Kulya, como ele era conhecido, era esperto, hiperativo e duro. Crescera em Karaganda, cidade mineira turbulenta no Cazaquistão, e tinha conhecimento esportivo. Antes de ser treinador, foi velocista da prova de 100 metros e estudou medicina em Orenburgo, na fronteira com a Rússia. O esporte estava presente na família: sua mulher, Valentina, era ex-recordista mundial da prova de 800 metros.

Nosso próspero negócio de pró-hormonais chamou atenção de Kulichenko. Ele me convidou para uma conversa em seu escritório. Então, repreendeu-me, exigindo saber por que não o mantive informado a respeito da avalanche de pró-hormonais. Deixou bem claro que a preparação da equipe nacional de atletismo era seu território e que forasteiros não eram bem-vindos. Expliquei que estava apenas fazendo uma pequena experiência com alguns velhos amigos que estavam perdendo o ritmo, e que pensava em arrumar um emprego na indústria petroquímica.

De repente, Kulichenko, provavelmente sentindo que eu estava com medo dele, mudou seu tom. Começou a fazer confidências para mim, como se eu fosse um velho amigo, e se queixou de que seu "feiticeiro" adestrado, o sombrio dr. Serguei Portugalov, que desfrutava de uma sinecura como pesquisador do VNIIFK, tinha se tornado reservado e não estava compartilhando informações sobre doping com ele, ao mesmo tempo que fornecia drogas e suplementos à equipe nacional de atletismo. Kulichenko me convidou para ir até sua casa, dizendo-me para levar tudo o que eu tinha.

O mundo esportivo russo e soviético estava cheio de "feiticeiros", e eles também existem em outros países. São treinadores experientes e alguns, como o dr. Portugalov, possuem profundo conhecimento médico e científico. Serguei nasceu em uma família inteligente e próspera de Moscou, formou-se em um instituto médico de prestígio e concluiu o doutorado em farmacologia. Ele era um acadêmico de alto nível, que se mantinha atualizado com a literatura científica e que falava inglês fluentemente. Também tinha escrito o primeiro livro em russo sobre suplementos de nutrição esportiva, nutrição e dieta.

O feiticeiro típico reúne um grupo de atletas e prescreve um regime disciplinado de doping, em combinação com exercícios físicos que mudam ao longo de um ciclo de preparação. Quando uma competição está longe, os atletas utilizam altas doses de esteroides para desenvolver a força ou a resistência. Durante a pré-competição, fazem um ajuste fino de suas habilidades e técnicas, adotando um regime de doping mínimo. Durante a temporada de competições, os atletas ficam "limpos" e atingem as condições máximas para os grandes eventos, como Jogos Olímpicos ou Campeonatos Mundiais. É uma tarefa complicada e sensível, e, em um nível mais elevado, requer uma abordagem individual e, às vezes, um plano de doping personalizado.

Os feiticeiros bem-sucedidos tentam escapar dos protocolos de teste impostos por federações internacionais e órgãos nacionais de teste sempre que possível, mantendo uma estreita vigilância sobre as amostras de teste dos seus clientes e substituindo amostras contaminadas por urina limpa, quando possível. Para ter sucesso, eles precisam de informações em tempo real de especialistas dentro dos laboratórios de controle antidoping para se manter a par dos últimos truques de detecção. Também trabalham com fontes dentro dos órgãos de teste para antecipar testes-surpresa de controle antidoping. Na Rússia, naquela época, todos os "testes-surpresa" eram conhecidos com dois meses de antecedência. Os feiticeiros precisavam de acesso a um laboratório de doping credenciado para checar amostras de urina e testar a qualidade dos comprimidos, cápsulas e soluções que estavam vendendo à sua clientela.

A Rússia é o maior país do mundo, com atletas em onze fusos horários. Nas regiões mais remotas, treinadores comuns muitas vezes se tornam feiticeiros. O exemplo mais destacado foi Viktor Chegin, de Saransk, que corrompeu uma geração inteira de competidores de marcha atlética, famosos em competições internacionais por seus resultados surpreendentes. Os atletas de Chegin quase nunca testavam positivo para doping durante as competições. Isso demonstra como era eficiente o controle antidoping russo antes do embarque para os torneios.

Mas, quando o Passaporte Biológico do Atleta foi implantado, em 2009, revelaram-se anormalidades nos parâmetros sanguíneos. Assim, trinta competidores de marcha atlética de Chegin foram pegos e seus resultados, anulados.

Chegin se gabava de que muitas vezes aplicava 50 injeções por dia, mas seu chamado "programa de educação" era ainda pior: ele ensinava garotos e garotas de 15 e 16 anos a injetar eritropoietina (EPO) em banheiros de hotéis e vestiários. Ele era completamente imprudente. Analisei algumas de suas ampolas ao longo dos anos e muitas vezes continham fármacos fraudulentos ou contaminados. Apesar de tudo isso, Chegin permanece uma lenda nacional: ele manteve suas inúmeras condecorações e prêmios, e existe um monumento para ele no parque central de Saransk.

Após Chegin, Portugalov ocupa o segundo lugar. Não é por acaso, como os marxistas gostam de dizer, que ele quase monopolizou o mercado de bromantan e cardefon, usando-os como estimulantes em sua poção de feitiçaria que continha anabolizantes e eritropoietina. Ofereceu um centro de serviços completo a atletas de sucesso, em uma variedade de esportes, e tinha apoiadores poderosos no Goskomsport, o Comitê Estatal de Esportes, e em seus sucessores, o Rossport e o Ministério do Esporte. Eles precisavam do seu conhecimento e *expertise*. Portanto, davam-lhe proteção.

NAQUELE MOMENTO, TODOS OS CAMINHOS DO DOPING EM ATLETISMO na Rússia passavam por Kulichenko e Portugalov. Eu sabia que se quisesse sobreviver na área teria que reverenciar o feiticeiro reinante do país.

Marquei um encontro com Portugalov. Seu apartamento, onde nos encontramos, tinha uma atmosfera confortável e discreta e exalava o aroma de seu tabaco para cachimbo holandês. Serguei possuía uma visão ampla do cenário russo de doping. Combinamos que ele seria meu intermediário com Kulya e que meu papel seria testar novos pró-hormonais para a equipe nacional. Também combinamos que eu teria cinco atletas de nível internacional como meu "grupo experimental", um termo elegante para cobaias. Os atletas estavam desesperados e decepcionados com os esquemas barra-pesada e de "punhados de comprimidos de esteroides por dia", e não viam a hora de tentar uma nova abordagem que minimizasse o uso de esteroides anabolizantes. Começamos a trabalhar para o vindouro Campeonato Mundial da IAAF, em Paris.

Em 2003, em Paris, os atletas russos tiveram um bom desempenho e ganharam sete medalhas de ouro, em comparação com as cinco das duas competições anteriores. Kulya ficou feliz. No entanto, a verdadeira notícia estava vindo dos Estados Unidos: o escândalo do BALCO (Bay Area Laboratory Co-Operative).

Revelou-se que o laboratório BALCO estava dopando atletas com testosterona, hormônio do crescimento e EPO havia mais de uma década. Com total liberdade de ação, Victor Conte conquistara uma impressionante clientela de *superstars* esportivos norte-americanos, incluindo jogadores profissionais de futebol americano, astros do atletismo e o jogador de beisebol Barry Bonds, que ainda detém os recordes norte-americanos de maior número de *home runs* em uma única temporada durante a carreira. Bonds foi indiciado e condenado, mas acabou tendo a acusação retirada com base em uma acusação de obstrução da Justiça relacionada à investigação do caso BALCO pelo governo norte-americano.

Visto da Rússia, parecia um programa patrocinado pelo Estado, mas era exatamente o oposto: capitalismo descontrolado. Conte não comunicou ao FBI nem mesmo à CIA, e foi incapaz de manipular os planos da Agência Antidoping dos Estados Unidos (USADA), o principal órgão de testes norte--americano. No entanto, estávamos curiosos para saber quem fazia análises de controle antidoping para a clientela de Conte. Um programa de doping sério como o dele sempre precisa do respaldo de um laboratório avançado. Quem lhe dava respaldo?

Don Catlin, do Laboratório Olímpico Analítico da UCLA, emergiu como uma espécie de herói, informando que uma das seringas de Conte, fornecida por um delator, tinha testado positivo para tetrahidrogestrinona (THG), esteroide anabolizante borrifado na boca para absorção sublingual ou bucal. Houve uma corrida para encontrar amostras de urina de todos os atletas associados ao BALCO, mas — dá para acreditar? — muitas delas tinham desaparecido. Amostras dos Jogos Olímpicos de 2000, em Sydney, ou dos Jogos Olímpicos de 1996, em Atlanta, mantidas em solo norte-americano, desaparecidas!? O caso BALCO explodiu um ano depois dos Jogos Olímpicos de Inverno de 2002, em Salt Lake City, quando o COI decidiu, então, preservar as amostras de urina por oito anos, a fim de esperar métodos de detecção mais sofisticados e instrumentação mais avançada.

Aprendi algo com a metodologia do BALCO. Nada de pastilhas, comprimidos ou cápsulas! Aparentemente, utilizavam-se esteroides ministrados principalmente por via oral, especificamente aqueles que eram dissolvidos primeiro antes de ser colocados sob a língua e que não podiam ser detectados após um curto período de tempo. Isso significava que comprimidos e injeções eram evitados, utilizando-se tanto aplicações sublinguais, que podiam ser bochechadas, quanto testosterona via transdérmica, que se espalhava na pele como uma loção.[1]

Pouco antes dos Jogos Olímpicos de Verão de 2004, em Atenas, conheci outro personagem poderoso do cenário russo de doping, o misterioso e cortês professor Nikolai Durmanov. Ele pode ou não ter sido coronel da KGB/FSB (nunca poderíamos dirimir essa dúvida de uma forma ou de outra) e gozava de excelentes relações comerciais (leia-se: compra de eritropoietina (EPO) e hormônio do crescimento humano (HGH)) com a China, onde já tinha trabalhado. Durmanov era o novo diretor médico do Comitê Olímpico Russo e se ressentia da influência de Portugalov. Ele também estava em guerra com meu antigo chefe, Vitaly Semenov, que continuava sendo chefe do laboratório credenciado pela WADA em Moscou, então uma empresa independente chamada Centro Antidoping. Semenov ridicularizava Durmanov, tachando-o de "ilustre desconhecido", e se recusava a atender os telefonemas dele, o que não era uma atitude inteligente.

---

1. Esse conhecimento seria muito útil nos Jogos Olímpicos de Inverno de 2014, em Sochi.

A boa notícia era que, naquele momento, eu estava jogando na liga principal. Kulichenko, Portugalov e Durmanov estavam sentados no alto cheio de estrume do Monte Olimpo do doping esportivo russo, mas o ar era rarefeito ali em cima e as alianças eram complexas. Portugalov e Durmanov não gostavam de Semenov, que, por sua vez, me odiava como rival emergente pelo poder. No final das contas, como cientista de laboratório bem qualificado, mas sem uma base real de poder, eu tinha que agir com cuidado e manter relações cordiais com as facções beligerantes.

Naturalmente, cultivei a relação com Durmanov e lhe ofereci meu melhor conselho: ficar quieto até depois dos Jogos Olímpicos de 2004, em Atenas. Então, existiriam oportunidades para reorganizar o cenário caótico do doping esportivo. Durmanov era extremamente bem-educado, possuía muita experiência e tinha um senso de humor sutil. Ela via as coisas de forma diferente de mim, o que muitas vezes lhe dava uma vantagem real em nossas relações.

Expliquei-lhe que estávamos navegando no Triângulo das Bermudas, com perigos por todos os lados. Em geral, Portugalov controlava os suprimentos de doping para os atletas de elite e também supervisionava os coletores de amostras, ou seja, os agentes de controle antidoping (DCOs). Eles eram corruptos e trocavam as amostras de urina em grande escala. Enquanto isso, Semenov dirigia seu feudo laboratorial e falsificava análises conforme e quando isso era requerido.

Plantei a semente de uma ideia: Semenov teria que ser substituído. Informei Portugalov, Kulichenko e Durmanov sobre os truques de doping mais recentes da China, dos Estados Unidos e da Rússia. Sustentei que era muito arriscado trapacear nos locais de coleta e no processo de cadeia de custódia. Para garantir o sucesso dos regimes de doping, precisávamos de uma mão de ferro competente executando as análises laboratoriais. E foi aí que eu entrei. Para ajudar na causa do doping (e do antidoping), eu teria que me tornar o diretor do Centro Antidoping de Moscou.

Como eu vinha preparando alguns atletas e consultando treinadores, queria obter as informações mais recentes dos principais nomes no cenário do controle antidoping. Consegui um convite para participar do workshop anual a respeito de controle antidoping, realizado em Colônia, então batizado de Manfred Donike, em homenagem ao seu idealizador, que tinha morrido de ataque cardíaco em 1995. Todos estavam ali, incluindo o dr. Costas Georgakopoulos, diretor do laboratório olímpico em Atenas, vangloriando-se de suas bugigangas tecnológicas infalíveis: análise de EPO de última geração; espectrometria de massa de alta resolução (HRMS, na sigla em inglês), para detectar quantidades minúsculas de metabólitos de esteroides; espectrometria de massa de razão isotópica (IRMS), para avaliar a origem de esteroides de aparência natural; e novos instrumentos para detecção do hormônio de crescimento humano (HGH) e transfusões de sangue proibidas.

Tudo parecia ameaçador, mas eu sabia como as coisas realmente aconteciam nos Jogos Olímpicos. Há um grande fluxo de amostras, muitas das quais precisam ser analisadas e ter os resultados relatados em 24 horas. Inevitavelmente, algumas análises são imperfeitas. Além disso, leva muito tempo e exige bastante esforço preparar e credenciar um laboratório olímpico e treinar o pessoal para trabalhar na presença de observadores estrangeiros. Em geral, os funcionários principais estão exaustos no momento em que os Jogos começam; eles só querem sair de férias, motivo pelo qual o desempenho de um laboratório olímpico durante as competições tende a ficar abaixo da média.

Os testes sérios acontecem muitos anos depois, quando as amostras podem ser analisadas sem pressa. Atenas foi a primeira Olimpíada em que novos testes foram feitos oito anos depois de sua realização, em 2012. Meu "grupo experimental" de cinco cobaias conquistou duas medalhas de ouro e duas de bronze em 2004, mas, em 2012, uma de cada foi confiscada. A reanálise funciona, pelo menos na metade das vezes.

Era assim que as coisas aconteciam nos bastidores. Para o público, a WADA se jactava a respeito do seu sucesso na cruzada antidoping, com o presidente Dick Pound declarando que "As chances de ser pego estão ficando maiores a cada dia". Lembro-me dele dizendo frases de efeito, como "a mensagem se espalhou" e "o cerco está se fechando em torno daqueles inclinados a trapacear". Tive que rir. Ele falava duro, mais ou menos como um xerife tagarela de um filme B de faroeste.

Como exemplo, a WADA se gabava de que sua metodologia sobre o hormônio do crescimento humano "vai mostrar se o HGH estava no organismo do atleta até 84 dias antes da Olimpíada". Na realidade, a metodologia era tão fraca que quase não conseguia detectar grandes doses de HGH injetadas em 24 horas, muito menos em 84 dias. Após dez anos sem nenhum aprimoramento, na época dos Jogos Olímpicos de Inverno, em Sochi, os testes de HGH foram interrompidos.

É claro que tivemos as habituais dores de cabeça com atletas incorrigíveis em Atenas. Quando a estrela russa Irina Korzhanenko ganhou a medalha de ouro em arremesso de peso, derrotando sua adversária mais próxima em quase 1,5 metro, liguei para o dr. Serguei Portugalov para felicitá-lo. Dois dias depois, porém, Durmanov me telefonou do laboratório de Atenas e me informou que a amostra de urina de Korzhanenko continha estanozolol. Ele estava sentado ao lado de Don Catlin, de Los Angeles, e testemunharam juntos a análise positiva da amostra B dela.

Havia uma explicação, embora não uma desculpa. Quando Korzhanenko fez o teste, antes da partida de Moscou para Atenas, o corpo estava frio e bem hidratado, e os metabólitos de estanozolol encontravam-se em um nível não detectável. Mas no calor escaldante de Atenas ela ficou "aquecida e espremida" e perdeu água. O calor e a exaustão física "espremeram" seu depósito de estanozolol (infiltrado em seus músculos após as injeções), o que era mais do que suficiente para produzir urina em níveis detectáveis de metabólitos.

A trama se adensou. Korzhanenko conseguiu escapar de Atenas com sua medalha de ouro e, ao chegar a Moscou, começou a ameaçar contar a verdade sobre o dr. Serguei Portugalov e o treinador da equipe nacional Valery Kulichenko para a TV e os jornais. Andrey Mitkov, conhecido e hiperativo criador do site All Sports, havia preparado um salão para uma entrevista coletiva de Korzhanenko, com as câmeras prontas para gravar, mas Kulya e eu a convencemos a não dar as caras em Moscou e voar de volta para Rostov, sua cidade natal. Disse-lhe que suas revelações não mudariam nada, e Kulya lhe assegurou de que ela continuaria a desfrutar dos benefícios de uma campeã olímpica imaculada: um belo apartamento, dinheiro e um bom carro.

A promessa de nenhuma retaliação foi nossa estratégia fundamental para impedir que os atletas que se dopavam divulgassem os nossos esquemas de doping. Irina Korzhanenko se acalmou, fez sua análise de custo-benefício pessoal e concordou em ficar quieta em Rostov.

Atletas, sobretudo os campeões, não costumam ser muito inteligentes. Depois de vencer sua prova, Korzhanenko ficou gritando e agitando a bandeira russa para seus fãs, quando deveria ter urinado discretamente em uma toalha no interior do seu short e bebido litros de água para diluir quaisquer metabólitos de doping que ainda estivessem em seu organismo. Ela fez tudo o que podia para ser pega, quando teve todas as chances de escapar.

O verdadeiro efeito colateral de Atenas está relacionado com o emprego de Vitaly Semenov. Ele tinha se indisposto com Durmanov e Portugalov, e seu laboratório "antidoping" seria considerado responsável por inúmeros escândalos. Os chacais estavam rondando.

Semenov estava bastante atento a tudo o que acontecia. Quando Durmanov me indicou secretamente para ocupar o seu lugar, ele ficou louco. Anteriormente, nas disputas territoriais mais tensas, Semenov havia conseguido ser internado em um hospital por "estresse", uma maneira conveniente de evitar seus inimigos, porque os hospitais eram zonas de segurança na Rússia, pois a pessoa não podia ser presa ou receber documentos ali. Semenov escreveu cartas paranoicas ao FSB e ao Comitê Olímpico Russo, insistindo que eu era um "agente da WADA" (!), que estava na Rússia para investigar programas secretos de doping e relatar "todos os segredos de Estado da preparação dos atletas". De acordo com ele, minha missão era destruir o esporte russo.

Este foi o grande erro de Semenov: o fato de alguém do Rossport ter enviado cartas tão alarmantes ao FSB, sem informar a seus superiores, repercutiu muito mal entre eles. Seu chefe, Viacheslav "Slava" Fetisov, ex-astro do hóquei no gelo, entendeu que Semenov não se encaixaria nos planos futuros do Rossport: ele não era alguém que colaborava com a equipe. E, claro, os *apparatchiks* do FSB que receberam aquelas cartas transtornadas se distanciaram imediatamente daquela loucura.

SEMENOV ERA UM CASO PERDIDO, NÃO MUITO DIFERENTE DE UM JÚLIO César ferido cambaleando entre seus companheiros, esperando o golpe de misericórdia. Fetisov, que tinha sido um dos jogadores de hóquei no gelo mais famosos do mundo — foi considerado duas vezes o Jogador Soviético do Ano como membro da equipe do CSKA, ganhou duas medalhas de ouro olímpicas e dois campeonatos da Copa Stanley atuando pela equipe do Detroit Red Wings —, concordou que eu assumisse o comando do Centro Antidoping de Moscou.[2]

Demitir o astuto e bem relacionado Semenov, porém, exigia um pretexto, que se apresentou na primavera de 2005. Quatro atletas testaram positivo para esteroides anabolizantes no Campeonato Nacional de Atletismo em Pista

---

2. Quão famoso era Fetisov? Ele tem um asteroide nomeado em sua homenagem: 8806 Fetisov.

Coberta, em Volgogrado. Semenov comunicou esses resultados ao Centro de Preparação Esportiva das Equipes Nacionais da Rússia (o notório CSP), subordinado diretamente ao Rossport, mas só enviou por fax dois dos resultados incriminatórios para a WADA e para a IAAF. A maneira como o sistema funcionava deu a entender que os outros dois atletas eram "protegidos", mas teria sido suspeito não relatar resultados positivos em um evento tão grande.

De algum modo, Durmanov descobriu sobre as duas versões. Então, ele fez questão que a WADA também descobrisse. A WADA já suspeitava bastante do laboratório de Semenov e, ao descobrir duas análises positivas não divulgadas, deu-lhe o pretexto para suspender o credenciamento de seu laboratório em Moscou. Em consequência, todas as amostras de teste russas seriam enviadas para laboratórios estrangeiros. Um resultado inaceitável.

Esse incidente selou o destino de Semenov. Em 17 de março, Dumanov me ligou às 10 da noite para me informar que Fetisov havia assinado duas diretivas, que passariam a vigorar no dia seguinte: uma demitindo Semenov e a outra me nomeando como novo diretor do laboratório. Tudo foi mantido em segredo, para impedir que Semenov escapasse para um hospital e fingisse estar doente para evitar o confronto. As chamadas telefônicas deviam ser reduzidas ao mínimo. Como saber quem estava ouvindo?

Tivemos que emboscar Semenov no laboratório. Oficialmente, o Rossport enviou-lhe um memorando dizendo que uma delegação estrangeira estava visitando Moscou e incluiu uma visita às 11 da manhã ao Centro Antidoping em seu itinerário. Um grupo de funcionários do Rossport apareceu no laboratório. Entrei atrás deles e Semenov ficou vermelho, como costumava ficar quando se chateava, me encarou e me perguntou por que eu estava ali, com uma expressão de ódio e raiva.

— Estou acompanhando uma delegação estrangeira como intérprete — respondi, educadamente. Isso pareceu plausível, já que ninguém do Rossport falava inglês.

Semenov ficou estupefato quando as diretivas de Fetisov foram lidas para ele. Foi obrigado a assinar as duas cópias de sua demissão, uma para ele e a outra para os arquivos do Rossport, confirmando que foi devidamente notificado perante testemunhas.

Conforme planejado, tomei posse do selo oficial do laboratório, o símbolo do poder. Tínhamos guardas de segurança postados em diversas portas, por via das dúvidas. Disse a Semenov que ele poderia passar o fim de semana como quisesse, mas que eu voltaria na segunda-feira.

Na segunda-feira, troquei as fechaduras e os códigos de todas as portas e me certifiquei de que uma nova equipe de segurança estava trabalhando na entrada. Ao meio-dia, ouvi a campainha do lado de fora do meu conjunto de escritórios no 3º andar: era Semenov, chateado porque seu crachá não funcionou. Disse a ele que se tivesse deixado alguma coisa ali os homens da segurança o acompanhariam, mas ele não poderia usar os telefones nem entrar em seu escritório. Era meu escritório agora.

PARTE II

MESTRE

1.
UM GOLPE
SILÊNCIOSO – *BESPREDEL*

É como dizem: cuidado com o que você deseja. Aos 46 anos, havia escalado até o cume da minha profissão e dirigia o laboratório credenciado pela WADA em Moscou. Nosso equipamento estava obsoleto e o pessoal era indisciplinado e se sentia desmoralizado por causa dos baixos salários. Precisava recrutar sangue novo para o Departamento de Química da Universidade de Moscou, minha *alma mater*, e era necessário comprar novos equipamentos dos principais fabricantes ocidentais.

Durmanov, então um degrau acima de mim na hierarquia, prometeu falar com Fetisov, que se comprometeu a comprar instrumentação que dobraria nossa capacidade de análise de amostras. Enviei à WADA um plano trienal de melhorias e, em troca, recebi uma cópia de sua Norma Internacional de Laboratórios. Quando o dr. Olivier Rabin, diretor científico da WADA, me disse para "obedecer às regras", aquelas eram as regras às quais ele estava se referindo.

Na linha de partida do meu novo trabalho, minha situação parecia segura, mas todos ao meu redor estavam bastante nervosos. Durmanov estava concentrado nos próximos Jogos Olímpicos de Inverno, em Turim. Kulichenko estava nervoso com o vindouro Campeonato Mundial da IAAF, em Helsinque. Nikolai Parkhomenko, diretor do CSP, sentia-se permanentemente ansioso com os halterofilistas e fumava um cigarro Marlboro atrás do outro durante o dia inteiro. Ele tinha muito com o que se preocupar. Os halterofilistas russos lideravam o doping *bespredel*, palavra em russo que descreve uma situação "sem limites", que, nesse caso, significava o uso desenfreado e arriscado de substâncias proibidas para melhorar o desempenho.

DEIXE-ME DAR UMA BREVE VISÃO GERAL DO MUNDO DO ANTIDOPING do qual me tornei um importante participante em 2005. Vladimir Putin era presidente da Rússia havia cinco anos. Entusiasta do judô amador, também gostava de esportes em geral e, em 2002, havia atraído Fetisov da função de auxiliar técnico do New Jersey Devils para ser o czar do esporte russo. O sonho de Putin era sediar a Olimpíada, preferivelmente em Moscou. Em 2007, ele realizou parcialmente esse sonho, quando o COI escolheu Sochi, balneário do Mar Negro, como sede dos Jogos Olímpicos de Inverno de 2014.

A participação medíocre da Rússia nos Jogos Olímpicos de Inverno de 2002, em Salt Lake City, e nos Jogos Olímpicos de Verão de 2004, em Atenas, pairava sobre a cabeça de Fetisov. Em Atenas, cerca de 400 atletas olímpicos russos tinham sido liberados pelo controle antidoping antes da partida de Moscou, mas foram pegos durante os Jogos. Ao substituir Semenov, prometi a Fetisov que nenhum atleta testado previamente por meu laboratório teria resultado positivo nos Jogos Olímpicos. Em cinco jogos consecutivos isso se confirmaria.

A WADA tinha apenas cinco anos, mas já estava se recompondo. Em 2003, a primeira versão do World Anti-Doping Code (Código Mundial Antidoping) foi apresentada, seguida de um registro de normas internacionais e documentos técnicos. Depois, a WADA lançou o ADAMS (Anti-Doping Administration and Management System — Sistema de Gestão e Administração Antidoping), banco de dados *on-line* para o *upload* de dados pessoais e localização dos atletas, o chamado "relatório de paradeiro", que supostamente ajudava os órgãos de teste a localizar os atletas a qualquer momento e em qualquer lugar.

Para ser bem honesto, naquela época o pessoal da WADA era ingênuo a respeito da origem das análises antidoping. Consideravam as federações esportivas nacionais e internacionais, como a corrupta Federação Internacional de Halterofilismo, como a linha de frente na fiscalização do doping esportivo, o que era um absurdo. A maioria das federações internacionais odiava o controle antidoping, não queria pagar por isso e julgava o processo uma dor de cabeça desnecessária. O controle antidoping significava escândalos, que afetavam a popularidade do esporte, os patrocinadores, o comparecimento potencial de público e as receitas de televisão.

A WADA tinha outras vulnerabilidades: por um lado, acreditava que os laboratórios nacionais de controle antidoping queriam realmente acabar com o doping. Outro erro era tratar todos os laboratórios credenciados como iguais, independentemente da pontuação do país hospedeiro no Índice de Percepção da Corrupção, que era publicado anualmente pela Transparência Internacional. Isso funcionou a nosso favor porque significava que a WADA acreditava que os DCOs russos, empregados pelo CSP liderado por Parkhomenko, trabalhavam da mesma maneira que os agentes da Agência Antidoping dos Estados Unidos (USADA), embora não pudessem ser mais diferentes. O CSP, e por extensão a RUSADA, tinha listas de atletas "intocáveis", e o suborno e a substituição de amostras de urina não eram incomuns. A WADA supôs que o laboratório norte-americano em Salt Lake City e o meu Centro Antidoping de Moscou relatavam resultados positivos imediatamente, mas, na realidade, as duas instituições atuavam de maneira bem diferente.

Também supôs que todos os laboratórios credenciados eram igualmente competentes, o que não era o caso. Alguns laboratórios credenciados pela WADA eram simplesmente desleixados: procuravam laboratórios de outros países quando tinham que processar amostras de controle de qualidade para obter o recredenciamento.

Tive algumas opiniões nada ortodoxas sobre doping, que atualmente são consideradas inaceitáveis, mas me lembro da minha experiência como corredor de elite. Presume-se que o doping esportivo seja prejudicial, mas a ciência não confirma isso. Podemos ler que um halterofilista morreu jovem e fez "uso abusivo de esteroides durante anos", mas, se estava usando em excesso esteroides, provavelmente também estava envolvido em uma dieta e um regime de treinamento abusivos. Muitas coisas podem nos matar além de drogas esportivas em doses letais.

Entendo que em alguns países existe um estigma associado ao uso de esteroides, mas esse nunca foi o caso da Rússia. Os esteroides sintéticos tiveram avanços como qualquer outra tecnologia, tornaram-se menos prejudiciais e mais eficientes à medida que aprendemos quais usar, como aplicá-los e o que podem realizar com segurança.

O treinamento ao nível olímpico exerce uma pressão significativa sobre o organismo. Os esteroides reduzem a fadiga e o trauma e também são capazes de ajudar na recuperação mais rápida dos músculos. Não tenho conhecimento de estudos que chegaram à conclusão de que essas substâncias são prejudiciais em doses moderadas, e conheço muitos atletas que as usaram durante anos e tiveram uma vida longa e saudável.

Deixe-me apresentar outro argumento polêmico mencionado pelos defensores do doping: ele gera igualdade. Alguns atletas são geneticamente superdotados e podem chegar ao topo de sua modalidade esportiva com técnicas naturais de treinamento. Entretanto, um atleta que parece pouco promissor, após um regime de doping modesto, apresenta um grande progresso no desenvolvimento de habilidades e resistência, a ponto de poder desafiar rivais visivelmente mais fortes. Um atleta médio pode ter mais espaço para desenvolvimento e ser mais dedicado que o competidor "natural". Vi muitas vezes atletas que começaram tarde se beneficiarem do doping. Se o esporte fosse "limpo", isso seria uma desvantagem reversa, favorecendo naturalmente os atletas superdotados em relação aos seus rivais menos favorecidos. Sem o doping, não há como superar a lacuna de habilidades.

Desdenho da noção de atletas "limpos". A WADA adora essa palavra, mas sua missão deveria realmente ser proteger os atletas *honestos*. Em geral, os atletas soviéticos e russos quase sempre estavam limpos quando deviam estar, o que significa que conseguíamos limpar as evidências de seus esquemas de doping antes de enviá-los para as competições. Eles estavam limpos da mesma maneira que uma camisa lavada está limpa; lavamos coisas sujas para limpá-las. Quando uma nova metodologia foi utilizada para reanalisar as amostras de urina de atletas "limpos", muitos anos depois dos Jogos Olímpicos de Pequim e Londres, revelou-se que centenas deles estavam sujos.

Roupas sujas e esportes têm muito em comum.

Essa não é uma linha de pensamento muito difundida, mas, para alguém que passou a vida ligado aos esportes, é realista.

O 10º CAMPEONATO MUNDIAL DA IAAF, EM HELSINQUE, SE APROXIMAVA, e a situação de doping, sobretudo o uso abusivo de esteroides anabolizantes e pró-hormonais, estava fora de controle. Era o *bespredel* em ação: caos total e ilegalidade.

Em teoria, os DCOs russos realizavam testes-surpresa fora de competição, mas os cronogramas de coleta de amostras eram conhecidos com semanas de antecedência. Assim, os atletas ou quase não eram encontrados nos campos de treinamento ou subornavam DCOs corruptos e trocavam as amostras de urina. Parece loucura, mas em alguns campos de treinamento encontrar urina limpa era um problema porque muitos atletas estavam sujos! Os treinadores tomavam litros de água e esvaziavam a bexiga nos frascos de amostra dos atletas. Em cada lote de vinte amostras de um campo de treinamento, quatro habitualmente tinham exatamente o mesmo perfil de esteroides, o que significa que vinham da mesma pessoa; em geral, um treinador. Meus amigos que eram treinadores reclamavam de que não tinham urina suficiente na bexiga quando os DCOs apareciam no campo de treinamento. O controle antidoping era um dos maiores itens individuais do orçamento para o CSP, mas era simplesmente dinheiro jogado no lixo.

A IAAF tinha o próprio sistema supostamente sofisticado visando a atletas de elite russos, conhecido como International Registered Testing Pool (IRTP — Testagem em Grupo Registrada Internacional). Os atletas do grupo tinham que registrar seus cronogramas de viagens e treinamento no banco de dados ADAMS com três meses de antecedência, para facilitar o "teste-surpresa" (chamado de "sem aviso prévio"). Uma empresa sueca, a International Doping Test and Management (IDTM), empregava os DCOs que coletavam as amostras, mas os funcionários russos que trabalhavam para ela eram totalmente corruptos e, em geral, os atletas e treinadores recebiam com dois meses de antecedência o aviso do "teste-surpresa".

Depois de alguns meses em meu novo emprego, alertei Nikolai Dumanov de que as coisas estavam ficando fora de controle. Quando ele informou a Fetisov, o ex-astro do hóquei no gelo ficou furioso e convocou Kulichenko, dizendo-lhe que, se algum atleta russo testasse positivo no Campeonato Mundial da IAAF, em Helsinque, ele perderia o emprego. No dia seguinte, um Kulichenko ruborizado pediu-me que fosse ao seu apartamento e me perguntou o que fazer. Respondi que tínhamos que coletar amostras de urina *genuínas* dos piores infratores e garantir que as bexigas fossem esvaziadas imediatamente após uma sessão de treinamento.

Kulya começou a coletar amostras de urina de verdadeiros adeptos de doping e as entregou para nós em garrafas plásticas de refrigerantes. As amostras continham oxandrolona, Oral Turinabol, metenolona e, com menos frequência, vestígios de estanozolol. Os atletas masculinos eram muito mais disciplinados que as atletas femininas. As amostras de algumas garotas mostravam diversos anabolizantes diferentes. Nós as chamávamos de "as garotas dos coquetéis". (Era uma loucura ver o Turik (Oral Turinabol), velho amigo da minha época de corredor, de volta à moda depois de mais de uma década.) O pré-teste da garrafa de refrigerante funcionou: os incorrigíveis captaram a mensagem e se limparam. Os atletas russos conquistaram sete medalhas de ouro em Helsinque, sem nenhum resultado positivo após a análise de controle antidoping.

A notícia não tão boa foi que Helsinque era o primeiro campeonato em que a IAAF decidiu manter amostras de urina por oito anos para possível reanálise. Em 2005, o controle antidoping era comparativamente fraco, mas oito anos depois seria mais preciso. Nossa pesquisa descobriu metabólitos de longa duração de esteroides anabolizantes, o que foi revolucionário: a janela de detecção saltou de sete dias para setenta dias ou mais. Um novo teste das amostras dos atletas russos que competiram em Helsinque revelou um total de vinte positivos: o progresso científico mostrou que, na verdade, a urina limpa estava suja.

Aquele novo teste desencadeou um jogo louco e retardado de dança das cadeiras envolvendo os resultados de Helsinque. Em 2013, a primeira onda de reanálises confiscou duas medalhas da Rússia — a medalha de ouro da campeã olímpica Olga Kuzenkova no lançamento de martelo e a de prata de Tatyana Kotova no salto em distância —, mas a Rússia ganhou um ouro quando Nadezhda Ostapchuk, estrela do arremesso de peso bielorrussa, foi desclassificada, e Olga Ryabinkina, medalha de prata, foi promovida.

No entanto, em 2015, uma segunda onda de novos testes revelou outros dezoito resultados positivos entre os atletas russos, incluindo Olga Ryabinkina. Esses resultados foram anulados após um recurso à Corte Arbitral do Esporte por parte de Tatyana Andrianova, medalhista de bronze na prova dos 800 metros, que tinha testado positivo para estanozolol. Ela sustentou que os atletas cumpriram as regras da WADA em 2005 e que o prazo prescricional de oito anos para a reanálise das amostras tinha expirado. A Corte concordou com ela e a Rússia manteve a maior parte das medalhas.

EM 2007, ENFRENTAMOS SÉRIOS PROBLEMAS QUANDO NOSSAS DUAS melhores lançadoras de martelo, Tatyana Lysenko e Ekaterina Khoroshikh, testaram positivo após uma competição da IAAF em Doha, no Catar. Demorou um pouco para o laboratório em Lausanne identificar metabólitos de um novo esteroide anabolizante, com o nome estranho de pró-hormonal (era Formadrol, 6α-metil-androstenediona), em sua urina. Surpreendentemente, enquanto o laboratório estava quebrando a cabeça com as amostras de Tatyana, ela estava estabelecendo outro recorde mundial.

Valery Kulichenko ficou preocupado e me pediu que fosse ao seu apartamento. As duas atletas se encontravam ali e o fatídico frasco de cápsulas de Formadrol estava no centro da mesa. Era a bem conhecida marca Methyl 1-P, produzida pelo laboratório Legal Gear, nos Estados Unidos. Juntos, lemos uma carta severa do dr. Gabriel Dollé, diretor do Departamento Médico e Antidoping da IAAF, repreendendo nossas atletas. Não haveria nenhuma maneira de escapar daquilo.

As duas mulheres foram embora e percebi que Kulichenko sabia que tinha um escândalo de verdade nas mãos. Lysenko disse aos jornalistas que nunca usara substâncias proibidas e que Kulichenko vendera para ela o frasco com cápsulas de Formadrol. Valentin Balakhnichev, presidente da All-Russian Athletics Federation (ARAF — Federação Russa de Atletismo), demitiu Kulichenko. Então, Nikolai Beloborodov, "treinador", namorado e mecânico do carro de Tatyana, tentou arrancar 500.000 dólares de Kulichenko, uma quantia que, segundo ele, representava dois anos de "lucros cessantes" que resultariam da suspensão dela.

No fim, Kulya se acertou com as duas atletas, e elas passaram o período de suspensão nos campos de treinamento mais luxuosos, vivendo como rainhas e recebendo salário integral, como se nada tivesse acontecido. As únicas regras do *bespredel* eram que não havia regras. Os atletas acreditavam que estavam protegidos. E estavam.

2.
A ERA DOS MILAGRES

Em 4 de julho de 2007, o COI escolheu Sochi como sede da 22ª edição dos Jogos Olímpicos de Inverno de 2014. A escolha foi inusitada. Sochi não tinha quase nenhuma infraestrutura para esportes de inverno, e nenhum lugar próximo possuía hotéis suficientes para as inevitáveis hordas de atletas, treinadores, jornalistas e espectadores. Os próximos sete anos se abriram diante de mim como um abismo. Na Rússia, nunca sabíamos onde poderíamos estar doze meses depois, e menos ainda em sete anos. No entanto, dirigir o laboratório olímpico seria a realização de um dos meus sonhos e o maior feito da minha carreira. Sentia-me ansioso, assustado e animado, tudo ao mesmo tempo.

Na fase de preparação para os Jogos Olímpicos de 2008, em Pequim, ocorreram algumas mudanças importantes na hierarquia do esporte russo. Kulichenko perdera seu emprego, enquanto Durmanov, que administrara com sucesso a fonte de suprimentos de doping da China, sumiu do mapa. Fetisov, que fora nosso chefe no Rossport, concedeu-me a cobiçada Medalha de Mérito no Desenvolvimento do Esporte e da Cultura Física, deixou seu emprego e ingressou na Assembleia Federal. O Rossport virou o Ministério do Esporte, Turismo e Política da Juventude, e foi posto sob o comando de Vitaly Mutko, czar do futebol de São Petersburgo e um aliado de longa data de Vladimir Putin. A pedido da WADA, uma nova agência nacional antidoping — a RUSADA — foi criada como entidade autônoma. Como a RUSADA empregava DCOs corruptos para coletar amostras de urina, nada mudou no esporte russo, mas sua existência tranquilizou a WADA, que era tudo o que importava.

A insanidade do doping continuou em ritmo acelerado e me deparei com um grande problema quando um famoso lutador e atleta olímpico testou positivo para maconha depois da Copa do Mundo de Luta Livre e Greco--Romana, no Cáucaso. Não sabia que era ele quando relatei devidamente o resultado para a International Wrestling Federation (Federação Internacional de Lutas Associadas) e para a WADA. Estava analisando uma planilha sem identificação e, se soubesse quem era o lutador, jamais o teria denunciado. Algumas pessoas bastante perigosas controlavam a luta livre e greco-romana russa e sempre tentei lhes dar amplo espaço de manobra.

Fui alertado, sem meias-palavras, de que deveria resolver o problema. Algo tinha que acontecer com sua amostra B de reserva, e aconteceu: seu inviolável frasco de amostra Bereg-Kit se quebrou durante o procedimento de abertura automática.

Um frasco em cada 1.000 ou mais do que isso quebraria se fosse inserido incorretamente na máquina de abertura eletrônica. O frasco tinha que ser alinhado com o centro da plataforma. Se não fosse, ocasionalmente o procedimento falhava.

Percebemos que se colocássemos uma moeda sob o frasco depois que ele tivesse sido posto na plataforma ele se quebraria. Quando o representante do lutador veio ao laboratório, expliquei-lhe que descongelaríamos o frasco de urina congelada em água quente e, em seguida, posicionaríamos uma moeda na máquina de abertura eletrônica. No entanto, fizemos isso, e nada aconteceu.

Encontramos uma moeda alongada e uma tampa de plástico rachada, mas o frasco de vidro permaneceu intacto. Trocamos a tampa de plástico. Finalmente, colocamos uma chave de porta sob o frasco e ele se quebrou.

No dia seguinte, relatei à WADA e à International Wrestling Federation que a análise da amostra B tinha falhado por motivos técnicos, o que implicava que o atleta estava liberado. Por precaução, preenchi um Relatório de Ação Corretiva (CAR, na sigla em inglês) e elaborei uma "análise de causa raiz", recomendando que, no futuro, todos os frascos B deveriam ser abertos manualmente.

Poucos meses depois, outro caso ocorreu. Lada Chernova, famosa lançadora de dardo russa, que tinha testado positivo para metenolona, veio ao laboratório para testemunhar a análise de sua amostra B, mas, enquanto manuseava seu frasco Bereg-Kit, teimou que a amostra não era dela e a jogou no chão. Nada aconteceu. Em seguida, Chernova saiu para o corredor e deixou o frasco cair novamente. Nada aconteceu novamente. De maneira delicada, sugeri que ela tentasse aquele truque fora do prédio. Só Deus sabe o que aconteceria se aquela lançadora de dardo maluca começasse a jogar aquele pesado frasco de vidro pelo laboratório! Então, ela foi até a rua e bateu repetidas vezes o frasco no asfalto; uma farsa que me lembrou do caso com o lutador. Mesmo assim, o frasco não se quebrou. Escrevi um relatório completo para a WADA e para a IAAF, explicando que a análise da amostra B de Chernova fora cancelada e ela foi suspensa do esporte por dois anos.

OUTRO SINTOMA DE NOSSO *BESPREDEL* NACIONAL DE DOPING FOI UMA verdadeira epidemia de uso de EPO. Em 2006, em Gotemburgo, no Campeonato Europeu de Atletismo, os parâmetros sanguíneos dos atletas russos foram afrontosos. Viktor Chegin, conhecido treinador de marcha atlética e feiticeiro de meio período, injetou EPO em Olga Kaniskina, que ganhou a medalha de prata na prova de marcha de 20 quilômetros. Seu Passaporte Biológico revelou contagem elevada de hemoglobina e hematócrito, o que denunciou o uso de EPO. Em consequência, a Federação Russa de Atletismo recebeu uma carta do dr. Gabriel Dollé que pareceu mais um pedido de ajuda: "Por favor, contenham seus desmandos e sejam civilizados. Vemos todos os seus truques!". Mas ninguém prestou atenção.

Antes dos Jogos Olímpicos de Pequim, Dollé tinha algumas suspeitas sobre o que Chegin e seus atletas de marcha atlética estavam tramando. Após uma prova de qualificação pré-olímpica de marcha atlética em Cheboksary, ele me pediu repetidas vezes que transportasse as amostras de urina coletadas para Lausanne em gelo-seco, para análise de EPO. Disse-lhe que a lei russa proibia o envio de certos fluidos biológicos para o exterior. Ele ou a IAAF precisariam de um contrato válido com o Ministério da Saúde.

Graças ao meu poder de persuasão, o alegre bando de Chegin perdeu a batalha, mas não a guerra. Tínhamos analisado todas as amostras das provas realizadas em Cheboksary e dezoito deram positivas: todas continham EPO e todas eram de atletas de marcha atlética russos. Aleksei Melnikov, treinador da equipe nacional de corrida, jurou que o grupo de Chegin não estava usando EPO e que eu estava errado. Posteriormente, ficamos sabendo que se injetaram algo chamado "cardioprotetor", que compraram de um laboratório clandestino.

O negociante do mercado ilegal assegurara que a poção mágica não continha EPO. Uma mentira óbvia.

No entanto, o dr. Dollé era como o inspetor Javert do romance *Os Miseráveis* — ele nunca descansava. No final da primavera de 2008, um dos nossos homens da segurança ligou para meu escritório e disse que havia alguém no saguão que não falava russo procurando por mim. Era um funcionário sueco da IDTM chamado Sven Wetter. Ele tinha trabalhado em toda a Europa antes de se casar e se mudar para Atenas. Wetter havia parado de trabalhar por um tempo, mas suas credenciais de DCO ainda eram válidas. Ele nunca tinha trabalhado na Rússia e, portanto, nunca havia se envolvido na vasta rede de corrupção, razão pela qual Dollé, tendo finalmente percebido que os agentes de controle antidoping russos que trabalhavam para a IDTM eram inúteis, escolheu Wetter para coletar amostras dos atletas de marcha atlética em Saransk.

Wetter era discreto e muito inteligente. Por precaução, tinha guardado seus frascos Bereg-Kit vazios em um guarda-volumes na estação ferroviária de Kazan, em Moscou, antes de vir ao nosso laboratório. Ele me perguntou como chegar ao campo de treinamento dos atletas de marcha atlética em Saransk, a 650 quilômetros a leste de Moscou, e me pediu segredo.

Melnikov mentira para mim a respeito dos competidores de marcha atlética usuários de EPO e nunca apresentara a prometida amostra daquela ampola de "cardioprotetor" mágico. Então, estava disposto a guardar segredo. Para piorar a situação, ele criticara meu conhecimento de química. Assim, sentia-me muito feliz de poder ajudar Wetter a coletar algumas amostras para o laboratório de Lausanne. Veríamos quem era o químico incompetente.

Liguei para uma agência de viagens em Saransk e contratei um guia que falava inglês para um passeio pela cidade no dia seguinte. Em seguida, reservei passagens de trem para o meu convidado, desfrutamos de um belo jantar e me despedi dele.

Um mês depois, a bomba explodiu. Wetter contrabandeara cinco amostras para Lausanne e todos os atletas de marcha atlética testaram positivo para EPO. Estranhei que os atletas dessem amostras de urina de maneira voluntária. Será que eles acreditavam mesmo que não estavam se dopando?

Então, Dollé enviou outro "Exterminador do Futuro" para Saransk, um DCO ucraniano que falava russo. Seus alvos eram Olga Kaniskina e Valery Borchin. Faltava apenas uma semana para a abertura dos Jogos Olímpicos de Pequim, e aquele era o momento ideal para injetar uma última dose de EPO. O ucraniano conseguiu coletar quatro amostras de urina, inclusive de Kaniskina e Borchin, mas Chegin não iria se dar mal uma segunda vez e acionou seu próprio "Exterminador do Futuro", um agente do FSB que deteve o DCO ucraniano em Bryansk, perto da fronteira da Rússia com a Ucrânia.

O DCO cruzou a fronteira, mas sem as amostras de urina. Elas foram apreendidas e mantidas em uma sala trancada por três dias a temperaturas de até 32 graus. As amostras chegaram ao laboratório em Moscou em meados de agosto, acompanhadas por uma carta dos funcionários da alfândega de Bryansk. Telefonei para Dollé, mas ele já tinha ouvido a notícia e encerrou o caso: a cadeia de custódia fora interrompida e os parâmetros de temperatura de armazenamento foram violados, de modo que as amostras eram inúteis. Ele me pediu para destruir os frascos, e eu obedeci.

Alguns dias depois, Kaniskina e Borchin ganharam medalhas de ouro olímpicas na prova de marcha de 20 quilômetros. Mais um milagre. Era o suficiente para fazer de alguém um crente.

Os atletas russos tiveram um desempenho louvável em Pequim, conquistando 24 medalhas de ouro e terminando em terceiro lugar, atrás da China, com 51 medalhas, e dos Estados Unidos, com 36. Poderia ter sido muito pior para nós. Em Kazan, no Campeonato Russo de Atletismo Pré-Olímpico, inúmeras amostras testaram positivo, com 99 por cento resultante do uso de esteroides anabolizantes, o que provocou uma grande briga com Melnikov, chefe da equipe de corrida, a respeito de que atletas deveriam ser banidos. Sustentei que seria bastante suspeito se relatássemos todas as amostras como negativas e, assim, selecionamos um corredor de obstáculos chamado Roman Usov para ser suspenso e deixamos que todos os outros escapassem.

Antes das competições em Kazan e dos Jogos Olímpicos de Pequim, Dollé tinha ido a Moscou com uma lista de vinte atletas que aparentemente conseguiram trocar suas amostras do campo de treinamento antes do envio para Lausanne. Ele fechou um acordo com Valentin Balakhnichev, tesoureiro da IAAF, que controlava grandes pagamentos a partir do VTB Bank russo, e que também era presidente da Federação Russa de Atletismo: eles acordaram que nenhum campeão dos Jogos Olímpicos de 2004, em Atenas, seria desqualificado e que nenhuma medalha olímpica já conquistada seria confiscada. No entanto, dali em diante, as coisas seriam diferentes.

Dollé queria algumas cabeças, e Balakhnichev, que estava desesperado para manter seu cargo na IAAF, ofereceu-lhe algumas: sete, para ser preciso. Tendo perdido a fé nos testes antidoping russos, Dollé exigiu os cotonetes de coleta de DNA de sete atletas do sexo feminino, notórias por adulterarem suas amostras de urina durante anos. Era certamente antiético e ilegal — as atletas deviam ser informadas do motivo pelo qual estavam sendo solicitadas a fornecer amostras de DNA e tinham que dar o consentimento por escrito —, mas Balakhnichev mentiu, assegurando-lhes que as amostras seriam utilizadas para pesquisas científicas e não teriam influência no *status* competitivo delas em Pequim. Na realidade, ao fazer os testes, as atletas estavam assinando a própria sentença de morte.

Como a legislação russa daquela época proibia a exportação de certos fluidos biológicos, Dollé contrabandeou os sete tubos de ensaio com os cotonetes de coleta de DNA pela alfândega, supostamente com o auxílio de uma carta de apoio assinada por Balakhnichev. Todo o escândalo explodiu em 30 de julho. Sete atletas femininas foram impedidas de participar dos Jogos Olímpicos de Pequim e suspensas. Então, Dollé telefonou de Pequim para mim para dizer que a IAAF estava bastante preocupada com a situação russa envolvendo doping e que eu deveria manter todas as amostras coletadas nas competições de Kazan, realizadas no início daquele mês. Aquilo seria um grande problema para nós. Existiam 100 amostras e uma alta porcentagem delas estava contaminada com esteroides.

Procurei ganhar tempo explicando a Dollé que estava ocupado cuidando dos preparativos do funeral de minha mãe (infelizmente, ela tinha morrido no dia anterior). Não tive notícias dele por dois meses. Então, depois que voltei dos Jogos Paralímpicos de Pequim, decidi destruir todas as amostras de Kazan. Quando Dollé finalmente reapareceu e me inquiriu, disse-lhe que uma falta de energia elétrica havia provocado o degelo de todos os nossos congeladores enquanto eu estava fora do país. As amostras tinham se estragado e, então, decidimos descartá-las.

Dollé ficou furioso e não falou comigo por um ano, mas ele não tinha nada por escrito para comprovar que havia ordenado que as amostras fossem mantidas.

O astuto Balakhnichev tirou proveito de toda aquela situação explicando aos seus superiores que só seus contatos pessoais e seu *status* na diretoria da

IAAF tinham salvado os outros membros da equipe nacional e protegido os nossos medalhistas de ouro nos Jogos Olímpicos de 2004. A catástrofe poderia ter sido muito pior.

Não descansei depois de Pequim. Tive que começar a fazer o planejamento para os Jogos Olímpicos de Inverno de Sochi. Sobretudo, precisava construir dois novos laboratórios antidoping de última geração: um em Moscou, para substituir nossas antiquadas instalações, e outro em Sochi. Não tinha muito tempo para fazer aquilo, tampouco um plano viável de como fazê-lo.

Felizmente, em uma conferência da USADA, no Colorado, fiz amizade com o dr. Patrick Schamasch, diretor médico do COI, homem pitoresco, com um bigode espesso, com pontas recurvadas, como se fosse um mosqueteiro aposentado. Tivemos uma reunião produtiva, em que Patrick, torcendo o bigode, me aconselhou a projetar o laboratório olímpico dos meus sonhos e pensar grande, mas, ao mesmo tempo, permanecer racional. Teríamos que testar 2.000 amostras de urina e 1.000 de sangue em um período de três semanas. Schamasch sugeriu que eu elaborasse um plano mensal para cada ano, até 2014.

Fiz isso. Minha grafomania instintiva me impulsionou ao longo do processo de planejamento, e tanto Schamasch quanto Olivier Rabin, diretor científico da WADA, deram sua sanção. Eu iria administrar o controle antidoping na primeira Olimpíada de Inverno na Rússia. Concentrei-me no objetivo e mergulhei de cabeça nele. Minha visibilidade no esporte russo estava aumentando todos os dias, mas logo eu descobriria a verdade do provérbio "Quem pode mais chora menos".

3.
TEMPO DE DIFICULDADES

O ano de 2011 foi o pior ano da minha vida. O governo russo havia criado uma nova força policial antidrogas, o Serviço Federal de Controle de Drogas (FSKN). Seu chefe era Victor Ivanov, um dos antigos colegas de Vladimir Putin da KGB, veterano da Guerra do Afeganistão e um militante antidrogas que, em 2010, tinha viajado para a Califórnia para fazer *lobby* contra um referendo que propunha a legalização da maconha. O *lobby* fracassou.

A Rússia, como muitos países do Primeiro e do Segundo Mundo (nações do antigo bloco socialista), tinha um problema significativo com drogas. Os veteranos da Guerra do Afeganistão introduziram a heroína nas ruas de muitas cidades e os jovens russos tinham acesso a todos os tipos de drogas lícitas e ilícitas. No entanto, o FSKN não me visou como parte de sua guerra contra as drogas; ao contrário, seus membros estavam ansiosos para monopolizar o lucrativo mercado de esteroides anabolizantes e suplementos de nutrição esportiva, e eu era uma pedra no caminho deles. Eu vinha alertando os atletas sobre a rotulagem incorreta de diversos produtos aprovados pelo FSKN e mantinha registros escrupulosos dos suplementos de alta qualidade, que compartilhava com atletas de elite.

O rendimento real do mercado de esteroides e suplementos vinha das vendas para atletas amadores, policiais, fisiculturistas e ratos de academia que queriam os compostos que os atletas "de verdade" estavam usando. O mercado era impulsionado pelas vendas pela internet, e muitos sites estavam usando minhas informações para promover seus produtos: por exemplo, "Suplementos da mais alta qualidade, garantidos pelo dr. Grigory Rodchenkov, chefe do laboratório nacional de testes esportivos da Rússia", e assim por diante.

Lembrem-se: Quem pode mais chora menos.

Eu também estava no processo de construção de dois prédios de quatro andares para abrigar os novos laboratórios de controle antidoping de última geração. O FSKN cobiçava as duas instalações. Se conseguissem me pôr para fora, poderiam assumir os negócios lícitos e ilícitos ligados ao controle anti-doping na Rússia, e ninguém seria capaz de desafiar a credibilidade do FSKN ou o seu poder.

Por que me atacaram? Porque podiam. O Centro Antidoping de Moscou e eu tínhamos a proteção dos quadros pré-Putin que restavam no FSB, mas Ivanov e sua turma representavam sangue novo, com novas lealdades. Eu estava prestes a me tornar vítima de uma disputa de território entre facções rivais da polícia secreta.

Meu problema começou às 7 da noite da sexta-feira, 11 de fevereiro de 2011, no exato momento em que me preparava para sair do trabalho e ir para casa. Tinha um voo marcado para a Alemanha no dia seguinte, para apresentar algumas de nossas pesquisas recentes sobre metabólitos de longa duração de esteroides anabolizantes populares, como Oral Turinabol e oxandrolona, no Manfred Donike Workshop, em Colônia. De repente, um grupo de investigadores do FSKN e cerca de dez policiais de uniforme preto e balaclavas invadiram o 3º andar do nosso laboratório. Revistaram meu escritório, apreenderam minha coleção de pró-hormonais e esteroides e me levaram para a sede do FSKN, na Rua *Azovskaya*.

Interrogaram-me noite adentro e confiscaram meus dois celulares. Ao mesmo tempo, também estavam revistando o apartamento de minha irmã, Marina, e a levaram para a sede do FSKN para uma noite de interrogatório. Marina foi uma atleta e treinadora de atletismo bem-sucedida, e sabiam que o fato de a perseguirem exerceria mais pressão sobre mim.

Após ter sido interrogado a noite toda, assinei várias páginas de protoco-los de investigação admitindo algumas acusações bastante graves, incluindo tráfico e distribuição de esteroides, em conluio com a minha irmã. Tiraram minhas impressões digitais e fui liberado por volta das 7 da manhã. Fumei alguns cigarros com os policiais do FSKN e fui dirigindo para casa no escuro, sem meus celulares, apavorado de medo e sem dormir. Veronika também não tinha dormido, mas corremos para o aeroporto e fui para a Alemanha. Não consegui me concentrar em nada no workshop. Mal fui capaz de reunir forças para comer ou beber. Passei a maior parte do tempo falando por Skype com amigos em Moscou, que aventaram a possibilidade de eu ser preso no aeroporto no meu retorno e me disseram para contratar um advogado experiente.

Meus amigos tinham razão: no desembarque, logo depois de passar pelo controle de passaportes, alguns agentes do FSKN me agarraram e me levaram para sua sede no centro da cidade para novos interrogatórios. Dessa vez, meu advogado estava presente e afirmamos que todas as minhas declarações anteriores foram feitas sob coação e retiramos as declarações que eu fizera durante a noite de 11 de fevereiro. A lei russa proibia condução coercitiva e interrogatórios entre 10 da noite e 6 da manhã, exatamente o horário em que os agentes do FSKN me interrogaram. Isso seria muito útil.

Aquilo os enfureceu ainda mais, e as ameaças aumentaram. Informaram-me de que eu não era mais um suspeito, mas sim acusado de cometer um crime e não poderia deixar Moscou. Tinha permissão apenas para ir ao trabalho e voltar para casa, nada mais.

Então, passaram a noite toda revirando meu minúsculo apartamento de 38 metros quadrados. Veronika testemunhou o desenrolar da catástrofe. Eu estava completamente esgotado quando finalmente foram embora, por volta das 5 da manhã. Dormi algumas horas e, em seguida, fui para o laboratório.

No dia seguinte, voltaram ao meu escritório e a busca recomeçou. Examinaram todas as prateleiras, abriram cada gaveta, checaram todas as pastas e confiscaram meu computador. Pareceram felizes ao encontrar uma ampola de estanozolol guardada há quinze anos. Eu estava em pânico e com os nervos à flor da pele.

Recebi do FSKN ordem para comparecer à sua sede com o objetivo de uma confrontação final, em 24 de fevereiro, um dia depois do Dia do Defensor da Pátria. Aconselharam-me de modo enfático a me declarar culpado de suas acusações forjadas e a reafirmar as confissões que havia feito no interrogatório daquela noite na Rua *Azovskaya*. Também esperavam que eu testemunhasse contra minha irmã. Se fizesse isso, dispuseram-se a me tratar como colaborador e considerar improcedentes as queixas-crimes contra mim, o que resolveria todos os meus problemas. Seguiriam em frente e processariam Marina, mas, como ela tinha uma filha de 2 anos, em vez de ser presa, cumpriria uma pena de um ou dois anos em liberdade condicional.

— Essas são as nossas condições — disseram. — Rejeite-as por sua conta e risco.

Rejeitei-as. Eu conhecia a história das investigações bolcheviques e stalinistas; ou seja, sabia que o pessoal do FSKN não tinha a intenção de manter a palavra. O stalinismo — a era das "confissões" induzidas por tortura, seguidas de longas penas de prisão ou pior — não era um passado assim tão longe.

Meus algozes do FSKN me disseram para pensar melhor, explicando que, se não fizesse isso, me jogariam na prisão. Tinham me pressionado além dos meus limites. Eu não achava que conseguiria sobreviver a mais interrogatórios. Não previ que aqueles horrores durariam quase um ano e meio.

Eu jamais estivera em uma situação como aquela e acreditava que outro interrogatório acabaria comigo. Nunca celebrei o Dia do Defensor da Pátria, mas me sentia tão mal que abri uma garrafa de uísque White Horse que vinha acumulando poeira havia anos em minha cozinha. Bebi um copo cheio, mas não senti nada. Então, de repente, tive uma ideia. Dei-me conta de que não havia nenhuma maneira de voltar à sede do FSKN no dia seguinte e ser preso. Decidi me matar.

Era como se alguém tivesse apertado um botão, passando da posição "vida" para a posição "morte". Estava no piloto automático e me sentia esgotado emocionalmente. Não tremia nem pesava os prós e os contras em minha mente, e não estava sofrendo. Minha morte se tornou inevitável. Não havia como voltar atrás.

Se eu tivesse uma pistola, teria atirado em mim mesmo. Em vez disso, deitado na banheira, cravei uma faca de cozinha no meu coração e vi o sangue borbulhante escapando do meu peito e serpenteando como um lenço de seda carmesim na água ao meu redor.

Por sorte, Veronika pressentiu que eu poderia fazer algo desesperado e ficou controlando meu paradeiro em nosso minúsculo apartamento. Ela logo chamou uma ambulância, e, como era feriado, havia poucos carros na rua. Em vinte minutos, estávamos no afamado Hospital Sklifosovsky. Sempre acontecia de bêbados se esfaquearem nos feriados, e por isso uma das maiores cirurgiãs cardíacas de Moscou, a dra. Elena Lebedeva, estava de plantão.

Deitado na maca, eu quase não podia ver o sangue escapando do meu ferimento no peito. Tive sorte, pois a faca cortou a câmara direita do coração. Se tivesse me apunhalado apenas 2,5 centímetros para a esquerda, ou mesmo em um ângulo um pouco diferente, a faca teria perfurado a câmara esquerda, que bombeia o sangue para fora do coração, e um jorro de sangue teria inundado meus pulmões. Estava plenamente consciente e me sentia bastante relaxado. Então, fui tirado da maca e depois só me lembro da escuridão.

No dia seguinte, ao abrir os olhos, estava deitado em uma grande sala iluminada (não era o céu!). As duas enfermeiras ao lado da cama olharam para mim e uma delas murmurou: "Olhe, ele está vivo!". Tinham me imobilizado com toalhas bem presas ao redor do meu corpo. Um dreno se projetava entre as minhas costelas, canalizando para fora o sangue e outros líquidos que se acumularam em meus pulmões durante a cirurgia.

Passei a semana seguinte na pequena ala psiquiátrica do Hospital Sklifosovsky e fui colocado sob vigilância contra suicídio. Por vários dias, fiquei com as mãos amarradas para impedir qualquer atentado contra minha própria vida. Depois de um exame psiquiátrico e uma visita de Veronika, soltaram-me para que eu pudesse me sentar e comer sem ajuda. Além disso, removeram a sonda do meu pênis. O botão tinha voltado para a posição "vida" e eu não queria repetir a tentativa de suicídio. É claro que o hospital adotou as precauções necessárias, ministrando-me todos os tipos de comprimidos e me aplicando uma injeção duas vezes por dia. Suponho que estavam me dando algum tranquilizante, mas não tenho certeza.

Estava mais feliz do que nunca. Senti como se tivesse recebido um presente de Deus. A dra. Lebedeva salvara minha vida.

Depois de uma semana, as enfermeiras removeram o dreno do meu corpo, o que me permitia andar com mais liberdade. A ala psiquiátrica do hospital estava lotada e a polícia mantinha uma vigilância constante de alguns pacientes. Os outros pacientes que tinham permissão para perambular pelos corredores tornaram-se amigos. Em sua maioria, eram suicidas malsucedidos: homens que tentaram cortar os pulsos ou que engoliram um punhado de pregos de 7,5 centímetros, um método aparentemente bastante comum.

Um homem que era motorista de caminhão contou uma história surpreendente. Sua mulher desapareceu e o corpo dela foi encontrado a 80 quilômetros da casa deles. A polícia o prendeu imediatamente e tentou forçá-lo a confessar o homicídio. Ele se recusou, pois tinha os dados de geolocalização do celular que mostravam que estava dirigindo seu caminhão em uma região diferente do país. Mas a polícia era preguiçosa e não queria investigar o crime. Se conseguissem forçá-lo a confessar, poderiam encerrar o caso.

Após prendê-lo, a polícia o levou à garagem para examinar seu caminhão em busca de manchas de sangue ou qualquer outra prova que o ligasse ao crime. Durante o exame, o homem conseguiu pegar uma faca debaixo do assento do motorista e cometeu *seppuku* — o haraquiri japonês —, cortando tão profundamente o ventre que suas tripas quase caíram. Foi levado às pressas para o Hospital Sklifosovsky, onde os cirurgiões salvaram sua vida.

Ele ainda estava muito fraco, mas a polícia não tirou os olhos dele enquanto nós dois arrastávamos os pés pelo corredor do hospital.

Outros tiveram menos sorte. Alguns homens se jogaram do telhado ou pela janela e só conseguiram quebrar algumas costelas. Eles nos observavam melancolicamente enquanto caminhávamos pelos corredores, com os olhos cheios de lágrimas.

Os agentes do FSKN queriam me interrogar dentro da pequena ala psiquiátrica, mas meu advogado e meu médico os mantiveram a distância. Em 13 de março, tive alta e, no dia seguinte, fui me encontrar com Patrick Schamasch, que estava supervisionando nossos preparativos para os Jogos Olímpicos de 2014, em Sochi. Estava tomando todos os tipos de comprimidos para estabilizar meu humor, o que me deixava sonolento e desconcentrado. Algumas vezes, Schamasch ficou me olhando fixamente enquanto estávamos sentados na sala de reuniões. Tenho certeza de que ele tinha uma boa ideia do que havia de errado comigo, mas ele não estava querendo criar problemas para mim ou para o laboratório olímpico em Sochi, que seria uma cópia idêntica do Centro Antidoping de Moscou.

No dia seguinte, o FSKN me deteve para mais algumas horas de interrogatório. Pulavam de um assunto para outro, tentando me desorientar e insinuando que possuíam depoimentos de testemunhas sugerindo que eu estava "vendendo" esteroides, quando, na verdade, tê-los em minha posse e dá-los aos atletas era uma parte obrigatória do meu trabalho no laboratório. Perguntei os nomes das testemunhas, mas se negaram a me dizer. A partir de suas perguntas, ficou claro que haviam grampeado meus telefones nos últimos dois anos e que também tinham invadido minhas contas de e-mail.

Outra tortura para mim foi ler o resumo do meu interrogatório. Minhas melhores respostas foram reformuladas em palavreado desleixado, como se eu estivesse bêbado ou sonolento quando as dei. Verifiquei cada palavra e frase e depois o meu advogado fez o mesmo. Então, o investigador, furioso, fez algumas mudanças, imprimiu a nova versão e continuamos a revisão. Na versão final, preenchi cuidadosamente todas as linhas ou margens onde o pessoal do FSKN pudesse adicionar outras palavras ou frases a fim de falsificar o documento.

No final do dia, estava moral e fisicamente exausto. As sequelas da cirurgia e os comprimidos que faziam minha cabeça girar estavam me desorientando e minha saúde mental piorava a cada dia, sobretudo à noite. Sonhos febris interrompiam o meu sono e eu acordava zonzo e esgotado. Decidi parar de tomar os remédios: estava paranoico e achava que os médicos estavam me envenenando de modo proposital, para me impedir de cumprir meus deveres como diretor do Centro Antidoping.

Dispensar os comprimidos era uma experiência arriscada. Veronika e meus amigos achavam que não podiam me deixar sem cuidados médicos. Então, decidi me internar em uma clínica psiquiátrica local em caráter de emergência, alegando incapacidade de lidar com a vida diária. A ambulância chegou ao nosso prédio e os médicos que me entrevistaram não conseguiram decidir se seria o caso de me internar, mas concordaram quando insisti com veemência. Disse-lhes que não poderia passar nem mais uma noite em meu apartamento depois da busca terrível realizada pelos investigadores do FSKN e que estava ficando assustado com meus sonhos.

Acabou sendo uma boa opção. Fiquei em um hospital decente que atendia os moradores de Moscou e, no final de minha permanência de cinco semanas, sentia-me muito melhor. Um bando ruidoso de velhinhas psiquiatras incompetentes, que mais pareciam esquizofrênicas funcionais, realizou meu exame final, que foi como falar com alienígenas. Quando contei a elas sobre nossas investigações pioneiras a respeito de análise de esteroides, utilizando equipamentos de última geração, perguntaram-me quem fazia aquilo, em que país e onde eu tinha lido a respeito. Respondi que aquilo estava acontecendo naquele exato momento, em meu laboratório em Moscou. Elas acharam que eu estava louco.

Após uma longa entrevista, decidiram que meu estado mental era "inconclusivo" (o que quer que isso significasse), e que eu alimentava a ilusão de que era uma pessoa importante. Relutantemente, elas me deram alta no fim de abril.

O FSKN ainda não queria dar por encerrado seu caso comigo e pretendia me internar novamente em uma clínica psiquiátrica. Recusei a oferta. Então, eles me processaram no Tribunal Distrital de Basmanny, notoriamente favorável ao governo, conhecido por sua justiça fraudulenta. O juiz nunca se preocupava em ler as alegações dos réus ou ouvir os advogados de defesa. Os promotores e os homens do FSKN se sentaram diante de mim, confiantes de que todas as decisões seriam tomadas em favor deles. O que realmente aconteceu. No dia anterior, tinham fornecido ao tribunal a decisão desejada em um pen drive. Em cinco minutos, imprimiram e assinaram a sentença de cinco páginas.

Previsivelmente, o tribunal me condenou a um exame completo na notória Clínica Psiquiátrica Alekseev, também conhecida como Kashchenko, instituição centenária frequentemente mencionada em piadas e canções populares. O "reino branco das faces ocultas", de acordo com o poeta Joseph Brodsky, um hóspede anterior.

O tempo que permaneci em Kashchenko funcionou muito bem para mim. O pessoal dali sabia como lidar com um criminoso ou alguém com sérios distúrbios mentais. No meu caso, rapidamente perceberam que eu era um membro plenamente funcional da sociedade e me trataram de forma correspondente. Depois de uma semana internado, os funcionários começaram a me deixar usar um computador durante uma hora por dia depois do almoço, para que eu pudesse exercer minhas atividades e responder a e-mails como se estivesse trabalhando em meu escritório. Isso foi importante e elevou meu moral, porque julho sempre era um mês com diversas competições esportivas importantes e havia inúmeras amostras de urina para serem analisadas e relatadas. Fiquei contente por estar trabalhando novamente, como se estivesse sentado em meu escritório.

De repente, percebi que as garras do FSKN não tinham me sufocado, que eu podia respirar e trabalhar livremente. Eu me sentia esperançoso e otimista. Após um exame completo, os psiquiatras me deram alta depois de três semanas, e confirmaram que o interrogatório noturno do FSKN tinha provocado meu estresse psiquiátrico e que quaisquer declarações que dera naquela noite eram nulas e sem efeito. Eles me forneceram um atestado provisório de saúde mental.

Meu advogado e eu ficamos felizes. Eu me sentia mais forte e, pela primeira vez em meses, sonhei em sobreviver àquele suplício e derrotar o FSKN. Seus investigadores estavam furiosos, é claro. Eles queriam acabar comigo e me destruir profissionalmente. Em contrapartida, eu odiava todos os membros daquela organização.

CURIOSAMENTE, ENQUANTO O FSKN ATAZANAVA MINHA VIDA, CONSE-
gui realizar uma boa quantidade de trabalhos. O recém-nomeado vice-ministro
do Esporte, Yuri Nagornykh, me pôs em contato com Evgeny Blokhin, agente
do FSB, que se ligaria ao Centro Antidoping. Isso não era tão incomum; os
"acompanhantes" da KGB e do FSB não eram figuras incomuns no esporte,
sobretudo entre atletas ou funcionários que tinham contato frequente com
estrangeiros. Sem que eu soubesse, Blokhin iria desempenhar um papel decisivo na preparação para os jogos de Sochi.

Esse agente de 30 e poucos anos tinha uma aparência muito afável. Seu
comportamento era tão insignificante que você não se lembraria de nada sobre
ele se o tivesse conhecido em um trem, bar ou loja. Blokhin compartilhava
aquela capacidade de ser esquecido com seu antigo chefe, o ex-diretor da KGB
Vladimir Putin. Há uma conhecida biografia de Putin intitulada *The Man
Without a Face* (na edição em português, *Putin — a face oculta do novo czar*),
de Masha Gessen. Posteriormente, dei-me conta de que a missão de Blokhin
era evitar deixar vestígios da maior fraude da história do esporte: os Jogos
Olímpicos de Inverno de 2014, em Sochi.

Blokhin foi designado para a RUSADA e para o meu Centro Antidoping.
Ele e eu examinamos as plantas do Laboratório Olímpico de Sochi, e ele me
instruiu a reservar duas salas para os agentes do FSB. Blokhin explicou que
todas as instalações olímpicas em Sochi tinham tais salas e, assim, designamos
duas salas no 4º andar do laboratório.

Como eu estava ficando sem nomes criativos para designar as muitas
salas de nosso laboratório, escrevi as letras maiúsculas diretamente na planta:
"FSB". Os desenhos passaram pela burocracia, mas, quando Blokhin viu os
planos finais de pré-construção, ficou furioso quando notou aquelas letras
neles e se certificou de que eu fizesse o gerente de projeto apagá-las antes
de prosseguirmos.

Foi mais ou menos na época em que Blokhin entrou em nossa vida que
descobri o coquetel. A detecção de esteroides havia se tornado tão sofisticada
que tivemos que afastar os atletas de comprimidos e injeções, e percebemos que,
se eles usassem os esteroides dissolvidos em álcool e fizessem bochechos, os
metabólitos de longa duração mais arriscados ou detectáveis não aparece-
riam. Lembrei-me de um detalhe importante do escândalo do laboratório
BALCO: eles nunca usaram comprimidos. A absorção bucal — deixando os

comprimidos se dissolverem na boca — ou a loção transdérmica eram as únicas formas de baixo risco e talvez eficientes de ministrar esteroides.

Tive um sonho com um coquetel, uma combinação de metenolona, trembolona e oxandrolona, dissolvida em uísque Chivas Regal, e depois preparei a mistura na minha cozinha. Alguns atletas acharam o uísque muito amargo e, então, meus assistentes, que aprenderam a preparar o coquetel (meu advogado e os agentes do FSB do Centro Antidoping não queriam que eu fizesse experiências com esteroides durante a investigação do FSKN), criaram uma nova versão do coquetel usando vermute. Irina Rodionova, médica que ingressou junto com Nagornykh no Ministério do Esporte, Turismo e Política da Juventude, deu o nome de "Duquesa" ao coquetel, em homenagem a sua limonada aromatizada com pera amarela, que vinha em pesadas garrafas de vidro e que bebíamos quando crianças na década de 1960.

No final daquele produtivo verão, o FSKN voltou a me atacar. Precisavam anular as conclusões dos psiquiatras de Kashchenko e, assim, retornaram ao Tribunal Distrital de Basmanny, e — surpresa, surpresa — o juiz aceitou a moção, imprimindo sua decisão a partir de um pen drive entregue a ele por um dos promotores. Quem dera George Orwell estivesse vivo para narrar essa sombria paródia de Justiça.

O juiz ordenou que eu ficasse internado por mais quatro semanas, daquela vez no Centro Científico Estatal de Psiquiatria Social e Forense, mais conhecido como Instituto Serbsky. Clínica especializada em psiquiatria forense, o Serbsky tinha uma história sombria como instrumento de opressão do regime soviético, e agora do governo Putin. Dissidentes como Vladimir Bukovsky, o *serial killer* Andrei Chikatilo e o general Peter Grigorenko foram "analisados" no Serbsky antes de serem, respectivamente, exilado, fuzilado e preso. Não tinha certeza se conseguiria sobreviver, mas estava pronto para lutar.

Felizmente, meu advogado se deu conta de que o tribunal tinha se esquecido de especificar a data da minha internação. Assim, continuei trabalhando como diretor do Centro Antidoping. Em novembro, um dos investigadores do FSKN, uma coronel, disse finalmente que estava enviando policiais para me levar ao Instituto Serbsky. Imediatamente, meu advogado me internou em uma clínica cardíaca nos subúrbios de Moscou, sustentando que as ameaças do FSKN haviam afetado minha saúde.

Em seguida, resolvemos o quebra-cabeça. No Serbsky, as vagas eram muito raras, com pacientes de toda a Rússia buscando internação. Quando um leito vagava, o FSKN ficava hiperativo em seus esforços para me internar. Então, nós mesmos começamos a monitorar a situação das internações. O Serbsky passava meses sem ter um leito desocupado, mas vagas tendiam a surgir depois do feriado do Ano-Novo. Assim, fui para a clínica cardíaca nos primeiros dias de janeiro. Quando soubemos que os leitos voltaram a ficar ocupados no Serbsky, voltei a Moscou e retomei meu trabalho.

A única alegria era o nosso novo cachorro, um lulu-da-pomerânia chamado Vrangel. Ele era esperto, brincalhão e transmitia um otimismo contagiante. Vrangel me relaxava tanto que minha vida começou a parecer quase suportável. Vrangel era um nome estranho para um cachorro: o general Peter Vrangel foi um feroz "inimigo da Revolução", liderando um Exército anticomunista contra os bolcheviques durante a Guerra Civil entre 1918 e 1921.

O general Vrangel organizou uma célebre evacuação da Crimeia diante do avanço do Exército Vermelho depois que os bolcheviques prometeram anistia a qualquer membro do Exército Branco que se rendesse. Vrangel fugiu e providenciou o transporte de 145.000 soldados e civis para portos estrangeiros. No entanto, 50.000 integrantes do Exército Branco decidiram ficar e foram executados pelos bolcheviques em um dos muitos crimes praticados pelo Terror Vermelho da Revolução. Como Vrangel, não confiei na palavra do FSKN, da polícia nem de Vladimir Putin.

Aliás, George Orwell também tinha um cachorro, chamado Marx. Karl Marx.

O ANO OLÍMPICO DE 2012 FOI DECISIVO EM MINHA LUTA CONTRA O FSKN. Em março, a WADA organizou uma reunião de todos os diretores de seus laboratórios, incluindo eu, em Londres, seguida de uma visita ao novo laboratório olímpico em Harlow, a 16 quilômetros de Londres. A reunião era precedida pelo Manfred Donike Workshop, em Colônia. Assim, reservei uma passagem aérea de Colônia para Londres. Solicitei um visto para o Reino Unido e um visto Schengen e mantive o vice-ministro Nagornykh informado dos meus planos. Ele me apoiou e escreveu uma carta para o FSKN explicando que minha ida a Londres era da mais alta importância estratégica e propiciaria uma relevante fonte de informações sobre controle antidoping durante os

Jogos Olímpicos. O FSKN não respondeu, mas tampouco rejeitou. *"Molchanie znak soglasiya"*, como diz o velho provérbio russo. "Quem cala consente."

Reenviamos a carta em duas vias. Um mensageiro de aparência oficial, denominado *Feldjäger*, usando uniforme e portando arma, entregou uma cópia, e a outra foi depositada na recepção central do FSKN, exigindo confirmação por escrito do recebimento. Surpreendentemente, isso funcionou e, em 15 de fevereiro, o general Nerses Mirzoyants, do FSKN, convocou-me para uma reunião em seu escritório.

Nagornykh me disse que seu chefe, o ministro do Esporte, Mutko, tinha telefonado a alguém muito poderoso para pedir ajuda, mas como eu poderia saber se não estava caindo em uma armadilha? Seria um tolo se fosse à reunião sozinho e, assim, levei meu advogado.

Mirzoyants e sua equipe estavam esperando por nós. Descrevi nossa preparação para os Jogos Olímpicos e o papel singular que desempenhava como chefe de um laboratório credenciado pela WADA em Moscou. Expliquei que a visita a Londres era fundamental: a possibilidade de percorrer as instalações de Harlow era a oportunidade ideal e exclusiva de tomar conhecimento das metodologias e dos procedimentos planejados na preparação para os Jogos Olímpicos do próximo verão e dos equipamentos de controle antidoping existentes ali. Cada vez que o COI criava um novo laboratório, novas armadilhas e ciladas eram preparadas para pegar os atletas que se dopavam.

Revelei a Mirzoyants que tínhamos um plano secreto para melhorar o desempenho dos atletas russos e que precisávamos evitar os tipos de escândalos relacionados a doping que ocorreram em Atenas em 2004. Também disse que tínhamos uma oportunidade de ouro para visitar o laboratório em Harlow e avaliar quaisquer ameaças potenciais aos nossos atletas russos nos Jogos de Londres.

Mostrei-lhe o meu convite do COI.

— O senhor está vendo meu nome? — perguntei. — Não estão me convidando como "representante da Rússia". Estão me convidando como diretor de laboratório experiente e que é conhecido por eles. Esse é um privilégio concedido a mim pelo COI.

Mirzoyants perguntou se eu tinha os vistos alemão e britânico.

— Sim, claro — respondi.

Ele bufou demoradamente e me passou pela cabeça que Mutko tinha persuadido alguém, talvez até mesmo Putin, a telefonar para aquele sujeito.

— Você pode ir — ele concluiu, com relutância.

4.
TROPEÇANDO RUMO A SOCHI

Em Colônia, o workshop foi ótimo: meu brilhante colega, dr. Tim Sobolevsky, apresentou uma palestra sobre os mais novos metabólitos de longa duração dos esteroides anabolizantes e recebeu o Prêmio Manfred Donike como melhor pesquisador do ano em controle antidoping, nosso equivalente a um Oscar.

Fomos à cerimônia de premiação em um restaurante em um castelo no alto de uma colina, situado no meio de uma floresta antiga, onde bebi vinho tinto e pensei a respeito de minha vida surreal. Assim que se descobriu um teste para detectar metabólitos de longa duração, um feito analítico significativo, eu tinha começado a trabalhar em uma maneira de frustrá-lo. Eis por que eu era tão útil ao Ministério do Esporte! O "coquetel" de três esteroides anabolizantes com Chivas Regal era o "antídoto" perfeito, pois impedia a formação de metabólitos de longa duração rastreáveis.

Após o Manfred Donike Workshop, eu e os demais diretores de laboratório da WADA voamos para Londres. No Aeroporto de Colônia-Bonn, o funcionário verificou meu passaporte por cinco ou talvez dez minutos, o que me deixou paranoico. Não conseguia me lembrar de um controle de passaporte tão demorado. Será que havia anotações especiais no meu passaporte que fossem indícios de que eu ainda estava sob investigação criminal? O funcionário folheou as páginas e digitou algumas informações em seu teclado. Fiquei na frente dele, ofegante, sentindo como se uma faca estivesse sendo cravada em meu coração novamente. Finalmente, tive permissão para embarcar para Londres.

A reunião da WADA em Harlow terminou com uma visita ao laboratório, onde pudemos examinar sua instrumentação. Era proibido tirar fotos, mas ignorei aquela regra e fotografei tudo. Éramos um grupo pequeno e nos instruíram a ficar juntos, porque as portas internas do laboratório eram trancadas depois que passávamos por uma sala. Fiquei atrás do restante do grupo e fotografei instrumento após instrumento, sala após sala.

Pode parecer que eu estava tirando aquelas fotos para fins de espionagem, mas não. Eu estava a apenas dois anos de inaugurar meu próprio laboratório olímpico em Sochi e já tinha começado a batalha para dotá-lo com o melhor equipamento de laboratório disponível. Depois que voltasse a Moscou, teria que começar a elaborar pedidos de compra ao Ministério do Esporte para aquisição de instrumentação analítica, equipamentos de laboratório, móveis e reagentes químicos. Se surgissem perguntas, teria as fotos do laboratório de Londres como prova do que precisávamos.

Olhe, os britânicos têm. Nós também precisamos.

Minha versão final de contrato para Sochi incluiu 134 especificações distintas para instrumentação, instrumentos de preparação de amostras, móveis, artigos de vidro, insumos e peças sobressalentes, no valor de cerca de 10 milhões de dólares. Tinha que comprar aqueles itens até maio de 2012, para a entrega em Sochi em novembro. Porém, naquele momento, o laboratório não passava de um brejo e eu ainda estava sob investigação e com restrições para deixar Moscou.

O inquérito do FSKN pairava sobre mim como uma nuvem negra. Procurava não pensar a respeito, mas fiquei sabendo que a investigação criminal contra mim já não tinha a mesma importância e que o investigador original do caso fora substituído por outro menos severo. Ele parecia sem foco e me deixou em paz por um tempo, mas, no fim de abril, decidiu me levar ao tribunal novamente, requerendo que eu fosse internado para observação psiquiátrica de quatro semanas, assim como seu predecessor havia feito. Prometi-lhe que voltaria ao Instituto Serbsky depois dos Jogos Olímpicos de Londres e lhe mostrei meu convite pessoal e minha credencial olímpica. Ele pareceu surpreso, mas não recuou do seu plano. Meu problema era que eu não poderia deixar Moscou para participar da Olimpíada enquanto estivesse sob investigação criminal. No entanto, eu tinha minha credencial do COI, que também funcionava como um visto para o Reino Unido, e minha passagem aérea para Londres estava reservada para 12 de julho de 2012.

Decidi viajar para Londres por qualquer meio possível, passando pela Bielorrússia ou Ucrânia, se necessário. Suas fronteiras com a Rússia eram bastante permeáveis, e eu poderia escapar facilmente a partir de Minsk ou Kiev. O FSKN poderia me prender quando eu voltasse para Moscou, mas então eu não me importaria.

Chegou 3 de julho de 2012, um dia que vou lembrar para sempre. Faltavam duas semanas para meu voo para Londres e recebi um telefonema no trabalho. Na tela do celular, vi o número de telefone do investigador do FSKN e atendi a ligação em animação suspensa, estado que eu sempre ficava quando recebia uma chamada do FSKN. O investigador falou como um robô de telemarketing, informando-me que minha investigação criminal havia sido encerrada e eu precisava ir ao seu escritório para assinar os papéis da resolução. Em seguida, ele desligou o telefone.

Mal pude acreditar e liguei para o meu advogado. Então, ele entrou em contato com o FSKN e confirmaram a informação: meu caso fora encerrado e minha vida poderia recomeçar! Saí do prédio do laboratório e enchi os pulmões de ar fresco, deleitando-me com o brilho do sol e o deslocamento ligeiro das nuvens. Era como se o mundo ao meu redor tivesse mudando: as árvores pareciam cheias de vida e suas folhas estavam mais verdes do que nunca. A natureza parecia acolhedora e amigável.

Tinha recuperado minha liberdade. Estava muito feliz. Liguei para Veronika e lhe disse que estava indo até a sede do FSKN para pegar os papéis da resolução e que deveríamos ir a um restaurante para comemorar.

— Acalme-se e dirija com cuidado — ela me disse várias vezes.

Ao me aproximar do maldito prédio do FSKN, minha raiva cresceu. Então, pouco depois, tinha os papéis em minhas mãos: oito páginas, frente e verso, em letras pequenas. Tranquei as portas do meu carro, olhei ao redor para ter certeza de que ninguém estava me vendo e comecei a ler. Todos os meus supostos pecados estavam mencionados em detalhes, seguidos pela decisão: não há provas suficientes para confirmar, o inquérito está encerrado.

Em casa, toda a minha família estava empolgada e agitada. Era como se eu tivesse saído da prisão. Veronika, meu filho Vasily e minha filha Marina tinham sofrido e lutado ao meu lado. Eles foram convocados para interrogatórios, mas haviam invocado o direito de se recusar a responder a perguntas que pudessem prejudicar um parente próximo. Vasily havia acabado de se formar no Departamento de Física da Universidade de Moscou, tal qual sua mãe, e Marina tinha um diploma de química da Universidade de Moscou, o mesmo que me foi concedido 29 anos antes.

A investigação criminal está encerrada! Atordoado e feliz, 3 de julho de 2012

Fiz uma reserva no Porto Banus, restaurante em Krylatskoye. Foi uma festa familiar inesquecível. Minha mulher e minha filha ficaram tirando fotos. Eu parecia completamente atordoado e ficava abraçando Vrangel, meu cachorro, que mostrava apreciar a situação melhor do que qualquer um de nós. Seguramos alguns pedaços de peixe e carne na frente dele, mas Vrangel se recusou a comê-los; era como se ele previsse as catástrofes que pairavam à nossa frente, mas fosse incapaz de nos alertar.

COM MEU VISTO E A PASSAGEM EM MÃOS, PEDI AO MEU ADVOGADO para ligar e ver se meu nome estava em uma lista de *"no-fly"*, o que me impediria de embarcar. Era um truque muito comum utilizado pelos serviços de segurança russos. Por via das dúvidas, levei uma cópia dos papéis da resolução que declaravam que minha investigação criminal fora encerrada.

No controle de passaportes do Aeroporto Internacional de Sheremetievo, tudo correu bem. *Na vsaky sluchay* — "só por garantia", como os russos dizem — estava levando uma garrafa de 700 mililitros de uísque Balvenie 21 anos para comemorar em Londres. O avião decolou e, como sempre, passei o voo todo dormindo. Napoleão conseguia dormir em sua carruagem a caminho do campo de batalha e eu conseguia dormir em qualquer voo, em qualquer lugar do mundo. Plastificaram minha credencial no Aeroporto de Londres-Heathrow e fui para o Hotel Hilton com vista para o Hyde Park, a apenas um lançamento de disco de Yuriy Dumchev de distância do Palácio de Kensington e do Lago Serpentine. Ficaria em Londres por três semanas, incluindo os catorze dias da Olimpíada.

Poucos dias antes, eu tinha recebido um telefonema em que era informado da possibilidade de ser encarcerado em um hospital psiquiátrico de Moscou e, naquele momento, ali estava eu, fazendo check-in em um hotel Hilton, em Londres, como membro da "Família COI".

Como membro da Comissão Médica do COI, recebi uma ajuda de custo diária de 650 dólares. Ao receber a soma de 14.300 dólares em dinheiro, fiquei chocado ao descobrir que a maioria das notas estava suja e coberta com marcas arábicas, carimbos aleatórios e rabiscos. Esse tipo de dinheiro suspeito não era visto na Rússia desde a década de 1990! Então, nos dias em que não estava trabalhando no laboratório olímpico, ia ao banco ao lado do hotel e trocava 1.500 dólares em notas de libra esterlina novas. O caixa do banco me olhava com desconfiança, mas minha reluzente credencial do COI o forçava a sorrir e me atender.

Jogos Olímpicos de Londres, em 2012. Com Don Catlin,
ex-diretor do Laboratório Olímpico Analítico da UCLA.

Teoricamente, o laboratório de Harlow ficava a apenas uma hora de distância, mas os BMWs fornecidos para o transporte local tinham sistema de navegação obsoleto e os motoristas voluntários levavam duas horas para chegar ao nosso destino. Quando finalmente chegávamos ali, era como participar de uma reunião da faculdade. Mais de sessenta especialistas estrangeiros dos laboratórios da WADA do mundo todo ficavam sentados em cubículos, fofocando e esperando o almoço. Em uma sala com paredes de vidro, sentei-me ao lado da professora Christiane Ayotte, de Montreal. Havia uma sala especial ao lado para Thierry Boghosian, observador independente da WADA, que faria o mesmo trabalho em Sochi dois anos depois.

Apenas alguns especialistas estrangeiros podiam participar de algum trabalho analítico real. O professor David Cowan, chefe do laboratório, era muito reservado e não deixava ninguém fazer cópias dos seus procedimentos escritos. Sempre que aparecíamos dentro do seu perímetro de segurança, todos os monitores de computador eram desligados. Com certeza, ele não confiava em nós.

Cowan dava a impressão de me evitar, mas eu tinha muitas perguntas para fazer a ele, já que inauguraria o próximo laboratório olímpico de controle antidoping em Sochi. Certo dia, consegui abordá-lo e perguntei como foram as inspeções preliminares da WADA. Ele me respondeu que o processo foi simples: os fiscais perguntaram sobre questões de segurança, câmeras de vigilância e condições de trabalho durante o turno noturno.

O grupo de controle antidoping do COI em Londres, em 2012. Com Christiane Ayotte e Jordi Segura.

— Isso foi realmente tudo que eles queriam saber — ele disse.

Fiquei surpreso:

— Você está falando sério? Eles não verificaram sua metodologia, seus protocolos, sua instrumentação e seus procedimentos analíticos?

Cowan sorriu friamente.

— Ah, acho que isso teria sido um pouco demais para eles — ele respondeu. — Eles realmente não conseguem fazer esse tipo de trabalho.

Esse diálogo me deixou confiante demais? Talvez.

QUANDO VOLTEI PARA MOSCOU, TINHA DUAS TAREFAS IMPORTANTES pela frente. Uma delas era a construção do novo Centro Antidoping de Moscou e nossa mudança planejada para lá, logo depois da celebração do Ano-Novo de 2013. A segunda tarefa envolvia a preparação para Sochi e a entrega vindoura de instrumentos e equipamentos de laboratório no valor de 10 milhões de dólares. A entrega estava programada para meados de novembro, em quinze caminhões. Todos aqueles itens eram destinados ao nosso novo prédio em Sochi, mas onde ele estava?

Viajei para Sochi para ver se o prédio do laboratório realmente existia e qual seria a ameaça em consequência de um atraso. Os construtores foram bastante amigáveis e pareciam estar trabalhando duro, mas era evidente que o prédio não ficaria pronto no fim de novembro, quando precisaríamos dele. Eu tinha acabado de começar a tirar fotos do canteiro de obras quando um agente de segurança me abordou e disse para apagá-las imediatamente. Ele queria verificar se não havia mais imagens no meu celular, que prontamente enfiei no bolso do meu jeans.

—Estou tirando fotos para um relatório ao Comitê Olímpico e ao ministro Mutko — disse a ele. — Além disso, vim aqui especialmente para tirar fotos do meu laboratório.

Ele começou a vacilar, mas em seguida repetiu que seu trabalho era especificamente "evitar fotos".

— Sou o diretor do laboratório olímpico — expliquei, passando de uma postura defensiva para uma ofensiva. — Aqui, onde estamos, sou eu quem dá as ordens. Entendido?

Minha foto favorita! Estilo Exterminador do Futuro.
Construção do laboratório, setembro de 2012.

Ele também mudou de tom e me explicou de uma maneira ligeiramente ofendida que não havia nenhum laboratório planejado ali; aquele era o local destinado à construção de um edifício secreto do qual ninguém podia tirar fotos. Só posteriormente soube que aquele edifício seria o Centro de Comando do FSB, quartel-general da polícia secreta dentro do "agrupamento costeiro" em Sochi, que dividiria uma cerca com o Laboratório Olímpico de Sochi. Nenhum dos dois edifícios existia ainda: meu laboratório era um esqueleto e o Centro de Comando não era muito mais do que uma fundação de concreto. Quem acreditaria que aquele buraco meio cavado no chão se tornaria o marco zero para o maior escândalo de fraude na história olímpica?

Aquela foi a minha primeira visão da extraordinária *joint venture* em Sochi, a fusão do Ministério do Esporte com o FSB e a política de "medalhas acima dos princípios morais". Ninguém, especialmente eu, poderia imaginar como seria bem-sucedida.

5.
NA MIRA NOVAMENTE

Imagine minha surpresa quando, às 7h30 de uma manhã bastante escura de outubro de 2012, uma equipe de inspeção de alto nível da WADA apareceu, sem aviso prévio, nos portões do Centro Antidoping de Moscou. Emergindo como fantasmas não desejados de debaixo das sombras das árvores, estavam o dr. Olivier Rabin, diretor científico da WADA, Thierry Boghosian, gerente de credenciamento de laboratórios, e Victoria Ivanova, gerente de projetos científicos.

Rabin tirou uma lista de 67 amostras de urina de atletas russos coletadas antes da Olimpíada de Londres e pediu que as sobras, que a WADA nos tinha instruído a reter, fossem enviadas a Lausanne para reanálise. Evidentemente, ele e seus colegas suspeitavam que os atletas russos estavam sujos e pretendiam provar. Também perceberam que o controle antidoping em Harlow fora inadequado.

O escritório da empresa de correio expresso DHL em Moscou nos informou que não poderia coletar as amostras de urina imediatamente. Então, combinamos a coleta para o dia seguinte. Isso nos deu menos de 24 horas para fazer a urina parecer livre de doping. Foi uma das noites mais desafiadoras da minha vida.

Rabin queria as amostras pertencentes aos atletas de atletismo, mas eu sabia que havia entre dez e doze positivos entres eles, que tínhamos relatado de forma deturpada como negativos antes dos Jogos Olímpicos de Londres. Alexey Melnikov, treinador da equipe nacional, passara o verão coletando amostras limpas daqueles atletas, antecipando nossos temores de que a urina deles pudesse ser requisitada para reanálise.

Tínhamos muitas garrafas plásticas cheias de urina "limpa", que podíamos despejar nos frascos A, tendo o cuidado de enchê-los até o nível que havia sobrado após os procedimentos de teste. A urina "limpa" coletada antes dos Jogos Olímpicos de Londres estava livre de doping, com exceção da amostra pertencente a Darya Pishchalnikova, lançadora de disco, cuja urina limpa continha vestígios de oxandrolona. Nosso maior desafio era fazer com que a urina adulterada do frasco A se parecesse com as amostras B, porque foram coletadas em momentos diferentes, em certos casos com meses de diferença.

Não podíamos abrir os frascos B e, assim, tínhamos que fazer os frascos A e B parecerem semelhantes o suficiente para passar pelos olhos treinados dos profissionais de laboratório em Lausanne. Bastava um olhar para perceber que as amostras eram diferentes: as cores não coincidiam e os minúsculos flocos em suspensão que se formavam após o armazenamento tinham formas e tamanhos diferentes, do mesmo modo que não existem dois flocos de neve iguais diante de um olhar mais atento. Passei a noite toda fazendo experiências, por exemplo, ajustando as leituras de pH, o que ajudou a mudar a aparência dos flocos. Em seguida, tentei deixar as amostras mais claras ou mais escuras, diluindo-as com água ou adicionando grânulos do café solúvel Nescafé aos frascos. Então, voltei para casa para dormir duas horas, sob o olhar atento de Vrangel.

No dia seguinte, Rabin teve uma reunião do tipo "somos todos amigos aqui" com Vitaly Mutko, antes de supervisionar a transferência das amostras para a DHL. Rabin parecia relaxado e satisfeito, mas a inquietação estava me paralisando. Quem nos denunciou? O que explicava a visita-surpresa? Aquele tipo de visita nunca tinha acontecido em relação a qualquer laboratório credenciado pela WADA. Com certeza, não queríamos que aquilo acontecesse conosco novamente no futuro.

Era evidente que a WADA nos tinha em sua mira. Enquanto isso, o laboratório de Lausanne concluiu a reanálise de 55 amostras que ainda tinham urina suficiente restante nos frascos A e, como previsto, apresentou um resultado positivo firme: Pishchalnikova, a medalhista de prata de lançamento de disco em Londres. O laboratório detectou quantidades muito pequenas de metabólitos de oxandrolona em seu frasco de amostra A trocada. Mutko ficou furioso, mas escrevi uma carta no formato padrão da WADA explicando que eu tinha relatado como negativa a amostra dela com base no Limite de Desempenho Mínimo Exigido (MRLP, na sigla em inglês) de 2010. Não ficaram convencidos.

Pishchalnikova e seu advogado, Alexander Chebotarev, viajaram para Lausanne para testemunhar a análise do frasco B. Ela ficou furiosa quando sua amostra supostamente "limpa" também testou positiva. Não foi nenhuma surpresa, pois seu corpo era basicamente uma esponja encharcada de esteroides. Ela escreveu uma carta para a WADA e para a IAAF explicando que tinha sido coagida por Melnikov a participar do programa de doping russo e que eu havia concordado em encobrir seus resultados positivos. Além disso, Pishchalnikova me acusou de ameaçar falsificar seu perfil de esteroides, a menos que ela me pagasse. Aquilo era loucura: nunca tinha chegado a menos de 15 metros dela na vida, nem mesmo falado ao telefone .

O volátil Mutko teve outro acesso de fúria e me deu uma bronca. Ele era um sujeito simples, leal a Putin, que me apoiara em minha batalha contra o FSKN. Disse-lhe que Pishchalnikova estava mentindo descaradamente a respeito de qualquer compromisso que supostamente tive com ela. Também lhe expliquei, como dissera a Melnikov, que ela estava brincando com fogo porque sua urina "limpa" não correspondia ao *upload* prévio do seu perfil de esteroides na urina no banco de dados ADAMS. Ela era uma usuária crônica de dopantes que acabaria por ser apanhada.

Mutko concebeu uma solução aceitável: Pishchalnikova ficaria com as recompensas de sua carreira maculada: seus carros, apartamentos e pagamentos de bônus olímpicos. (Sua mãe, que Pishchalnikova listou como sua treinadora, colhia uma recompensa semelhante do Estado.) Em troca, ela escreveria uma segunda carta para a WADA e para a IAAF negando suas acusações anteriores. Pishchalnikova disse a eles que alguém tinha invadido sua conta de e-mail e escrito aquelas acusações estapafúrdias.

O MAIOR PROBLEMA, PORÉM, CONTINUOU EXISTINDO: SE A WADA NOS tinha em sua mira, todos os meus planos para o nosso laboratório de Sochi seriam inviabilizados.

Em geral, eu me reportava a Mutko por meio do vice-ministro Yuri Nagornykh. Assim, no dia seguinte à partida do pessoal da WADA, fui ao seu escritório para enfatizar os problemas que estávamos enfrentando. Se alguém percebesse as discrepâncias visuais entre as amostras de urina nos frascos A e

B que enviamos, a WADA quase certamente suspenderia ou revogaria seu credenciamento do Centro Antidoping de Moscou e encerraria os preparativos para nosso laboratório olímpico de Sochi. Aquilo significaria que todas as amostras de controle antidoping dos atletas russos seriam analisadas em laboratórios austríacos ou alemães, com resultados imprevisíveis. A catástrofe atingiria inicialmente nossas equipes de atletismo e halterofilismo e se espalharia a partir dali.

Expliquei que, mesmo que sobrevivêssemos àquela crise, a tecnologia dos frascos invioláveis Bereg-Kit nos colocaria em dificuldades mais cedo ou mais tarde. Naquele momento, só podíamos substituir a urina limpa nos frascos A e relatar falso-negativos das amostras A em nossa posse, enquanto os frascos B continuavam funcionando como bombas-relógio. Expliquei que, para realmente burlar o sistema, precisaríamos abrir a tampa de plástico, trocar a urina e lacrar novamente os frascos B, para termos a mesma urina limpa nos frascos A e B. Se isso fosse possível — e eu tinha certeza de que não era —, significaria o fim do controle antidoping para sempre.

A WADA tinha ido embora, mas eu continuava preocupado. Sentia-me como um inseto preso sob um microscópio, e sem saber quem nos espreitava. Mas Nagornykh me disse, enigmaticamente, que nossos problemas seriam resolvidos, e suas palavras tiveram um efeito calmante, da maneira como um pai solidário pode assegurar que havia previsto todos os problemas e estava fazendo o possível para resolvê-los.

Nagornykh me disse para continuar o que eu estava fazendo. Também me aconselhou a relaxar e aproveitar minha viagem a Zurique para visitar o pessoal da federação de esqui. Aproveitei a viagem, e posteriormente ficou claro: Nagornykh sabia muitas coisas que eu não sabia.

PARTE III

ILUSIONISTA

1.
OPERAÇÃO SOCHI RESULTAT

Em 2013, a contagem regressiva para os Jogos Olímpicos de Inverno de Sochi tinha começado. Passamos o feriado do Natal ortodoxo transferindo nossos instrumentos para o novo prédio de quatro andares do Centro Antidoping de Moscou, construído atrás do prédio do VNIIFK, onde o laboratório ficara alojado desde 1979. Informei à WADA que tínhamos nos mudado e a agência planejou uma inspeção para o fim de janeiro. Antecipando-se, Blokhin, agente do FSB, designado para monitorar meu laboratório e a RUSADA, instalou equipamento de escuta nas salas onde os inspetores da WADA entrevistariam o meu pessoal.

Após visitar os dois novos prédios do laboratório, em Sochi e Moscou, a equipe da WADA foi embora. Alguns dias depois, Blokhin veio ao meu escritório, radiante.

— Por que você está tão feliz? Seu grampo deu certo? — perguntei a ele.

— Relaxe. Talvez conte para você depois — Blokhin respondeu.

Ele saiu correndo para a academia, mas aceitou meu convite para almoçar no restaurante Azeri, famoso por sua tequila, salada verde e cordeiro suculento.

Naquele dia de inverno em Moscou, cerca de um ano antes do início da Olimpíada de Sochi, o mundo do esporte mudou para sempre. Ofereci algumas doses de tequila para Blokhin, na esperança de tomar conhecimento acerca dos planos da WADA, mas ele se recusou a falar sobre os grampos. Blokhin era lacônico. Ele não se envolvia em conversa fiada e geralmente não fazia perguntas. (Não pergunte, para que não te perguntem...) No entanto, após examinar cuidadosamente o restaurante, ele aproximou sua cadeira da minha e me disse que sua equipe de "mágicos" tinha conseguido abrir frascos Bereg-Kit de amostra B com sucesso.

Fiquei perplexo. Aquele progresso era tão extraordinário quanto a divisão do átomo. Se fosse verdade, mudaria o rumo da minha vida e o futuro do esporte russo.

Decidi testar Blokhin:

— Tenho duas amostras sujas no laboratório — disse e prossegui: — De dois atletas de atletismo que relatamos como negativas. Mas a urina deles está cheia de drogas proibidas. Você pode abrir as tampas dos frascos B para mim?

Blokhin não respondeu e apenas me olhou como se não tivesse ouvido a pergunta.

— Por favor, abra esses frascos para mim. Até já tenho a urina limpa dos atletas pronta para a troca.

Ele permaneceu calado, como se arrependido de ter revelado o segredo. Após uma pausa, tentei uma tática diferente.

— O vice-ministro Nagornykh tem conhecimento do seu sucesso?

Mesmo assim, Blokhin permaneceu em silêncio.

— Veja, se você não pode pegar esses dois frascos B, posso falar com Nagornykh para que ele peça oficialmente que sejam abertos?

De repente, meu companheiro taciturno falou:

— Ninguém mais precisa se envolver. Vou pegar seus malditos frascos, mas, por enquanto, isso fica entre nós.

Eu o escoltei de volta ao Centro Antidoping, entreguei os frascos em um saco plástico duplo, agradeci e o acompanhei até a saída. Queria ter certeza de que Blokhin não tinha mudado de ideia.

A insinuação de Nagornykh de que nossos problemas com o frasco B poderiam ser resolvidos em breve sugerira aquele progresso. Meus assistentes me contaram que Blokhin tinha pegado os anéis metálicos dentados e as molas de travamento de tampas de plástico do frasco A Bereg-Kit, além de frascos B fechados de amostras de armazenamento fora de validade que estavam aguardando descarte. Meu amigo, o dr. Nikita Kamaev, diretor-executivo da RUSADA, também me disse que Blokhin estava pegando novos frascos Bereg-Kit de diversos modelos.

No entanto, descobrir como abri-los sem deixar nenhum vestígio de dano tinha permanecido até então uma tarefa aparentemente impossível. Sabia que a Berlinger, a fabricante dos frascos Bereg-Kit, com sede em Zurique, tinha sempre insistido que a tecnologia que utilizava impedia a adulteração de seus frascos de amostra e evitava a detecção. Apesar de inúmeras evidências em contrário, a Berlinger afirma isso até hoje.

Alguns dias depois, Blokhin voltou com os frascos. Os engenheiros do FSB abriram os dois corretamente, e Blokhin, com a expressão iluminada com um sorriso conspiratório, entregou-me as tampas não danificadas. Fiquei surpreso ao inspecionar cuidadosamente a superfície do frasco de vidro e o interior de sua tampa de plástico: o frasco e a tampa estavam separados, mas pareciam intactos. Blokhin me disse que a retirada da tampa ocorrera sem percalços e, depois, apagaram todos os arranhões visíveis. Tinham danificado o anel metálico dentado dentro da tampa de plástico, mas substituíram por um novo, brilhante e intacto.

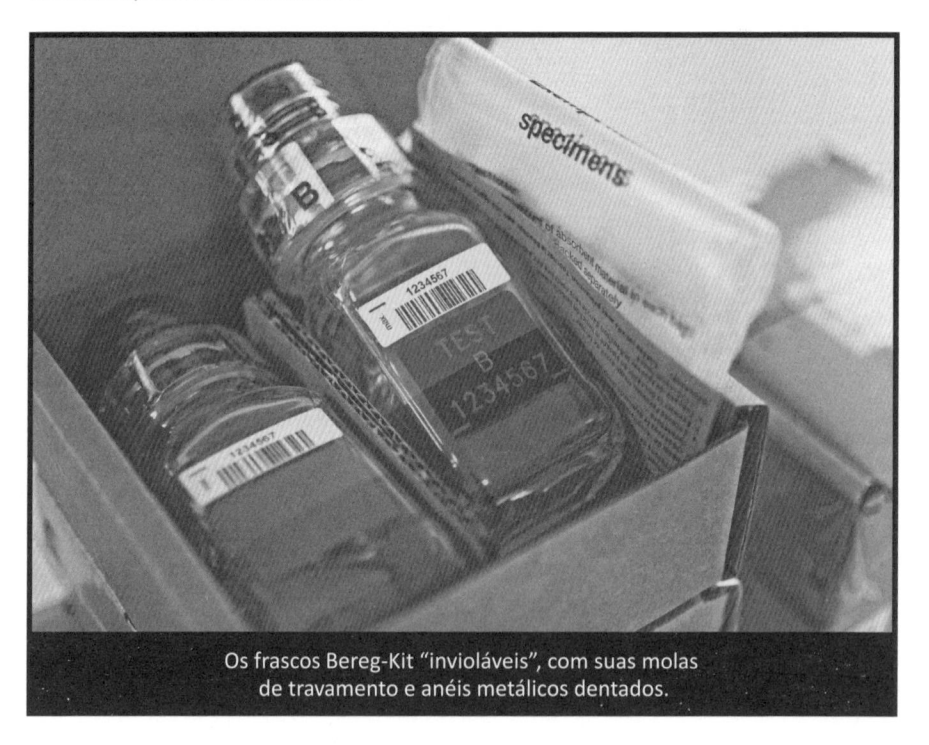

Os frascos Bereg-Kit "invioláveis", com suas molas de travamento e anéis metálicos dentados.

Assim que Blokhin deixou meu escritório, corri para o Ministério do Esporte para informar Nagornykh. Foi o mesmo trajeto que fiz em 30 de outubro de 1985, quando me candidatei ao emprego de pesquisador júnior do laboratório de controle antidoping do VNIIFK. Naquele momento, Nagornykh ocupava o cargo anteriormente atribuído ao diretor do VNIIFK. Ele ficou extasiado com a notícia e nos parabenizou profusamente. Em seguida, saiu correndo pelo corredor para dar a notícia a Mutko, que, tenho certeza, comunicou ao presidente Putin.

Três anos depois, o cineasta Bryan Fogel perguntou ao investigador-chefe Richard McLaren, indicado pela WADA, o que aconteceria se os laboratórios antidoping pudessem trocar as amostras B à vontade. McLaren respondeu que aquilo tornaria "ilusório" todo o controle antidoping. Palavras mais verdadeiras nunca haviam sido ditas.

AQUELA FOI A CHAVE QUE ABRIU A FECHADURA DA OPERAÇÃO Sochi Resultat.

Um triunvirato para os Jogos Olímpicos de Sochi estava se formando: eu, Nagornykh e Irina Rodionova, ex-campeã de natação, médica e colaboradora próxima de Nagornykh, que fora contratada como nossa ligação com as equipes de esportes de inverno. Tínhamos que nos concentrar na oportunidade oferecida por Sochi: entre 30 de janeiro e o fim de fevereiro de 2014, todas as amostras de controle antidoping olímpico passariam pelo nosso laboratório. E desde a semana anterior aos Jogos até alguns dias após seu encerramento, a WADA não teria jurisdição em Sochi. Teríamos que registrar nossas análises no ADAMS, mas relataríamos os resultados ao COI e a mais ninguém. Precisávamos aproveitar aquela situação em favor dos atletas russos.

No início de 2013, sabíamos que tínhamos um sistema de fornecimento de esteroides quase não detectável no "coquetel", e também uma proteção de reserva, se necessário; poderíamos remover e trocar a urina contaminada dos frascos A e B de um atleta. Irina fez alguns cálculos mentais antes de anunciar com naturalidade que a Rússia ganharia quinze medalhas de ouro em Sochi. Levei um choque — tínhamos ganhado apenas três medalhas de ouro nos Jogos Olímpicos de Inverno anteriores, em Vancouver, em 2010. Ela estava confiante, e acabaria por ter razão.

Apesar de nossa confiança, nós três concordamos que o programa de doping russo estava claramente sob cerco, como tinha mostrado a visita-surpresa da WADA ao Centro Antidoping de Moscou. Alguém, muito provavelmente um infiltrado, vinha nos denunciando. Formulamos um plano de ação para levarmos a cabo nos Jogos Olímpicos de Sochi:

1. Se necessário, falsificaríamos a urina suja de um atleta nos frascos A e B. Um método seria a substituição — o atleta despeja a urina limpa

de um congelador e lacra os frascos nos locais de coleta. Isso poderia ser feito na presença de um agente corrupto de controle antidoping da RUSADA e tornaria a minha vida mais fácil, já que não haveria necessidade de relatar de maneira imprópria um resultado negativo para o ADAMS, acompanhado pela dor de cabeça da bomba-relógio de um frasco B lacrado, porque conteria urina "limpa". Como última linha de defesa, se a urina suja de um atleta protegido fosse entregue ao laboratório de Moscou, poderíamos relatar de maneira imprópria e trocar as amostras por urina "limpa" dos congeladores do CSP, mas isso exigiria a ajuda dos especialistas do FSB para abrir os frascos B lacrados.

2. Nenhum DCO designado pela WADA ou pela IDTM, ou agente do PWC, cuja sede fica em Munique, poderia retirar amostras de controle anti-doping do território russo, sob nenhuma circunstância.

3. Usaríamos o coquetel "Duquesa" para o programa de esteroides. Era facilmente aplicado e eliminado do organismo do atleta em poucos dias.

Todos os sistemas estavam funcionando.

ENQUANTO NOSSA BATALHA CONTRA A WADA FERVILHAVA EM SEGUNDO plano, nossos planos para os Jogos de Sochi ficavam cada vez mais ousados. Em 4 de abril, Nagornykh me chamou em seu escritório e revelou sua última ideia. Estava acontecendo uma grande competição de biatlo em Moscou, e o biatlo (esqui cross-country e tiro esportivo) tinha muitos fãs na Rússia. No entanto, infelizmente para os russos, as esperanças de medalha em Sochi eram ucranianas: as irmãs gêmeas Valya e Vita Semerenko.

Nagornykh sabia que meu laboratório podia transformar uma amostra positiva em negativa, e, como estava focado em vencer a qualquer preço, a ideia de fazer o oposto lhe tinha ocorrido.

— No Centro Antidoping, podemos sujar os resultados limpos das irmãs Semerenko? — ele perguntou, com cautela.

Fiquei chocado e assustado. Não sabia aonde aquilo iria levar.

— Com que objetivo? — respondi.

— Essas atletas ucranianas de biatlo serão difíceis de vencer em Sochi e Vita Semerenko está em Moscou agora. Posso pedir para a RUSADA coletar uma amostra dela e depois informar o número do código para você — Nagornykh explicou.

Ele me encarou, esperando minha resposta. Foi a única vez na vida que me arrependi de não ter um gravador portátil no bolso. O que Nagornykh estava sugerindo era ilegal e antiético; e no mundo do vale-tudo do esporte russo, era uma sugestão muito perigosa. Se, em algum momento, os ucranianos descobrissem que eu era o responsável pelos falso-positivos, colocariam fogo no meu carro ou coisa muito pior.

Precisava que o mundo soubesse que aquela ideia era de Nagornykh, e que eu me opus a ela. Sim, eu havia convertido centenas de amostras positivas em negativas, mas nunca tinha feito o contrário. Nem sequer tinha pensado naquilo. Nenhum dos meus amigos ou colegas havia me pedido alguma vez para fazer as amostras de urina de atletas inocentes parecerem contaminadas! Em minha mente, pensei no sermão que deveria ter dado em Nagornykh.

Tentei explicar a ele por que aquilo era uma má ideia, mas escolhi minhas palavras com cuidado. Ninguém quer ter um inimigo com o título de "vice-ministro".

— Seria difícil disfarçar o fato de que a amostra de urina não havia saído do organismo dela, mas sido adulterada externamente. Além disso, como atletas de alto nível, as irmãs estão no International Registered Testing Pool. Suponha que elas fossem selecionadas para um teste fora de competição alguns dias depois que nosso laboratório de Moscou as acusasse de doping e testassem limpas, sem vestígios das substâncias que afirmamos ter descoberto na urina delas?

Nagornykh manteve sua cara de paisagem.

— Isso desencadearia uma investigação imediata sobre nós — afirmei. — Representaria um grande perigo, tanto para nossos planos em relação a Sochi quanto para tudo que está por vir. Não vejo como fazer isso funcionar agora. Vamos manter o foco em Sochi e não criar problemas para nós mesmos.

Prendi a respiração. Graças a Deus, Nagornykh finalmente relaxou e concordou comigo.

Para ser justo, sua opinião sobre as atletas de biatlo ucranianas se mostrou correta. Elas ganharam o revezamento de biatlo em Sochi: quatro medalhas de ouro para quatro garotas!

Saí do escritório de Nagornykh e respirei fundo. Ocasionalmente, sob estresse, minha asma de infância ressurgia. Só quando enchia meus pulmões com ar externo conseguia organizar meus pensamentos. Sim, é claro que poderia fazer urina limpa parecer suja, mas era um pedido excêntrico e os riscos superavam bastante as possíveis recompensas. Precisava falar com alguém. Então, abordei o dr. Tim Sobolevsky, meu colega de laboratório, e lhe fiz uma pergunta "teórica" a respeito de como ele lidaria com o fato de contaminar intencionalmente amostras de urina. Ele achou a pergunta estranha e quis saber sua origem.

— Adivinhe — disse.

— Nagornykh — ele respondeu. — Não poderia ser outra pessoa.

Descrevi a "proposta ucraniana" para Nikita Kamaev, meu amigo de infância e diretor da RUSADA, que estava de olho em nosso estimado vice-ministro desde que frequentou uma escola de esportes especial como atleta de salto em altura.

— Nagornykh não sabe nada — Nikita me disse. — Você poderia adulterar a urina em um frasco A, mas o frasco B ainda teria urina limpa!

Nikita não sabia que tínhamos acabado de descobrir como abrir os invioláveis frascos B.

— Você sabe por que Nagornykh foi expulso da escola de esportes? — Nikita me perguntou. — Ele foi pego roubando o tênis de corrida do seu companheiro de equipe. Depois, seguiu em frente e prosperou na Komsomol [a Liga da Juventude Comunista], uma carreira típica de um ambicioso *apparatchik* esportivo.

A WADA CONTINUOU VINDO NOS VISITAR: ALGUÉM ESTAVA COCHI-chando em seu ouvido. Naquele mesmo mês, enviaram uma equipe de inspeção reforçada para Moscou, daquela vez incluindo John Miller, chefe do Grupo de Peritos de Laboratório da WADA, e o professor Jordi Segura, diretor do laboratório olímpico de controle antidoping de Barcelona. Foi a terceira inspeção presencial em seis meses, o que pareceu suspeito. Afinal, o Centro Antidoping de Moscou era o laboratório antidoping mais produtivo do mundo: em 2011 e 2012, respectivamente, tínhamos analisado 15.370 e 17.175 amostras de urina, mais do que qualquer outro laboratório credenciado pela WADA.

Cumprir cotas era uma coisa, mas não podíamos abalar nossa reputação por causa de análises questionáveis. Por exemplo: do lote de 67 amostras que a WADA pegou no ano anterior, analisou 55 e encontrou metabólito de oxandrolona na amostra de Pishchalnikova, mas não foi capaz de analisar as doze amostras restantes porque não havia sobrado urina suficiente no frasco A. Então, Rabin ordenou que os doze frascos B fossem divididos em B1 e B2 para análise, revelando mais duas amostras positivas que tínhamos relatado de maneira imprópria.

Rabin estava com sede de sangue. Depois de encontrar aquelas duas amostras positivas relatadas de maneira imprópria, ele ordenou ao laboratório de Lausanne que analisasse novamente as 54 amostras anteriores (sem incluir a de Pishchalnikova) da mesma forma, dividindo os frascos B. Nós, em Moscou, e Lausanne havíamos relatado que todas as 54 amostras eram negativas, mas, se os frascos B fossem analisados novamente, o laboratório de Lausanne encontraria de oito a dez amostras positivas. Aquilo por si só seria uma catástrofe, e, quando Lausanne percebesse que as amostras A e B continham *urina diferente* — e que tínhamos falsificado as amostras *após* sermos solicitados a preservá-las —, a WADA fecharia o Laboratório Antidoping de Moscou sem pensar duas vezes e seria o fim do nosso planejamento para obter o credenciamento para o laboratório de Sochi.

Mas então ocorreu um milagre. Em conformidade com as regras da WADA, o laboratório de Lausanne tinha destruído nossas 54 amostras "negativas" depois de armazená-las por três meses. A WADA fora informada de que, se quisesse manter as amostras, teria de pagar pelo armazenamento prorrogado, mas a agência nunca respondeu e nossos problemas foram jogados no lixo.

Um problema fora resolvido, mas outro assumiu o seu lugar quando a WADA colocou nossa metodologia de detecção de eritropoietina (EPO) sob escrutínio rigoroso. Por acaso, estávamos fazendo alguns testes de rotina diante da presença de uma equipe da WADA em nosso laboratório, e eis que um resultado positivo de manual apareceu. A amostra pertencia a uma atleta de biatlo que fora testada em competição, e ficamos felizes que a equipe da WADA tivesse testemunhado a análise, a título de provar nossa expertise e honestidade. Nossos visitantes presumiram que iríamos fazer o download dos resultados para o ADAMS, após recorrer a uma segunda opinião obrigatória de um especialista da WADA em Barcelona. Mas nós iríamos fazer aquilo?

A amostra positiva pertencia à nossa "princesa do biatlo", Svetlana Sleptsova, mas não havia como relatar o seu caso porque ela estava sob a proteção direta de Mutko. Como já expliquei, o biatlo era algo sagrado na Rússia; além de Sleptsova proporcionar uma imensa audiência de TV, o poderoso oligarca Mikhail Prokhorov também era o presidente da União Russa de Biatlo. Estávamos num dilema. A equipe da WADA testemunhara aquela análise positiva com os próprios olhos e não a esqueceria. Sleptsova era intocável, mas, com os Jogos Olímpicos de Sochi a menos de um ano de distância, não podíamos nos dar ao luxo de um escândalo de doping.

Expliquei a situação a Kamaev e perguntei se a RUSADA poderia falsificar o formulário de controle antidoping (DCF, na sigla em inglês) inserindo um nome diferente e um esporte que não fosse de inverno. Não poderíamos fazer a amostra positiva desaparecer, mas poderíamos atribuí-la a outra pessoa, talvez alguém de um esporte não olímpico.

— Poderíamos ter nos safado disso no ano passado — Nikita explicou —, quando o laboratório registrava os resultados positivos no ADAMS, e a RUSADA podia levar algum tempo até compartilhar os nomes dos atletas com os órgãos internacionais.

Mas já não era assim que as coisas funcionavam:

— A WADA agora insiste que as agências antidoping nacionais façam o download de todos os documentos imediatamente, e sobretudo dos nomes, para o ADAMS antes mesmo de entregar as amostras para análise ao laboratório.

E concluiu:

— Então, *Grinya*, não há como ajudá-lo, meu amigo. Sinto muito por isso.

Eu era chamado de *Grinya* no nosso prédio havia quarenta anos.

Mas não se esqueçam: estávamos na Rússia, a terra dos milagres.

Expliquei o problema a Nagornykh, que pressionou a RUSADA até que a agência falsificasse, com relutância, a documentação do caso em setembro. Após a reescrita criativa, o teste positivo de Sleptsova desapareceu e foi trocado pelo teste de uma lutadora de sambo[3] de 30 e poucos anos suspeita de fazer uso de EPO. É claro que tivemos que explicar o nosso relato impróprio e o nosso atraso em um Relatório de Ação Corretiva (CAR), que foi um dos documentos mais desafiadores que já escrevi. Precisei elaborar dez rascunhos para descrever nossa teia de ofuscações, que George Orwell tinha exposto tão bem em *1984*, quando falou sobre ser capaz de "esquecer tudo o que fosse necessário esquecer, depois trazer de volta à memória no momento em que fosse necessário, e depois esquecer tudo novamente".

Em poucas palavras, aquele foi meu CAR número 19.

---

3. Arte marcial russa, originada na antiga União Soviética no início do século XX, que possui elementos do judô e de luta livre.

2.
GUERRA EM DUAS FRENTES

A guerra contra a WADA se estenderia quase até a cerimônia de abertura dos Jogos Olímpicos de Sochi. No entanto, as guerras são travadas em muitas frentes, e uma bomba espetacular explodiu em julho, quando menos esperávamos. O jornal britânico *Daily Mail* denunciou a suspeita de que a integridade dos próximos Jogos Olímpicos de Sochi "fora posta em dúvida por acusações de que os atletas russos estão se dopando sob orientação dos treinadores e são ajudados por acobertamentos do principal laboratório antidoping do país".

A denúncia tinha dois pontos principais: primeiro, citou diversos atletas russos que disseram ter sido forçados a participar de um programa nacional de doping. Segundo o jornal, Oleg Popov teria dito: "Não só um atleta tem que usar drogas ilícitas, mas também tem que dar dinheiro ao nosso laboratório antidoping para trocar as amostras". Essa acusação foi feita pelo treinador de Lada Chernova, a lançadora de dardo que tentou destruir sua amostra contaminada em meu laboratório duas vezes, em recinto fechado e do lado de fora, enquanto eu observava.

A segunda linha de ataque da página foi dirigida diretamente contra mim: "O chefe do laboratório [de controle antidoping] principal foi preso e interrogado por suspeita de aquisição e venda de drogas proibidas", referindo-se aos meus confrontos com o FSKN em 2011. O artigo destacou minha tentativa de suicídio, minha internação e a prisão de minha irmã Marina por "comprar e portar drogas proibidas, que ela admitiu que tinha a intenção de fornecer aos atletas".

O *Daily Mail* se queixou de que atletas britânicos honestos, como a corredora Lynsey Sharp ou o atleta de salto em distância Gregory Rutherford, perderiam medalhas para competidores russos que se dopavam. De modo sensacionalista, o jornal perguntou se vendedores de drogas notórios como os russos eram confiáveis para gerir um laboratório olímpico nos Jogos de Inverno de Sochi. Então, citou um porta-voz do COI, que previu que não haveria problemas:

> Pelo menos vinte especialistas internacionais vão trabalhar nos laboratórios durante o período da competição, para assegurar os melhores métodos e práticas... Além disso, três especialistas do Grupo de Jogos do COI terão a tarefa específica de supervisionar e garantir a integridade de todos os processos de análises e relatórios para o COI.

Era verdade, mas para pegar nossa fraude seria necessário alguém tão profundamente mergulhado naquilo quanto nós! A WADA nunca teria a possibilidade de fazer qualquer supervisão real em meu laboratório. Assim como o professor David Cowan manteve pessoas como eu e a professora Christiane Ayotte a distância de suas análises no laboratório de Harlow, fui cuidadoso em relação a quem convidei para Sochi. Não queria ninguém farejando debaixo da mesa ou espiando atrás das portas.

O artigo em si era menos importante do que o momento e o lugar em que apareceu. Aquilo não era jornalismo: era um golpe baixo em uma luta de artes marciais mistas. Tinha quase certeza de que os "fatos" foram vazados pelo meu antigo adversário Alexander Chebotarev, advogado sagaz que estava travando uma batalha contra a RUSADA, representando atletas como Lada Chernova e Darya Pishchalnikova. Nunca o considerei um inimigo, e Chebotarev me ensinou muita coisa, mas ele parecia ansioso para ganhar dinheiro, tornar-se famoso e ocupar um nicho muito lucrativo no mundo da jurisprudência esportiva.

Faltando apenas sete meses para a Olimpíada de Sochi, alguém alegou que havia informado a WADA a respeito das irregularidades do programa de doping russo, e que a WADA fingiu que não ouviu. Bem, não mais. O site do *Daily Mail* tinha milhões de leitores em todo o mundo. A porta do "escândalo de doping na Rússia" havia sido escancarada.

Rapidamente, voltou a se fechar. Não haveria nenhum seguimento para a reportagem do jornal, mas alguém estava definitivamente atrás de nós. Primeiro, fomos submetidos a uma inspeção-surpresa e à investigação em andamento da

WADA, e depois fomos acusados publicamente de fraude. A vida estava prestes a ficar ainda mais agitada, e não de uma boa maneira.

EM SETEMBRO DE 2013, A WADA REALIZOU UMA QUARTA INSPEÇÃO pré-olímpica em nosso laboratório. Entre os visitantes incluíam-se Thierry Boghosian e John Miller, da WADA, e o professor Jordi Segura, de Barcelona, que também era o presidente da World Association of Anti-Doping Scientists (WAADS — Associação Mundial de Cientistas Antidoping). Eles nos apresentaram uma lista de 56 supostas discrepâncias na rotina de operação do laboratório, 33 das quais tínhamos resolvido de maneira aceitável com relatórios de ação corretiva. Na opinião deles, quinze discrepâncias permaneciam sem solução e outras oito foram apenas parcialmente corrigidas. Estavam particularmente furiosos com o relato impróprio da amostra de EPO de Sleptsova e longe de se convencer da nossa "descoberta" de que o resultado positivo pertencia a uma lutadora de sambo desconhecida.

Eles ameaçaram suspender o credenciamento do Centro Antidoping de Moscou, o que fecharia automaticamente nosso novíssimo laboratório de 30 milhões de dólares em Sochi.

Segura me disse diretamente que a WADA estava preparando um ataque contra o laboratório de Moscou. Nosso destino seria decidido na IV Conferência Mundial sobre Doping no Esporte da WADA, em Johanesburgo, marcada para meados de novembro. Nunca houvera um confronto daquela magnitude na breve história do controle antidoping no esporte. Eu enfrentaria uma Comissão Disciplinar formada pelo ex-presidente da WADA, Dick Pound, o advogado britânico Jonathan Taylor e o cientista da USADA dr. Larry Bowers.

Imaginei que Bowers, entendido de química analítica que eu conhecia desde os anos 1990, me apoiaria, mas não poderia correr riscos com Pound e Taylor, experientes advogados internacionais, e contatei meu advogado, Claude Ramoni. O Grupo de Peritos de Laboratório, formado por Oliver Rabin e John Miller, testemunharia contra nós. Eles declararam claramente suas intenções: queriam uma suspensão de seis meses de nosso credenciamento. Era como enfrentar o maldito Tribunal Distrital de Basmanny, em Moscou, onde a sentença era decidida de antemão.

Eu estava com raiva. Era verdade que, como os advogados dizem, cheguei àquele processo com as "mãos sujas", mas sentia que nossos pecados eram poucos e nossas realizações, muitas. Estávamos prestes a abrir o melhor laboratório olímpico já construído. O FSKN quase tinha me levado ao suicídio; a WADA, com seu ataque violento, não parecia muito diferente dele.

Sabendo que meu destino já havia sido selado em suas deliberações, lancei meu contra-ataque: minha *Summa Contra WADA*, batizada em homenagem aos famosos argumentos de antigos filósofos contra conceitos científicos falsos. Tive a ajuda fundamental de três professores: Christiane Ayotte, Jordi Segura e Martial Saugy, de Lausanne, e provamos ser uma equipe muito mais forte do que os funcionários do Grupo de Peritos de Laboratório da WADA.

Meus pontos principais foram:

1. O Centro Antidoping de Moscou era um dos laboratórios mais inovadores e produtivos do mundo. Desafiei o conceito da WADA de resultado analítico "negativo", mostrando que não havia definição de tal resultado da Norma Internacional de Laboratórios da WADA. Como a tecnologia de detecção antidoping se torna cada vez mais sensível e precisa, qualquer resultado negativo pode, em teoria, tornar-se positivo após uma nova reanálise.

2. Quase todos os "erros" atribuídos a nós podem ser explicados por discrepâncias na precisão de nossos instrumentos. A tecnologia no laboratório de Sochi estava em vias de melhorar; os modelos mais recentes haviam sido comprados. Porém, nosso equipamento no Centro Antidoping de Moscou misturava instrumentos novos com antigos, já que estávamos usando a instrumentação mais nova para pesquisa e desenvolvimento de métodos. Na época em que a WADA lançou sua cruzada contra nós, utilizávamos modelos antigos para as análises cotidianas e ficamos sobrecarregados com a mudança para o novo prédio.

3. Enfatizei que a acusação da WADA de "resultados falso-negativos" na amostra de EPO de Sleptsova era "inaceitável", sendo totalmente resolvida e explicada em meu relatório de ação corretiva.

Considero que as transcrições dessas audiências podem um dia ser incluídas nos compêndios. Custaram-me muito dinheiro, aborrecimento e tempo, que deveria ter sido gasto na preparação do laboratório de Sochi. Só conseguia pensar que, se eu falhasse, o Centro Antidoping de Moscou fecharia as portas, meus cinquenta funcionários perderiam o emprego e meu malabarismo para equilibrar interesses conflitantes do controle antidoping e da burocracia esportiva russa obcecada por medalhas chegaria a um fim abrupto. Como dizem em Hollywood, eu nunca mais trabalharia nessa cidade.

Viajei para Johanesburgo dois dias antes, para me encontrar com Claude Ramoni. Discutimos as questões e decidimos o que diríamos durante as audiências. Apesar de minhas dúvidas, a Comissão Disciplinar Independente acabou dando a impressão de ser bastante imparcial. O presidente, Dick Pound, não falou muito e pareceu distraído durante as discussões. Larry Bowers era o único membro que tinha trabalhado em um laboratório de controle antidoping. Ele se sentou perto de mim e aparentou ser independente, apoiando-me com relutância ou explicando as questões técnicas que eu estava apresentando. O outro membro da comissão, Jonathan Taylor, atuou como um árbitro, controlando o tempo das apresentações e tentando acalmar os ânimos quando as discussões se tornavam emocionais ou improdutivas.

Oliver Rabin ignorou muitas vezes os documentos que estavam em discussão e, em vez disso, invocava dados de inteligência misteriosos sobre acobertamentos no laboratório de Moscou. Como ficaríamos sabendo depois, alguns delatores de baixo nível tinham realmente fornecido informações a ele. Rabin assumiu uma postura política séria ao se referir àquelas acusações misteriosas, mas aparentemente não surtiu muito efeito sobre o público. Os itens da agenda tinham sido pré-aprovados e os devaneios de Rabin não pareceram bem-vindos.

Lembro-me de ter me sentido farto com a mesquinhez hipócrita da WADA a respeito do controle antidoping. Seus membros passavam todo o seu tempo fingindo preocupação com 1 por cento de análises positivas que recebiam dos laboratórios, quando sabiam muito bem que entre 30 por cento e 40 por cento dos atletas se dopavam em esportes como o atletismo. Uma das principais acusações deles contra nós consistia em seis resultados positivos, após a reanálise de 2.959 amostras utilizando análises de espectrômetro de massa triplo quadrupolo, que apenas dois laboratórios no mundo podiam ter realizado: o nosso e o de Colônia. Além disso, aqueles seis resultados positivos emergiram graças à nossa própria análise de metabólitos de esteroides de longa duração! Na verdade, descobrimos vinte amostras positivas, mas Nagornykh só permitiu que seis delas fossem relatadas.

No final, a Comissão Disciplinar suspendeu oficialmente o laboratório de Moscou por seis meses, mas depois adiou a própria suspensão por seis meses, para nos dar tempo de contratar os serviços de especialistas em "gestão de qualidade independente" para resolver nossas supostas falhas. Foi um bom resultado; ganhei seis meses de tempo para respirar, estendendo-se além dos Jogos Olímpicos e Paralímpicos de Sochi, que era tudo de que eu precisava.

Como me regozijei em meu diário: "Agora estou jogando com as peças brancas!". Sim, sou russo de corpo e alma: adoro tomar *borshtch* e jogar xadrez.

A indecisão foi reveladora da pior face da WADA. Tinha sido censurado, mas poderia continuar trabalhando. A agência zurrava a respeito de esporte "limpo", mas faltava a vontade de agir. Naturalmente, não quis protestar muito. Rumo a Sochi!

BLOKHIN E SEUS MÁGICOS DO FSB ESTAVAM APERFEIÇOANDO A ARTE sombria de abrir os frascos B. Inicialmente, a abertura ilícita era lenta, exigindo uma ou duas horas para deslacrar apenas alguns poucos frascos. Pior ainda, às vezes os mágicos deixavam arranhões ou rachavam a tampa de plástico. No entanto, logo sua técnica e a velocidade melhoraram tremendamente.

Blokhin havia usado a Universíada de Verão, que tinha sido realizada em Kazan, em julho de 2013, para ganhar expertise na coleta de amostras em um evento multiesportivo internacional. Concluímos que a substituição de urina suja por uma amostra limpa nas estações de coleta remotas de Sochi, onde haveria dezesseis estações de controle antidoping (instalações especiais onde os DCOs coletam amostras de urina e sangue) no total, poderia ser um tiro no pé. Então, decidimos trocar as amostras dentro de nosso laboratório em Sochi, onde poderíamos controlar quaisquer ameaças e incertezas.

Era hora de descobrir a logística e "pensar fora da caixa", como o dr. Olivier Rabin gostava tanto de dizer.

Minha equipe e eu passamos os meses anteriores aos Jogos Olímpicos viajando entre Sochi e Moscou. Na realidade, nosso laboratório de Sochi ficava a 32 quilômetros do centro de Sochi, no subúrbio de Adler, onde se situavam o Aeroporto Internacional de Sochi e o "agrupamento costeiro" das instalações olímpicas. O maravilhoso Hotel Adelphia, a menos de 100 metros do Mar Negro, tornou-se meu segundo lar.

Nosso laboratório de última geração e quatro andares, em Sochi.

Meu assistente de longa data, Yuri Chizhov, ex-maratonista de nível internacional, perfurou a famosa "toca do rato" na parede, a cerca de 20 centímetros do chão. O buraco ligava a Sala 125, estritamente controlada dentro do perímetro de segurança, onde as amostras eram "aliquotadas" ou repartidas, à Sala 124, nossa sala de operações, que não era vigiada por câmeras de segurança. Assim, as amostras que precisavam ser trocadas poderiam ser transferidas da área de aliquotagem rigidamente controlada para a sala vizinha. Então, Blokhin poderia removê-las para o Centro de Comando do FSB, no prédio vizinho, onde mantínhamos quatro congeladores cheios de amostras de urina limpas e pré-testadas e onde os mágicos poderiam trabalhar durante a noite.

Blokhin, disfarçado de encanador, passaria as noites no laboratório, assegurando a transferência tranquila dos frascos Bereg-Kit para o Centro de Comando, e vice-versa. Em 30 de dezembro, apresentei ao vice-ministro Yuri Nagornykh um informe sobre os nossos preparativos. Ele nos deu sua bênção e reuniu o pessoal-chave do laboratório para uma foto. Foi engraçado ver Chizhov de terno e gravata, mas a visita de um vice-ministro exigia certo protocolo!

Na véspera de Natal, realizamos um "teste de estresse" noturno no laboratório de Sochi, simulando as condições exatas dos Jogos Olímpicos. À meia-noite, aceitamos e registramos 96 amostras de urina e 44 amostras de sangue, abrimos os frascos, aliquotamos as amostras e as enviamos ao andar

[À esquerda] Yury Chizhov, que perfurou a "toca do rato", em 2013.
[À direita] Evgeny Blokhin em meu escritório, em Moscou, em 2013.

de cima para análise por um elevador especial. Minha esforçada equipe de garotas e rapazes estava gostando de realizar o sonho da vida deles de trabalhar nos Jogos Olímpicos!

Mas, enquanto eu acompanhava o ensaio, estava estimando quantos frascos Bereg-Kit com urina suja poderiam ser retirados discretamente da área de recepção, e por quanto tempo. Quanto tempo precisaríamos para transferir aqueles frascos para o Centro de Comando, para serem abertos clandestinamente e trazidos de volta para troca e aplicação de novo lacre? Estimei que teríamos duas horas por noite — mais tempo seria perigoso —, o que significava que poderíamos trocar de dez a doze amostras por noite, e nada mais. Todas as amostras teriam que ser aliquotadas e transferidas para análise instrumental até as 7 da manhã.

Essa operação seria tão minuciosamente planejada quanto a apresentação mais intrincada do Balé Bolshoi, mas, em vez de bailarinos, usaríamos a polícia secreta.

3.
QUE OS JOGOS OLÍMPICOS COMECEM

É difícil imaginar o que os Jogos Olímpicos de Sochi significaram para os russos e para o regime de Vladimir Putin. Em 2007, no último ano do segundo mandato de Putin como presidente, a Rússia tinha derrotado Salzburgo, na Áustria, e PyeongChang, na Coreia do Sul, na escolha como sede da Olimpíada de Inverno. Embora não fosse óbvio na época, 2007 foi o início da era Putin, com tudo que isso agora implica. Estimulado pelo sentimento nacionalista, pelo aumento dos preços do petróleo e por um senso apurado de quanta ditadura o povo russo poderia suportar, Putin estava prestes a se tornar presidente vitalício, e os Jogos de Sochi eram uma joia brilhante em sua coroa.

Igualmente importante, a Olimpíada de Inverno em Sochi seria a primeira a ser disputada em solo russo desde o colapso da União Soviética, em 1991. As memórias russas eram bastante longas para se lembrar do constrangimento do boicote ocidental aos Jogos Olímpicos de Moscou, em 1980, após a invasão soviética do Afeganistão. Com os Jogos Olímpicos de Sochi em 2014 seria diferente: a Rússia era um membro genuíno da comunidade mundial, e todos os países com uma equipe de esportes de inverno planejavam competir.

Também vale lembrar o fracasso russo nos Jogos Olímpicos de Inverno de 2010, em Vancouver, em que nossos atletas ganharam três medalhas de ouro, quinze medalhas no total, e não conseguiram terminar entre os dez primeiros países no quadro de medalhas. Depois que o então presidente, Dmitri Medvedev, culpou uma grande quantidade de burocratas de alto escalão, que se aposentaram rapidamente, ficou evidente que Putin tinha expectativas muito maiores em relação a Sochi. Não foi por acaso que no dia de sua posse, em 2012, o primeiro a visitá-lo foi Jacques Rogge, presidente do COI.

Realizar a competição em Sochi era um extraordinário ato de orgulho arrogante, que demonstrava a autoconfiança ilimitada do regime autocrático de Putin. Sochi era um resort de verão, na costa do Mar Negro, numa latitude semelhante à da Riviera Francesa, que desde a época de Stálin ganhou a reputação de resort de praia para trabalhadores soviéticos e chefes do Partido Comunista. Havia montanhas nas proximidades, mas eram cobertas por floresta selvagem. A audácia de realizar os Jogos Olímpicos de Inverno em Sochi era como sediar o campeonato Iditarod de trenós puxados por cães em Miami Beach, e mesmo assim foi feito.

Pouco antes de minha partida para Sochi, porém, tivemos que encarar mais um escândalo de doping embaraçoso. Como parte de nosso acordo com a WADA, dois especialistas antidoping estrangeiros vieram ao Centro Antidoping de Moscou no início de janeiro para realizar uma inspeção, dando-nos uma oportunidade de mostrar como lidávamos com as amostras, desde a recepção até a divulgação dos resultados.

Previsivelmente, o desastre aconteceu quando foi encontrado o novo composto de doping GW1516 na amostra de uma atleta. Liguei para Nagornykh e lhe disse que tínhamos achado um resultado positivo na presença de inspetores estrangeiros e que teríamos que fazer o download para o banco de dados do ADAMS.

Sem surpresa, a amostra contaminada pertencia a uma das muitas atletas de marcha atlética de Saransk do treinador Viktor Chegin, a campeã olímpica e recordista mundial Elena Lashmanova. No dia seguinte, pediram-me para desaparecer com o resultado. Eu a salvara duas vezes antes relatando de maneira imprópria seus resultados positivos, mas aquilo não seria possível daquela vez, pois especialistas estrangeiros haviam testemunhado a análise.

A explicação de como aquilo tinha acontecido me surpreendeu: revelou-se que o próprio Chegin havia substituído a amostra de urina. Lashmanova tinha tratado uma lesão com o corticosteroide dexametasona, que Chegin não sabia que os atletas podiam usar em períodos fora de competição. Para salvar a situação, ele substituiu uma das supostas "amostras limpas" de Lashmanova coletada depois dos Jogos Olímpicos de Londres, que ele mantinha em um congelador para tais ocasiões, sem saber que Lashmanova tinha usado o composto GW1516 antes de Londres, que o laboratório olímpico em Harlow não fora capaz de detectar.

Em retrospecto, a Olimpíada de Londres se tornou a mais suja da história: as reanálises mostraram que 126 resultados positivos[4] foram relatados de maneira imprópria como negativos devido ao desempenho analítico medíocre do laboratório de Harlow em 2012. Com 82 resultados positivos, a maior proporção coube ao atletismo.

Mas Chegin acreditou nos resultados de Londres e achou que a urina estava limpa — um caso evidente de confiança inapropriada em sua metodologia "única e incrível" e em seu compromisso com o *bespredel*, isto é, doping "a qualquer custo". Também mostrou quão pouco ele sabia sobre as regras básicas de controle antidoping previamente estabelecidas pela WADA.

Alguns dias depois da partida dos inspetores, Nagornykh, Rodionova e eu nos reunimos no Ministério do Esporte para selar o destino de Lashmanova. Não havia como salvá-la; a WADA estava de marcação cerrada. Tínhamos escapado por pouco da catástrofe em Johanesburgo apenas dois meses antes. Mais um caso suspeito provavelmente custaria o credenciamento do Centro Antidoping de Moscou e encerraria minha carreira.

Despedi-me e fui para o aeroporto, onde o dr. Rabin estava me esperando. Voamos para Sochi, para realizar o teste final de credenciamento.

OS JOGOS OLÍMPICOS DE SOCHI COMEÇARIAM EM 7 DE FEVEREIRO, mas as análises pré-competição estavam programadas a partir de 31 de janeiro, quando a Vila Olímpica começaria a receber os atletas. O recebimento do credenciamento final de Rabin seria um marco para nosso laboratório de quatro andares de última geração. Analisamos as amostras de teste sem problemas e, em seguida, toda a equipe se reuniu para uma foto para comemorar a ocasião.

Naquela noite, depois de recebermos nosso Certificado de Credenciamento, Rabin e eu ficamos acordados até tarde no bar do Hotel Radisson e tomamos duas garrafas de vinho tinto. Discutimos tudo, desde sua tentativa de me indiciar em Johanesburgo até como manter a WADA feliz durante os Jogos. Então, algumas taças depois e completamente do nada, ele perguntou se o laboratório de Moscou já havia tentado relatar resultados positivos como negativos.

---

4. https://www.insidethegames.biz/articles/1090223/athletics-2012-doping-ban (acessado em 7 de fevereiro de 2020).

O dr. Tim Sobolevsky relatando nossos resultados. No minuto seguinte, o dr. Olivier Rabin assinou o Certificado de Credenciamento. Sochi, janeiro de 2014.

O que eu poderia dizer? Que tinha falsificado centenas de resultados positivos durante minha gestão como diretor do laboratório de Moscou? Que os burocratas esportivos russos idealizaram um plano ambicioso e fraudulento de "Sochi Resultat" para a vindoura Olimpíada envolvendo uma força-tarefa

WORLD ANTI-DOPING AGENCY
play true

Accredited Laboratory

This is to certify that

Anti-Doping Olympic Laboratory, Sochi

fulfills the requirements of the World Anti-Doping Code and of the International Standard for Laboratories of the World Anti-Doping Agency, and is authorized to conduct doping control analyses for the XXII Olympic Winter Olympic and Paralympic Games in Sochi for a period covering

January 27th to April 15th, 2014

Sir Craig Reedie, WADA President   Dr. Olivier Rabin, WADA Science Director do FSB e mágicos empregados para abrir frascos lacrados? Escolhendo cuidadosamente as minhas palavras, expliquei que a vida não é fácil e ninguém é perfeito: a Rússia é a Rússia. Disse que não podia lhe dar nenhum detalhe, mas admiti com relutância que eu fazia "parte do sistema".[5]

Então voltei para Moscou para entregar a "versão para Sochi 2014" atualizada dos novos frascos Bereg-Kit para Blokhin, para que seus mágicos pudessem tomar parte de algum treinamento pré-olímpico final — exatamente como os atletas! Ele e eu revisamos cada detalhe de nossa próxima aventura. Concordamos que o "banco" de amostras de urina limpa para troca chegaria a Sochi no fim de janeiro e seria mantido no quartel-general do FSB adjacente, o chamado "Centro de Comando". Tínhamos instalado um novo sistema de segurança para monitorar as geladeiras e os congeladores dentro do laboratório olímpico. O sistema nos dava leituras em tempo real das temperaturas dentro dos refrigeradores e controlava cada abertura e fechamento de portas dos congeladores. Evidentemente, os especialistas do FSB de Blokhin encontraram uma maneira de contornar aquela vigilância e foram capazes de trocar as amostras de urina em períodos de cinco a dez minutos, sem que os monitores registrassem nada. Estávamos prontos para começar nossas sessões de troca.

O item seguinte da lista de verificação era um teste do nosso coquetel com três esteroides para Sochi. Aleksei Kuishkin, meu subordinado e barman, preparou uma grande quantidade da versão "suave" do coquetel, usando vermute em vez de uísque como base. Antes de beber, urinei para ter uma amostra de controle e, em seguida, tomei alguns mililitros de nossa mistura de esteroides e fiz um bochecho. Preferia minha versão original com Chivas Regal, mas tudo bem.

Por vários dias seguidos, testei a mistura, muitas vezes, disfarçando depois o hálito com duas xícaras de café e creme dental sabor menta para escapar das onipresentes blitze de trânsito pós-feriado realizadas pela polícia de Moscou. Às vezes, dirigir para casa naquelas noites frias de inverno podia levar até duas

---

5. Esse breve momento de sinceridade se revelou imprudente. Quase dois anos depois, minha conversa após o expediente com Rabin seria citada no relatório da comissão independente da WADA sobre o escândalo de doping na Rússia. A conversa foi chamada de "reunião não solicitada", em que o "diretor Rodchenkov afirmou que estava trabalhando em um sistema em que era forçado a fazer coisas em seu cargo. O diretor Rodchenkov não entrou em detalhes a respeito do que era forçado a fazer". Pelo menos, não me citaram erroneamente.

horas, e eu não podia correr o risco de perder minha carteira de habilitação. A vantagem foi que nada de ruim aconteceu, mas a desvantagem foi que, quando chegava em casa, minha bexiga estava perto de estourar.

Deixe-me explicar o que o agora notório coquetel "Duquesa" podia e não podia fazer. Os esteroides anabolizantes para melhorar o desempenho podem beneficiar quase todos os atletas em quase todos os esportes. O coquetel era composto de uma baixa dose de três esteroides, mas de ação rápida, sob medida para ajudar atletas com cerca de 30 anos a se recuperarem após provas extenuantes. Em muitos esportes com eliminatórias preliminares ou corridas repetidas, a rápida recuperação muscular é a chave para o sucesso.

O coquetel para Sochi foi concebido especificamente para auxiliar atletas veteranos, como o esquiador de longa distância Alexander Legkov, a atleta de biatlo Olga Zaitseva, o piloto de bobsled (trenó de corrida) Alexander Zubkov e o astro de skeleton Alexander Tretyakov. Esses competidores estavam perfeitamente preparados para disputar os Jogos Olímpicos, mas não seriam capazes de se recuperar de um dia cansativo de competições tão rapidamente quanto seus rivais mais jovens.

Deixe-me enfatizar novamente que o coquetel "Duquesa" não teve nada a ver com a preparação dos atletas para os Jogos Olímpicos. Uma preparação adequada leva anos, e é isso que torna o atleta um ganhador de medalhas. No entanto, o coquetel podia fazer a diferença entre ganhar uma medalha de ouro ou de bronze, ajudando o competidor naquela arrancada final e desesperada que determina as posições no pódio.

Legkov ganhou o ouro na corrida de esqui cross-country de 50 quilômetros com uma arrancada final impressionante — nos anos anteriores, sem o meu coquetel, ele havia perdido repetidas vezes nos metros finais. Zubkov conseguiu uma vantagem de 0,07 segundo após quatro provas eliminatórias de bobsled. No skeleton, as margens de Treyakov foram semelhantes: no mês anterior aos Jogos Olímpicos, ele melhorou sua explosão de aceleração de cinco segundos, quando o atleta corre ao lado do trenó antes de pular e se deitar sobre ele, em 0,05 segundo, e isso foi o suficiente para lhe garantir uma medalha de ouro. Então, sim, o coquetel fez uma diferença significativa na contagem de medalhas da Rússia.

Enquanto isso, Irina Rodionova estava ficando muito animada e agindo como se quisesse dar o coquetel a qualquer atleta russo de uniforme olímpico.

Irina Rodionova em meu escritório, Moscou, 2014.

Salientei para ela que, por noite, só podíamos trocar dez frascos durante as nossas duas horas de "operações secretas", e nada mais. Disse a mesma coisa a Nagornykh e pedi a ele uma lista de quem usaria esteroides durante a Olimpíada de Sochi. É claro que só poderíamos incluir aqueles atletas para os quais tínhamos constatado amostras de urina limpa nos congeladores do CSP de Rodionova. No dia anterior à minha partida para Sochi, recebi uma lista de 39 atletas aptos a usar o coquetel "Duquesa". Discuti o assunto com Irina e insisti que reduzíssemos o número para 36 atletas.

Em 23 de janeiro, parti para Sochi para uma estada de dois meses. Alguns dias depois, a remessa de amostras de urina limpa chegou. Rodionova tentou entrar no Centro de Comando e organizar o armazenamento nos congeladores, mas não conseguiu passar pela segurança. Alguns dias depois, Blokhin e eu inspecionamos juntos os congeladores do Centro de Comando do FSB. Estavam uma bagunça. A urina limpa se encontrava armazenada em garrafas de refrigerante, potes de geleia e recipientes de comida para bebê, mas a etiquetagem estava clara e escrita com tinta indelével para evitar confusões. Eu tinha memorizado os nomes dos 36 atletas do programa de esteroides e fiquei surpreso ao descobrir uma série de novos nomes, como os das jogadoras do time de hóquei. Disse a Blokhin que precisávamos criar um inventário confiável e um mapa de localização para todas as amostras. Ele concordou com relutância.

Os atletas logo começaram a chegar a Sochi e o controle antidoping pré-competição teve início em 31 de janeiro. Naquele dia, o COI testou os atletas de biatlo russos e, no dia seguinte, os esquiadores. No que dizia respeito a doping, aqueles eram os esportes de inverno de alto risco. Blokhin e eu demos início a nossas sessões noturnas de troca de amostras. Ficamos um pouco nervosos, mas nossa dinâmica pareceu funcionar sem problemas. Em 2 de fevereiro, Yuri Chizhov, meu subordinado, chegou de Moscou e assumiu algumas das minhas funções na operação de troca. Ele era um DCO capacitado, mas nos ajudar à noite seria seu único trabalho durante os Jogos Olímpicos.

Ao mesmo tempo, eu ainda tinha que cumprir os meus deveres como diretor do laboratório. Contávamos com dezoito especialistas estrangeiros no laboratório, uma lista que fora acordada com a WADA e o COI. Os especialistas, quase todos doutores e pesquisadores qualificados, estavam ali para nos ajudar com a enxurrada diária de análises. Além disso, o protocolo, o desempenho e as operações do laboratório eram observados por quatro representantes do COI e um observador da WADA, embora eles não se envolvessem diretamente nas análises. Meu colega Thierry Boghosian, que conhecia cada canto e recanto dos nossos laboratórios de Moscou e Sochi, tornou-se nosso observador independente designado pela WADA, responsável pela supervisão diária do nosso trabalho.

Apenas Boghosian tinha permissão para ir até as áreas de recepção e armazenamento no 1º andar a qualquer hora do dia ou da noite. Eu tinha lhe concedido o mesmo cartão de acesso universal que fora emitido para mim, minhas duas secretárias, Chizhov e Blokhin. Todos os outros especialistas estrangeiros tinham que permanecer nos andares designados para eles e ir embora por volta das 6 da tarde. A maioria das amostras era entregue à meia-noite e, em seguida, todas as operações — registro, recodificação e alíquota — eram concluídas antes que o primeiro turno chegasse ao trabalho, às 7 da manhã. Era o mesmo protocolo aplicado em Londres, em 2012, com a adição de uma sessão de troca paralela. Estávamos mais prontos do que nunca.

HOUVE A DISPUTA HABITUAL POR INGRESSOS PARA A CERIMÔNIA DE abertura no Estádio Olímpico de Fisht, a principal arena olímpica, situada a cerca de 500 metros do laboratório. Tínhamos conseguido dez ingressos para os nossos 57 funcionários, e arrumei outros quatro, que entreguei ao meu pessoal. Alguns amigos providenciaram mais dois ingressos, mas acontece que minhas secretárias, os contadores e o pessoal de controle de qualidade tinham vasculhado minha mesa e levado todos os ingressos. No final, como cerca de

2 bilhões de pessoas em todo o mundo, assisti à cerimônia de abertura de 7 de fevereiro pela TV, pontuada por idas frequentes ao outro lado do 4º andar do laboratório, que tinha uma vista decente do estádio.

O porta-bandeira Alexander Zubkov, veterano piloto de bobsled e um dos maiores trapaceiros da história esportiva russa, entrou no estádio à frente da delegação russa e ficou ao lado do presidente Putin para assistir à cerimônia, enquanto eu decidia que era hora de dormir um pouco. Desabei em um sofá na sala privativa do meu grande escritório, até que Chizhov me acordou para uma verificação final de nossa rotina de trocas.

Medi cuidadosamente a gravidade específica da urina limpa, despejei os volumes designados nos frascos A e B enxaguados e chequei duas vezes (ou até três vezes — Chizhov estava monitorando cada movimento meu) os números de código nas tampas de plástico e nos frascos higienizados. Por volta das 4 ou 5 da manhã, estávamos exaustos, mas tínhamos que evitar erros. Um por um, lacrei os frascos B e, em seguida, Chizhov passou os frascos A e B através da "toca do rato" para a zona de segurança onde se situavam os novos congeladores de armazenamento.

A primeira noite da competição começou de maneira preocupante. Boghosian tinha voado de Montreal e estava sofrendo de *jet lag*. Assim, ele apareceu em nosso laboratório à 1 da manhã e nos viu coletar as amostras dos DCOs e registrar e recodificar os frascos. Tive a impressão de que ele estava demorando muito no andar térreo. Felizmente, naquela noite, não estávamos fazendo nenhuma troca em grande escala, apenas alguns poucos frascos, mas sua presença deixou Blokhin nervoso. Então, ele fez sua equipe do FSB monitorar cada movimento de Thierry. Blokhin era informado a respeito de tudo o que Thierry fazia: quando ele abria a porta do seu quarto no hotel, quando ele reservava um carro, e assim por diante.

Após a cena noturna de "o fantasma do pai de Hamlet" na versão de Thierry, a noite seguinte acabou sendo um espetáculo de troca de amostras e, apesar de toda a nossa preparação, nada pareceu dar certo. Tivemos problemas para processar os "peixes do dia", com sacos repletos de amostras chegando à área de registro. Também parte da documentação não foi devidamente preenchida e a papelada sofreu um atraso. Além disso, os mágicos do FSB do prédio vizinho enfrentaram dificuldades para abrir diversos frascos B. Começamos a ficar nervosos. O pobre Blokhin ficava indo e vindo do Centro de Comando, tentando manter a linha de produção em funcionamento. Acabou sendo uma noite exaustiva e em claro. Paguei o preço no dia seguinte: senti-me fraco, sem pique ou energia.

Nos primeiros dias dos Jogos Olímpicos, sir Craig Reedie, presidente da WADA, chegou para inspecionar o laboratório olímpico e declarou que estava muito satisfeito com os especialistas estrangeiros, com os professores visitantes do COI e com a minha equipe. A visita transcorreu de forma agradável, e todos tiraram fotos e sorriram para comemorar a ocasião. No entanto, um outro eco de *Hamlet* tinha ressoado em minha cabeça o dia todo: peguei-me imaginando como sir Craig teria reagido se soubesse o que estávamos fazendo à noite. Na Rússia, o controle antidoping estava realmente "fora dos eixos", e nem a WADA nem o COI "nasceram para endireitar as coisas".

[À direita] Sir Craig Reedie, presidente da WADA, inspeciona o Laboratório de Sochi com o pessoal do laboratório, em 11 de fevereiro de 2014.

4.
"OS CANOS PRECISAM SER CONSERTADOS DE NOVO"

A primeira semana da Olimpíada de Sochi foi uma grande decepção para os russos. Depois de sete dias, tínhamos ganhado apenas duas medalhas de ouro, e nenhuma delas era particularmente digna de elogio. A primeira foi um "troféu de equipe" para a patinação artística, uma categoria recém-introduzida, que foi incluída para agradar ao país anfitrião. Nossa dupla de patinação artística, Tatiana Volosozhar e Maxim Trankov, também levou o ouro, mas pareceu uma vitória parcial, porque Tatiana era, na verdade, ucraniana e fora convocada para a equipe russa após nossa exibição lamentável nos Jogos Olímpicos de Vancouver, quatro anos antes. Passados mais dois dias sem outras medalhas de ouro, Viktor Ahn ganhou a prova de patinação de velocidade em pista curta, mas essa vitória também não foi inteiramente gratificante. Ahn, sul-coreano que tinha patinado anteriormente com o nome de Ahn Hyun-soo, ficou com três medalhas em 2006. Oportunista de primeira classe, ele abandonou a equipe sul-coreana após uma discussão sobre condições de treinamento e passou a ganhar diversas medalhas por sua nova "pátria", mas suas vitórias não pareciam exatamente russas.

Finalmente um russo "de verdade", Alexander Tretyakov, ganhou ouro em skeleton. Inferi que ele era um usuário satisfeito do coquetel quando recebi mensagens de texto e fotos de Irina Rodionova do formulário de controle antidoping de Tretyakov, logo depois que ele conquistou a medalha. Fui até o Hotel Azimut, onde encontrei Irina, que estava muito apreensiva. Eu a acalmei, garantindo que nosso plano de troca daria certo, e em seguida fui a uma loja de conveniência para comprar barras de chocolate Bounty, Pepsi, macarrão instantâneo, café e cigarros para minha equipe passar a noite. Então, passamos a noite trocando a urina de Tretyakov para proteger a primeira medalha de ouro verdadeira da Rússia.

Ao contrário do que tinha dito a Irina, a troca não correu bem. Ao me ver fazendo anotações, Blokhin ficou bastante nervoso, mas é claro que nunca mencionei a troca em meu diário. No entanto, escrevi que ele e Yuri Chizhov "correram de um lado para o outro e fizeram barulho" a noite toda, o que perturbou meus cochilos na sala de operações no meio das trocas de urina nos frascos Bereg-Kit.

Aguardando a entrega das amostras de urina e preparando a sessão de troca noturna. Enquanto isso, Chizhov, Blokhin e minhas secretárias, ambas chamadas Anastasia, ficavam vendo tv em meu escritório.

Outra decepção na primeira semana: além da falta de medalhas de ouro, não pegamos nenhum caso de doping. Tínhamos um laboratório de controle antidoping reluzente e de última geração e nenhum escalpo para mostrar como troféu de guerra! Detectamos diversos resultados positivos, mas nenhum deles equivaleu a um caso de doping; era o que a WADA chamava de resultado analítico adverso (*adverse analytical finding* — AAF), mas foram desconsiderados porque os atletas tinham isenções para uso terapêutico (*therapeutic use exemptions* — TUEs), que lhes permitia lançar mão de corticosteroides e medicamentos para asma.

Os outros positivos eram amostras duplo-cegas (*double-blind samples* — DBs), ou seja, amostras de urina contendo substâncias proibidas que a

Comissão Médica do COI introduzia de vez em quando para verificar o desempenho de um laboratório. Aquelas DBs eram facilmente detectáveis, porque continham compostos ridículos, como metolazona diurética, que nunca era vista em análises de rotina de controle antidoping, ou fluoximesterona, esteroide anabolizante da década de 1980 que também era extremamente raro em doping. Apenas quatro casos foram relatados nos últimos quatro anos. Fiquei desapontado. Tinha prometido a minha amiga Christiane Ayotte e meu amigo Martial Saugy que encontraríamos dez amostras positivas, e até aquele momento não tínhamos nenhuma.

Enquanto os Jogos Olímpicos prosseguiam, começamos a descobrir autênticas violações das regras antidoping. A primeira vítima foi Evi Sachenbacher-Stehle, atleta de biatlo alemã, que apresentou pequenas quantidades de metilhexanamina na urina depois de uma prova de corrida. Era um caso-limite: em geral, esse estimulante ocorria em grandes concentrações e, assim, dependia de mim para relatar o resultado como AAF ou não. Se eu já tivesse registrado cinco AAFs autênticos, representando violações das regras antidoping, antes de encontrar a amostra de Evi, poderia não tê-la denunciado. Mas, por causa da seca de resultados positivos, precisávamos mostrar serviço. Então, relatamos o caso.

Antes de denunciar Evi, conferi seu formulário de controle antidoping para ver que nutrição esportiva e medicamentos ela havia declarado. Poderia dizer que ela não era membro da equipe russa e que Irina não tinha me enviado uma mensagem com o número de código dela. Assim, batemos o martelo e Evi foi banida da competição. Irrompeu um grande escândalo e, quando ela apareceu para a análise de sua amostra B, Hajo Seppelt, um documentarista alemão, acampou na frente do nosso laboratório com um operador de câmera, esperando conseguir algumas imagens de Evi. Desafortunadamente, o carro que a trouxe tinha vidros escuros e, assim, Hajo perdeu um furo.

Fiquei com pena de Evi. Realmente, a punição que recebeu não condizia com seu crime, uma violação limítrofe de doping, mas seu caso abriu a porteira para novas descobertas. O COI acabou anunciando oito resultados positivos nos últimos cinco dias dos Jogos Olímpicos. Cada dia realizávamos uma abertura cerimonial dos frascos B na presença dos atletas e diversos funcionários. Assim, conseguimos nosso escalpo. Em 22 de fevereiro, em um jantar, um grupo de altos dignitários do COI e da WADA nos considerou o melhor laboratório olímpico de todos os tempos! Se eles soubessem...

Lembro-me de assistir a uma transmissão ao vivo da prova de revezamento masculino 4 × 10 quilômetros de biatlo que a Rússia venceu. O nosso atleta de biatlo, Alexander Loginov, não integrava a equipe porque, no fim de 2013, o laboratório de Colônia pôs em suspeita sua amostra de urina. Parecia uma amostra positiva de EPO, mas não conseguiram confirmar usando a metodologia corrente do laboratório.

No entanto, o laboratório de Colônia sabia que uma nova metodologia seria introduzida em 2014 e que provavelmente resultaria em um AAF que se tornaria relatável depois dos Jogos Olímpicos. Era um caso particularmente complexo porque a amostra de urina de Loginov revelou EPO endógena (natural) e exógena (injetada). Os resultados foram mostrados para mim. Se eu não tivesse informado a equipe de biatlo russa a respeito disso, Loginov teria competido no revezamento masculino de 4 × 7,5 quilômetros em Sochi, e a Rússia poderia ter perdido a medalha de ouro após sua desclassificação retrospectiva. Aquela foi uma ocasião em que me orgulhei da minha ajuda.[6]

A cerimônia de encerramento foi em 23 de fevereiro, mas novamente eu não tinha ingressos. No entanto, estava feliz e dormi muito bem no laboratório, apesar do barulho e da música estridente do estádio ao lado. Tivemos nossa última sessão de trocas importante para proteger duas medalhas de ouro, a primeira conquistada por Alexander Legkov na prova de esqui de 50 quilômetros e a segunda, pela equipe de quatro homens do bobsled pilotado por Alexander Zubkov. Brinquei que eles estavam tendo sua cerimônia de encerramento no estádio, e nós tendo nossa própria "cerimônia de encerramento", lacrando os últimos frascos B adulterados dos Jogos Olímpicos de Sochi. Parecia uma imagem espelhada de duas Olimpíadas diferentes.

Finalmente, os Jogos Olímpicos haviam acabado. Os mágicos voltariam para casa e nunca mais teríamos que trocar outro frasco B no laboratório de Sochi. Embalamos oitenta caixas de amostras de sangue e urina e enviamos todas para Lausanne. Era a "repatriação das amostras dos atletas", como o

---

6. Em 15 de fevereiro de 2020, foi anunciado que Evgeny Ustyugov, membro da equipe masculina de revezamento, sofreu uma desclassificação retrospectiva: sua amostra de urina datada de 29 de agosto de 2013 continha metabólitos de longa duração de oxandrolona. Assim, sua medalha de ouro da prova de revezamento de biatlo foi anulada, e a Federação Russa perdeu o primeiro lugar no quadro geral de medalhas para a Noruega. O Canadá passou para segundo e a Rússia caiu para terceiro.

COI chamava aquilo. Em seguida, comemoramos o fim dos Jogos Olímpicos em nosso restaurante favorito, o Laluna, bebendo, dançando e cantando no karaokê. Todos nós teríamos uma dor de cabeça no dia seguinte, com certeza.

A anotação no meu diário no dia 24 de fevereiro diz o seguinte: "Os Jogos Olímpicos acabaram, a moeda se valorizou, revolução na Ucrânia — droga!".

NÃO TÍNHAMOS PLANOS DE TROCAR AMOSTRAS DURANTE OS PRÓXIMOS Jogos Paralímpicos. Mais uma vez, voltei à minha música favorita de Donna Summer, "Enough is enough". Que ingenuidade a minha.

Em contraste com os Jogos Olímpicos, os Jogos Paralímpicos eram tranquilos e relaxantes, como uma corrida leve para se acalmar depois de uma corrida extenuante de 5 quilômetros. Naquele momento em que os Jogos Olímpicos "reais" haviam acabado, não estávamos mais em alerta máximo. A equipe da RUSADA retomava a entrega normal de amostras de competições russas e campos de treinamento em todo o país, e nós realizávamos análises de rotina como faríamos em Moscou.

Os Jogos Paralímpicos começaram em 7 de março e continuaram sem incidentes, até que começamos a detectar diversos resultados positivos entre os ganhadores de medalha de ouro russos. Especificamente, estávamos encontrando trimetazidina (Preductal), estimulante comum amplamente usado no antigo Bloco Oriental. A WADA e o Comitê Paralímpico Internacional (IPC, na sigla em inglês) o adicionaram em sua lista de substâncias proibidas em 2014, mas parecia que os atletas paralímpicos russos não tinham sido informados da mudança.

Não tínhamos recebido nenhum tipo de aviso ou alerta. Então, analisamos as amostras sujas como analisaríamos quaisquer outras. Não havia mais especialistas ou observadores estrangeiros no laboratório de Sochi. Assim, a descoberta no local não seria um problema. No entanto, o que seria um problema era que o IPC havia decidido que deveríamos transferir todas as amostras para Lausanne após os Jogos Paralímpicos, para armazenamento de longo prazo e reanálise, o que significava que teríamos que trocar as amostras sujas. Para piorar as coisas, os paratletas russos continuaram a ganhar medalhas de ouro no esqui e no biatlo, e cada nova medalha de ouro vinha acompanhada de uma amostra positiva de urina.

Os paratletas russos e seus treinadores tinham direito aos mesmos privilégios concedidos aos campeões olímpicos fisicamente aptos, o que significava recompensas em dinheiro de dezenas de milhares de dólares, carros novos, apartamentos cobiçados, acesso a campos de treinamento estrangeiros, e assim por diante. As apostas eram tão altas quanto nos Jogos Olímpicos regulares, para eles e para nós. Precisávamos manter aquelas medalhas na Rússia, já que pertenciam ao país.

Disse a Evgeny Blokhin que a situação estava ficando fora de controle e que precisávamos trazer os mágicos de volta para Sochi. Usando linguagem cifrada, escrevi o seguinte em meu diário, fazendo referência ao fato de Blokhin fingir ser um encanador: "Estamos decidindo com Evgeny Ivanovich o que fazer com os canos de água. Os canos precisam ser consertados de novo. É hora de pedir ajuda para a brigada".

Os mágicos tinham ganhado muitos dias de férias por causa dos turnos noturnos em Sochi. Assim, o vice-ministro Nagornykh levou dois dias para reuni-los. Naquele momento, uma vez que os observadores estrangeiros tinham ido embora, realizamos as trocas no período diurno. Mantivemos os mágicos em Sochi por mais três dias, até o fim dos Jogos Paralímpicos, e fizemos a última troca em 15 de março. Como o trabalho estava se desenrolando de maneira bastante tranquila, pedi a Chizhov que comandasse as sessões de troca; àquela altura, ele já tinha bastante experiência. O único problema era de onde viriam as amostras de urina limpa. Não conseguia me lembrar de ter testado previamente alguma "urina limpa" dos paratletas em 2013.[7]

Em 15 de março escrevi em meu diário: "Fechamos o negócio com Blokhin. George Antilsky entregou a limonada". Isso significava que Blokhin e eu estávamos esperando que Evgeny Antilsky, gerente da estação de controle antidoping, entregasse a urina limpa para as sessões de troca. Irina Rodionova era a pessoa que criava todos esses apelidos engraçados, como "mágicos", "Duquesa" e "limonada".

Recebemos nossas últimas amostras em 17 de março e enviamos todas para Lausanne dois dias depois. Finalmente, o laboratório de Sochi foi fechado. Não havia tido nenhum dia de folga, nem tinha assistido a uma prova ao vivo

---

7. Nesse caso, a principal diferença foi que a troca de urina ocorreu *após* a análise laboratorial. A pressão do tempo não existia e a necessidade de sigilo era menor. Outra diferença era que os frascos Bereg-Kit A e B enxaguados ficaram no laboratório por vários dias, esperando a entrega da urina limpa. As amostras positivas para trimetazidina foram completamente inesperadas.

durante a Olimpíada ou a Paralimpíada. Minha equipe tinha pegado todos os ingressos e convites que chegaram ao meu escritório, mas não levei a mal.

Fui de Sochi para Lisboa para uma reunião dos diretores de laboratórios da WADA. O presidente Reedie me presenteou com um exemplar autografado do World Anti-Doping Code atualizado, e eu fiz uma palestra sobre nosso trabalho de laboratório em Sochi, omitindo alguns detalhes, é claro.

De Lisboa fui para Colônia, para o meu amado Manfred Donike Workshop sobre controle antidoping no esporte. Era o 32º encontro anual — dezenove deles tendo sido realizados desde a morte prematura de Manfred — e apresentei a palestra inaugural, que versou sobre o "Controle Antidoping nos Jogos Olímpicos de Sochi".

Em seguida, voltei para Moscou, onde testemunhei a inspeção final do nosso laboratório por especialistas independentes em gestão de qualidade da WADA. Eles nos deram um atestado de boa saúde, concluindo que nosso laboratório "assegurava resultados precisos de testes antidoping, dentro do escopo do credenciamento da WADA". A WADA aceitou as conclusões dos especialistas e a ameaça de suspensão de seis meses de nosso credenciamento nunca surtiu algum efeito. Isso marcou o fim da torturante investigação de dezoito meses da WADA.

Foi uma grande vitória! Desde que o FSKN veio atrás de mim, em 2011, eu tinha sido o alvo de uma investigação ou outra. Com certeza, eu não era moralmente puro, mas a equipe de "demolição" da WADA, com suas "dicas" nada quentes de delatores de baixo nível e encrenqueiros russos, nunca soube realmente o que estava procurando, e tentava sistematicamente me rotular como um mandachuva ganancioso — o que eu não era. Fiquei feliz por minha equipe e por mim mesmo. Finalmente, poderia retomar meu trabalho em paz. Ou pelo menos achava isso.

O ALUGUEL DE UM ANO DO PRÉDIO DO LABORATÓRIO DE SOCHI expiraria em 30 de abril de 2014. Então, passamos os dois últimos dias do mês fazendo um inventário do conteúdo do prédio, antes de devolvê-lo ao proprietário. De alguma forma, uma mesa e um guarda-roupa extras se materializaram e três cadeiras desapareceram. Também havia uma enorme montanha de lixo do lado de fora da edificação. Concordei em pagar por sua remoção e, em troca, não tivemos que justificar a discrepância em relação aos móveis. Por algum motivo, Yuri Chizhov bebeu todas e ficou agressivo comigo, atormentando-me a respeito do motivo pelo qual deveríamos pagar para que o lixo do exterior do prédio fosse coletado.

Podemos nos apaixonar por coisas, e eu fiquei realmente apaixonado por aquele prédio do laboratório. Eu tinha amado os nossos dias agitados, o barulho dos instrumentos, o entusiasmo compartilhado e as risadas ininterruptas. Nossos visitantes estrangeiros sempre pareceram surpresos com o fato de que estávamos nos divertindo tanto no trabalho. Naquele momento, o prédio estava vazio e nunca mais reviveríamos aqueles dias.

Ao observar o embriagado Chizhov, dei-me conta de que deveria fazer algo estranho. Fui até as salas de operação secreta e aliquotagem e comecei a tirar fotos da "toca do rato" e das portas adjacentes às salas 124 e 125. Então, Chizhov recuperou em parte a sobriedade e pareceu nervoso.

— O que você está fazendo? — ele me perguntou.

Aquilo era completamente contra as regras.

Respondi-lhe que o Ministério do Esporte me ordenara a documentar a nossa experiência.

Naquele momento, quando tudo tinha acabado, senti-me desolado. Havia passado um ano e meio da minha vida ali. Eu estava exausto e era incapaz de parar de repetir a frase típica de minha amiga Christiane Ayotte: "Por favor, deixe-me em paz".

Tinha amado o céu, o sol, as praias e as montanhas de Sochi, mas aquele dia estava nublado com chuva e rajadas de vento. O tempo estava sombrio. Era impossível não me sentir pessimista.

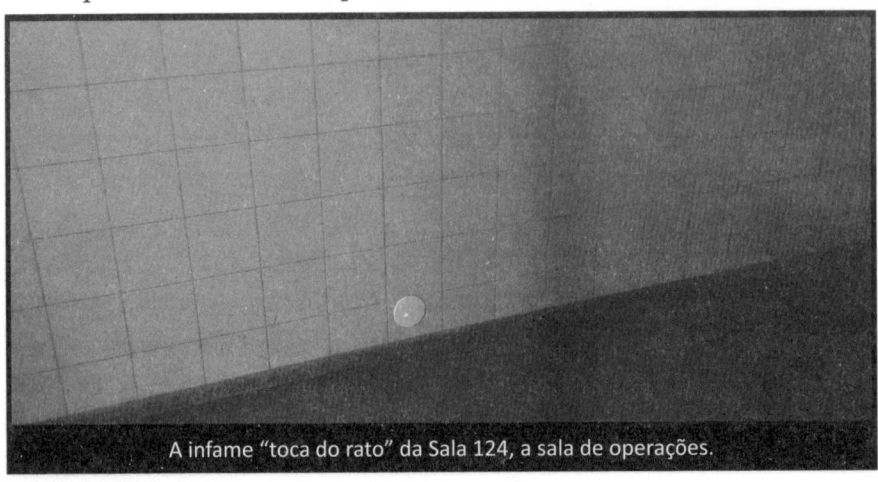

A infame "toca do rato" da Sala 124, a sala de operações.

5.
A TEMPESTADE SE APROXIMA

O verão de 2014 foi o "Verão dos Encontros Fatídicos", que me abalou e logo levou meu contentamento pós-Sochi. Em junho, recebi um telefonema do documentarista alemão Hajo Seppelt, que conhecera em minha prova de fogo em Johanesburgo, oito meses antes. Ele cobriu de perto o cenário internacional de doping esportivo, e, embora adotasse a atitude caótica de alguém que queria que você achasse que ele não tinha certeza do que estava investigando, Hajo era bastante organizado e se mantinha focado.

Hajo desprezava a WADA, considerando-a uma máquina de vaidades exacerbadas e infundadas. Sua opinião era semelhante à minha. Seu compatriota, Thomas Bach, ex-esgrimista e detentor de uma medalha de ouro olímpica, era o recém-nomeado presidente do COI, e Hajo também não era fã dele. Nós tínhamos conversado bastante nos corredores da conferência da WADA em Johanesburgo, e ele havia filmado nosso laboratório em Sochi durante as aparições rotineiras da mídia. Em Sochi, ele ficara desesperado para ver a abertura do frasco B com a amostra de urina de Evi Sachenbacher-Stehle, mas é claro que não podíamos deixá-lo entrar.

Hajo me convenceu de que a TV alemã estava finalizando uma reportagem especial sobre o sucesso dos Jogos Olímpicos de Sochi, enfocando a atmosfera singular, as belas instalações e as lembranças inesquecíveis. Ele pretendia destacar meu laboratório e elogiá-lo, mas precisava de imagens mais realistas do que as que tínhamos permitido durante a Olimpíada. Hajo sabia que eu já tinha levado toda a instrumentação de volta para Moscou e disse que ficaria muito grato a mim se eu o deixasse filmar algumas cenas no laboratório do Centro Antidoping de Moscou. Ele também queria que eu explicasse mais uma vez como o controle antidoping havia sido tão bem-sucedido nos Jogos Olímpicos de Sochi.

Eu devia ter suspeitado de uma trapaça? De qualquer forma, marquei uma reunião com o vice-ministro Nagornykh, que aprovou a visita de Hajo. Afinal, ele não tinha causado nenhum problema para nós em Sochi, e não havia razão para achar que ele iria começar naquele momento.

Hajo e eu combinamos de nos encontrar no Centro Antidoping no dia seguinte. Como sempre, estava apagando vários incêndios: os halterofilistas! Os competidores de marcha atlética! Os atletas de biatlo! Ou seja, estava trabalhando bastante e com o sono atrasado. Não tinha motivo para temer Hajo e sua equipe, mas ele estava planejando uma emboscada.

Enquanto seu operador de câmera filmava alguns dos nossos equipamentos, eu falava sobre questões analíticas e técnicas. Então, houve uma pausa. Depois, o operador de câmera se deslocou para o canto oposto da sala e eu me sentei em um banco do laboratório. De repente, Hajo me fez uma pergunta:

— Você já aceitou dinheiro para encobrir um doping?

Fiquei pasmo. Será que adormeci e alguém mudou o assunto da conversa?

O contexto dessa pergunta era o seguinte: Hajo tinha entrevistado diversos atletas e treinadores russos que me acusaram de comandar uma máquina empresarial de fraudes com taxas por serviço, que extorquia enormes quantias de dinheiro dos competidores, em troca de testes antidoping "limpos". Alguns daqueles delatores foram as pessoas que tentaram fazer com que a WADA se interessasse a respeito das travessuras de doping dos atletas russos, com resultados variados.

Eu não estava comandando uma rede de extorsão, muito menos uma de muitos milhões de rublos, mas mesmo assim fiquei surpreso com a pergunta dele. Hesitei por um longo tempo antes de responder. Quando finalmente consegui negar sua denúncia, meus braços estavam cruzados firmemente sobre o meu peito de maneira defensiva e estava olhando para o chão. A cena não me favorecia, para dizer o mínimo.

Quando organizei meus pensamentos, expliquei a Hajo que, se eu estivesse levando dinheiro para encobrir os resultados positivos, haveria filas de atletas russos do lado de fora do laboratório depois de cada competição importante, ansiosos para pagar pelos meus serviços. Além disso, os atletas que estavam se dopando ficariam felizes de me pagar adiantado, para assegurar resultados negativos no futuro.

Naquele momento, não tinha ideia de como ele usaria nosso breve diálogo, mas ficou claro que não estava preparando um documentário enaltecendo os nossos sucessos em Sochi.

Poucos dias depois, em 17 de julho, parti de Moscou para participar de um Simpósio Internacional de Ciências do Esporte, na Universidade de Oregon, em Eugene, famoso centro de treinamento norte-americano. Enquanto esperava por uma conexão em Amsterdã, notei diversos grupos de malaios nas lojas *duty-free*. Algumas horas depois, todos estariam mortos. Um míssil russo lançado da Ucrânia atingiu o voo MH17 da Malaysia Airlines, com destino a Kuala Lumpur, matando 298 pessoas. Nos três dias seguintes, em Eugene, assisti às reportagens na TV a respeito do que o presidente Barack Obama chamou de "ultraje de proporções indescritíveis".

O simpósio aconteceu do outro lado da rua do Hayward Field, o estádio onde o fundista Steve Prefontaine costumava competir. No segundo dia da minha viagem, pedi aos organizadores que me levassem ao local de sua morte. Após um curto trajeto de carro, vi-me diante do memorial de pedra polida para "Pre", na curva fechada onde ele perdeu a vida em um acidente de carro, em maio de 1975. Prefontaine foi um dos fundistas mais importantes que já existiram e teve uma grande influência em minha vida como corredor, junto com o ucraniano Vladimir Kuts, recordista mundial de 5.000 e 10.000 metros e bicampeão olímpico em Melbourne, em 1956.[8] Lembro de ter lido no breve obituário de Prefontaine publicado no *Sovietsky Sport* que ele era o detentor dos recordes norte-americanos de todas as corridas entre 2.000 e 10.000 metros. O ponto alto de sua carreira foi sua famosa derrota na prova de 5.000 metros nos Jogos Olímpicos de 1972, em Munique, para o astro finlandês Lasse Viren.[9] Recordo-me de ter visto fotos de Prefontaine naquela

8. Quando eu me comunicava com o FSB, ocasionalmente tinha que usar um pseudônimo e sempre escolhia "Kuts".

9. Pode parecer estranho chamar uma derrota de "ponto alto" da carreira de um corredor. Na famosa corrida, Viren simplesmente tinha mais fôlego do que Pre na última volta. O finlandês também tinha corrido a eliminatória e a final da prova dos 10.000 metros, assim como a eliminatória e a semifinal da prova de 5.000 metros. Quando chegou a final, ele estava exausto em comparação com Pre, que não tinha competido na prova dos 10.000 metros. No entanto, depois que os terroristas palestinos assassinaram os atletas israelenses em Munique, foi declarado um dia de luto, o que deu a Viren um dia extra para se recuperar.

corrida, com seu bigode espesso e cabelos negros longos e esvoaçantes, enquanto ele corria como o vento. Quando eu era um corredor juvenil, adorava liderar o pelotão, tal como Pre fazia, até que um novo treinador me ensinou as táticas de *"sit-and-kick"* e *"negative split"*, quando você corre a segunda metade de uma corrida mais rápido do que a primeira.

Quando a sociedade russa se tornou mais aberta, pude devorar livros sobre Prefontaine e assistir a suas corridas e entrevistas no YouTube. Aquele famoso memorial no local onde ele morreu era um lugar que sempre tinha sonhado em visitar.

Eugene também foi o local do meu primeiro encontro com o cineasta norte-americano Bryan Fogel. Campeão de ciclismo amador, ele queria fazer um filme explicando como Lance Armstrong, campeão da Volta da França, foi capaz de se dopar por tantos anos e conquistar tantos títulos sem ser pego. Fogel me recrutou para ser seu "feiticeiro" pessoal. Ele decidiu chamar seu documentário de *Ícaro* porque queria voar alto no mundo do ciclismo usando um programa de doping personalizado, desenvolvido com a minha ajuda.

Don Catlin, ex-diretor do Laboratório Olímpico Analítico da UCLA, tinha indicado Bryan para mim, provavelmente porque não queria emprestar seu nome à iniciativa. Mas eu estava pronto para o que viesse. Não aceitei nenhum pagamento de Bryan, mas aceitei o projeto porque, para ser sincero, a vida tinha se tornado muito chata. Os Jogos Olímpicos de Sochi ficaram para trás, e, ao que tudo indicava, tínhamos enxotado o monstro da WADA e o filme parecia ser divertido.

Naquele momento, Bryan era um homem-orquestra, um cineasta que carregava sua câmera e tripé com ele. Ele tinha preparado três páginas de perguntas bem elaboradas para a nossa primeira entrevista, em 21 de julho, muitas delas a respeito do maior ciclista usuário de doping de todos os tempos. Se Lance Armstrong fora testado centenas de vezes ao longo de quinze anos, por que os resultados sempre foram negativos? Expliquei a Bryan que aquilo era de esperar, pois os laboratórios de controle antidoping relatam milhares de resultados falso-negativos todos os anos.

Eis a anotação no meu diário em 21 de julho de 2014, o dia em que conheci Bryan: "Fui até a loja da Nike, nada para comprar, não consegui encontrar nenhum tênis. Tomei um pouco de cerveja e voltei ao hotel. Chovendo (é claro). Não nos deixaram entrar no estádio para filmar. Então, fomos para a faculdade de direito e gravamos durante duas horas. Discutimos tudo, mas ele tem *kasha* em seu cérebro [significa que ele está confuso a respeito de alguns dos assuntos]. Fomos ao bar, tomamos uísque e cerveja e conversamos".

Ao voltar para Moscou, recebi uma notícia estranha: Vladimir Putin tinha escolhido a mim e a Irina Rodionova como destinatários da Ordem da Amizade, uma cobiçada condecoração do Estado. Com esse prêmio, você tem acesso a cuidados médicos especiais e apartamentos com desconto, e os benefícios se estendem à sua viúva. Nagornykh me telefonou para me parabenizar, foi uma ocasião feliz, pois a investigação criminal em 2011 me impedira de receber uma honraria estatal depois dos Jogos Olímpicos de 2012, em Londres. Naquele momento, após Sochi, finalmente tinha acontecido!

Putin planejou nos condecorar no início de outubro, mas eu tinha assumido compromisso de participar de uma conferência da USADA em Tempe, no Arizona. E então meu pai, com 82 anos, ficou gravemente doente. Perguntei a ele se eu deveria ir aos Estados Unidos ou ficar ali, receber a condecoração de Putin e cuidar dele.

— Você é um cientista, Putin é um imbecil e eu ainda vou estar vivo quando você voltar — meu pai me disse.

Informei ao Kremlin que em breve iria a uma conferência nos Estados Unidos. Então, retiraram meu nome da lista de convidados. Uma das afirmações do meu pai provou ser falsa: ele morreu enquanto eu estava no Arizona e organizei seu funeral quando voltei dos Estados Unidos.

De volta a Moscou, fui convocado pelo Ministério do Esporte para receber minha condecoração. Achei que receberia uma Ordem da Amizade pelos Jogos Olímpicos de Sochi, já que tinha perdido a cerimônia no Kremlin enquanto estava nos Estados Unidos, mas em vez disso me deram um Prêmio Presidencial pelos Jogos Olímpicos de 2012, em Londres! No Museu Estatal do Esporte, o ministro Mutko me entregou um diploma honorário, assinado pelo presidente Putin, por minha "contribuição indispensável para o sucesso dos XXX Jogos Olímpicos, em Londres".

Naquele dia, a anotação no meu diário dizia: "Onde está minha Ordem da Amizade?". Ironicamente, receberia a condecoração alguns meses depois, quando estava prestes a me tornar o inimigo público número 1 da Rússia, mas foi uma reviravolta que ninguém poderia ter previsto.

Naquele momento, veio a bomba. Em 22 de novembro de 2014, recebi uma carta de Hajo Seppelt explicando que a rede de TV ARD estava terminando de editar um documentário impactante sobre o doping no esporte russo. No dia seguinte, a ARD enviou uma carta oficial, em inglês, com uma série de perguntas acusando-me de extorquir dinheiro de atletas e ocultar casos positivos de doping. Dizia:

> A ARD, rede de TV alemã, está produzindo uma reportagem a respeito de supostas práticas de doping na Rússia. Pedimos por gentileza que o senhor responda às seguintes perguntas com respeito a esse tema, para que possamos apresentar com precisão o seu ponto de vista. Para tanto, por favor, responda até quinta-feira, 27 de novembro de 2014.

1. De acordo com nossa investigação, o senhor proporcionou acesso ou até vendeu substâncias proibidas para atletas ou terceiros; por exemplo, treinadores. Por ordem ou iniciativa de quem o senhor fez isso?
2. De acordo com nossa investigação, o senhor aconselhou atletas a respeito do uso de substâncias ou métodos proibidos. Por ordem ou iniciativa de quem o senhor fez isso?
3. De acordo com nossas informações, o senhor declarou como "negativos" resultados de teste de doping que na verdade eram "positivos" ou, em outros contextos, ajudou no acobertamento de testes de doping. Isso está correto? Em caso afirmativo, o senhor agiu, em um ou mais casos, correspondendo a pagamentos em dinheiro ou outros benefícios? E por ordem ou iniciativa de quem o senhor fez isso?
4. Em 2011, o senhor ficou sujeito à investigação criminal sob a alegação de armazenamento e distribuição ilegal de esteroides. O senhor enfrentou acusações criminais e qual foi o resultado?

Meu amigo de infância e rival ocasional, dr. Nikita Kamaev, chefe da RUSADA, recebeu uma carta semelhante. Para aquele dia, a anotação no meu diário dizia: "Liguei para Yuri Nagornykh para avisá-lo de que uma tempestade estava se aproximando". Tinha certeza de que ele saberia exatamente o que eu estava querendo dizer.

Respondi à carta da ARD, negando tudo, e Nikita fez o mesmo. Mentir e negar era o esperado em nosso nível da cadeia alimentar, onde éramos responsáveis pela coleta de amostras e análise dos resultados. Acima de nós, os burocratas e altos funcionários faziam barulho, dando declarações com linguagem confusa e ambígua e até fazendo ameaças. Acima deles, estavam o COI e a WADA, com sua conversa vaporosa sobre a "integridade do esporte".

Não podia mentir ao meu diário, e escrevi em 22 de novembro: "Eles querem respostas para algumas perguntas muito desagradáveis. Informei a Nagornykh".

Nagornykh parecia estar por dentro do conteúdo do documentário e até tinha conhecimento da data de transmissão programada: 3 de dezembro. Talvez ele só estivesse blefando, porque, quando a data chegou, ele pareceu nervoso e desorientado.

O nosso grupo, incluindo Nagornykh, reuniu-se no estúdio da TV Panorama, no prédio da agência de notícias Novosti, para assistir ao documentário no horário da transmissão, às 10 da noite em Moscou. Vasily Kiknadze, locutor esportivo russo, providenciara uma tradução simultânea irrigada com conhaque francês. Então, ficamos em silêncio e ouvimos as versões em russo e alemão ao mesmo tempo.

A anotação no meu diário a respeito daquela noite diz que eu estava usando um terno para a ocasião e que desfrutamos de um bar bem abastecido. "Nagornykh está com o dedo no gatilho", escrevi. "A ARD está transmitindo um documentário sobre a máfia do doping, ao estilo República Democrática Alemã na Rússia" (os alemães da ex-Alemanha Oriental mantiveram uma impressionante operação de doping patrocinada pelo Estado em seu apogeu).

O documentário acusava de modo contundente diversos nomes da comunidade de doping russa, principalmente o dr. Serguei Portugalov, o chefão do atletismo Valentin Balakhnichev, o treinador Alexey Melnikov e, em menor medida, eu. Hajo embalou sua narrativa um tanto desconexa de tramoias de doping na Rússia em torno do jovem e fotogênico casal Stepanov: Vitaly, educado nos Estados Unidos, que tinha trabalhado como funcionário de baixo escalão na RUSADA, e sua mulher, Yuliya, corredora cuja carreira nunca havia decolado. Ela fora pega por doping e claramente tinha um interesse pessoal naquilo.

Acontece que o casal Stepanov vinha escrevendo cartas para a WADA havia muitos anos, exortando a agência a investigar o "escândalo de doping russo". Com exceção do ataque de surpresa de 2013 ao ADC, a WADA os tinha ignorado, mas Hajo não.

Meu desempenho diante das câmeras foi fraco, mas Nikita Kamaev tinha permitido que Hajo filmasse em seu escritório e negou veementemente todas as acusações. Algumas das evidências de Hajo não pareceram convincentes, porque ele teve dificuldade para contatar os atletas afetados. As revelações sobre transferências eletrônicas de cerca de 100.000 euros de e para uma empresa de fachada em Singapura não pareceram boas, mas eram negócios obscuros de Balakhnichev. Ou seja, eram problema dele.

Em meu diário, anotei que "o golpe principal atingiu Balakhnichev, que foi acusado de cobrar 400.000 euros de Liliya Shobukhova [maratonista russa]. Em algumas cenas, mostraram Evgeniya Pecherina [lançadora de disco] reclamando de mim. Dirigi para casa com cuidado". Em Moscou, você sempre dirige para casa com cuidado após uma noitada, porque os guardas de trânsito são bastante vigilantes e confiscam sua carteira de habilitação à mera sugestão de cheiro de conhaque.

O documentário de Hajo tratou de diversos assuntos. Embora certamente tenha lançado uma nuvem de suspeição sobre o esporte russo, achei que eu sobreviveria. Fiquei esperando que dissesse algo terrível sobre mim — acerca das trocas de amostras em Sochi, por exemplo —, mas o crescendo dramático nunca chegou realmente. Não causei uma boa impressão, mas minha principal acusadora foi Yuliya Stepanova, uma corredora inexpressiva que nunca tinha conhecido e de quem nunca havia "extorquido" nada. Faltando apenas cinco minutos para o término do documentário, sabia que tinha me safado e poderia voltar a respirar livremente. Balakhnichev era o inimigo, e eu não lidava com ele fazia anos. O casal Stepanov era o inimigo, mas eu mal os conhecia. Recebera elogios presidenciais e Vitaly Mutko tinha me protegido de tempestades maiores do que aquela. Eu iria sobreviver.

No dia seguinte, essa conclusão foi reforçada quando um grupo nosso — eu, Mutko, Nagornykh, Kamaev, o professor Ramil Khabriev da RUSADA e Natalya Zhelanova, "conselheira de controle antidoping" de Mutko — foi a uma pequena sala de reuniões ao lado do escritório de Mutko para rever o documentário. Aqueles que já tinham visto o filme ficaram rindo e brincando. Ninguém achava que aquelas acusações aleatórias fossem dar em algo. Mas eu não estava ali para assistir ao filme, e sim para observar Mutko, que o estava vendo pela primeira vez. Ele permaneceu impassível, embora fizesse uma piada à minha custa, notando que "fiz uma pausa como se fosse um personagem de uma peça de Tchekhov" quando Hajo me pegou de surpresa com sua pergunta.

Mutko achou que Balakhnichev talvez não sobrevivesse às acusações contra ele, mas de resto não pareceu muito preocupado. Salientei que todos os delatores eram atletas cujas carreiras já tinham terminado quando foram desqualificados por doping. "Enquanto não foram pegos, não abriram a boca", observei, para aprovação geral dos meus colegas.

O que faríamos? Nada, Mutko decidiu. Não emitiríamos nenhuma declaração oficial e não daríamos entrevistas. Hajo Seppelt estava prometendo outros dois episódios. Então, Mutko achou melhor mantermos a cabeça fria até que todos os fatos fossem divulgados.

A SEQUÊNCIA DE *TOP-SECRET DOPING: HOW RUSSIA MAKES ITS WINNERS*, de Hajo Seppelt, exibida alguns dias depois, foi entediante e praticamente uma repetição do primeiro episódio. Como todas as vezes que as autoridades antidoping internacionais decidiram "pegar" os russos, talvez saíssemos ilesos. As fontes de Hajo eram ex-usuários de doping insatisfeitos, e as "provas" dele, na maior parte, consistiam em gravações telefônicas clandestinas e cheias de chiados que, com certeza, nunca seriam aceitas em um processo legal sério.

Talvez tenhamos nos convencido precipitadamente de que tínhamos escapado da forca. Não tivemos essa sorte.

Em 10 de dezembro, uma semana depois da exibição do documentário, o dr. Olivier Rabin, diretor científico da WADA, enviou-me uma carta e exigiu que eu acusasse seu recebimento por escrito. Devo mencionar que, quando Hajo entrevistou Rabin para seu filme, ele tinha feito alguns comentários mordazes sobre o cenário antidoping russo, notando como resultados positivos tendiam a desaparecer em determinadas circunstâncias. Era o que Richard McLaren, em 2016, chamaria ironicamente de "metodologia de desaparecimento de testes positivos".

— O senhor quer dizer corrupção? — Hajo perguntou.

— Interferência. — Foi a palavra que Olivier preferiu usar. — Pode haver interferência.

A carta de Olivier pedia duas coisas incompatíveis entre si. Ao se referir à Norma Internacional de Laboratórios (ISL, na sigla em inglês), a WADA me exortava a conservar todas as amostras A e B mantidas em Moscou, mas, na frase seguinte, Olivier se referia ao parágrafo específico das regras da ISL que exigia que as amostras fossem conservadas por três meses; em nosso caso, a partir de 10 de setembro.

Eu sabia que Rabin estava me mandando preservar *todas* as amostras, mas aquele deslize foi uma dádiva de Deus para minha defesa. Quando recebemos a carta de Olivier, o ADC tinha 13.000 amostras congeladas que remontavam a abril, quando havíamos voltado de Sochi. Sabíamos que muitas amostras positivas tinham sido relatadas como negativas. Nossa operação de trocas se destinou a uma porcentagem muito pequena de atletas russos: em geral, campeões olímpicos e ganhadores de medalhas.

Não tínhamos nos preocupado em adulterar a maioria das amostras, porque pertenciam a "estrelas em ascensão" mais jovens, a atletas locais de Moscou ou a atletas de pouca relevância. Então, não importavam. Depois de relatar de maneira imprópria como resultados negativos, a Norma Internacional de Laboratórios permitia que descartássemos aquelas amostras após noventa dias.

A má notícia era que a exigência de Rabin estava sendo feita em nome de uma Comissão Independente (CI), criada para investigar as acusações feitas no documentário da ARD e presidida por Dick Pound, ex-presidente da WADA. A CI pretendia vir a Moscou e virar nosso laboratório de ponta-cabeça mais uma vez.

A boa notícia era que a ambiguidade na carta de Rabin nos deu a oportunidade de eliminar todas as nossas amostras recebidas entre abril e 10 de setembro. Foi exatamente o que fizemos.

Ao lidar com aquela exigência possivelmente calamitosa, fomos abençoados com uma sorte extraordinária, que eliminou por completo a possibilidade de uma inspeção-surpresa. A WADA exigiu um visto urgente para Rabin e sua equipe para que chegassem a Moscou na segunda-feira, 15 de dezembro, o que nos daria o fim de semana para nos prepararmos. Então, o Ministério do Esporte disse que só poderia emitir um visto para terça-feira. Assim, levando em consideração a diferença de fuso horário com Montreal, Rabin e seus aliados chegariam a Moscou na noite de terça-feira, na melhor das hipóteses. Aquilo nos deu um prazo suficiente para ajeitarmos as coisas.

No dia seguinte, desliguei meus telefones e dediquei um tempo para avaliar o que teríamos que esconder e alterar antes que a WADA aparecesse. Tínhamos quase 10.000 amostras correlacionadas. As mais problemáticas eram as 56 do Campeonato Nacional de Halterofilismo, realizado em Grozny, em agosto. Eram 23 amostras positivas de urina dos halterofilistas, além de perfis de esteroides anormais. Nunca poderíamos trocá-las, teríamos que desaparecer com elas. A carta de Rabin pedindo amostras com data posterior a 10 de setembro nos permitia fazer aquilo.

O outono era uma estação menos movimentada em relação a competições esportivas. Então, calculei que precisávamos limpar "apenas" 37 amostras positivas. Se fosse no meio do verão, podíamos ter tido 100 amostras positivas; 37 poderiam ser administráveis. Nikita Kamaev tirou das minhas mãos sete amostras pertencentes a boxeadores profissionais de Podolsk, o que foi um começo.

Tínhamos o fim de semana para trabalhar. Na manhã de sexta-feira, 12 de dezembro, relatei nossos cálculos para Nagornykh. Ele prometeu fazer o possível para enviar alguns mágicos experientes para abrir os frascos. Eles aparecerem no laboratório no mesmo dia. Em cinco horas, os mágicos abriram cuidadosamente trinta frascos B, sem danos, rachaduras nem arranhões visíveis. Eles não perderam o jeito de Sochi! Pedi *borshtch* e frango para eles de um restaurante próximo especializado em comida ucraniana, abri o melhor conhaque do bar em meu escritório e todos nós desfrutamos de um almoço tarde.

Sexta-feira foi um longo dia. Fui para casa por volta das 10 da noite. Então, Mutko me ligou. Aconselhou-me a me manter firme e forte e me desejou boa sorte nos próximos dias.

Dessa vez seria muito mais complicado do que a operação de Sochi. Lá, sabíamos em quais atletas tínhamos que prestar atenção e possuíamos um estoque completo de urina limpa, que podíamos usar como substituta nos frascos A e B antes da análise laboratorial. Em Moscou, já havíamos registrado os perfis de esteroides no ADAMS, relatado de maneira imprópria alguns testes positivos como negativos, mas não tínhamos urina limpa para fazer a troca nos frascos A, nem sequer sabíamos todos os atletas envolvidos. Era preciso selecionar amostras de urina utilizáveis entre os milhares que tínhamos em mãos, tomando o cuidado de emparelhar o perfil de esteroides e a gravidade específica do doador. O DNA das amostras trocadas não corresponderia ao original, mas não tínhamos escolha.

Seria uma operação bastante complicada. Estávamos todos cansados, nervosos e apavorados com a possibilidade de não combinar as tampas codificadas dos frascos A e B; uma prova evidente de adulteração. Nunca tinha acontecido, mas eu continuava paranoico. Após um exame mais detalhado, percebemos que nove das nossas amostras positivas continham quantidades muito pequenas de Ostarine, GW1516 e esteroides que poderíamos demonstrar que estavam abaixo dos nossos limites de detecção. Acabamos trocando 21 amostras de urina e acho que lacramos novamente as outras nove sem manipulação, embora minha memória não esteja clara e talvez eu tenha adicionado um pouco de água destilada e sal para diminuir ainda mais a concentração de substâncias estranhas.

O restante dos frascos foi descartado da maneira antiga: providenciamos um caminhão de lixo para levar milhares de amostras a um aterro sanitário a 30 quilômetros de Moscou, tendo enchido dois contêineres enormes com frascos Bereg-Kit – muitas toneladas de vidro e urina que ficamos felizes de ver pelas costas!

Outro problema que enfrentamos foi que os falso-negativos ainda podiam ser descobertos na documentação do laboratório. Foi um inferno ter de reescrever tudo aquilo, mas meu assistente Evgeny Kudryavtsev cuidou do assunto, em alguns casos falsificando as assinaturas dos funcionários que não trabalhavam mais no ADC. Esse processo só terminou na terça-feira, mas, juntamente com as "mãos de ouro" dos mágicos veteranos, parecia que tínhamos cumprido o nosso prazo e poderíamos sobreviver a uma inspeção. O *timing* foi perfeito. Na terça-feira, 16 de dezembro, Rabin me telefonou de Paris para me dizer para esperá-lo no laboratório na manhã seguinte. Estávamos prontos.

Olivier chegou com Victoria Ivanova e Thierry Boghosian, e também com caixas azuis de plástico para embalar todas as nossas amostras de urina. Depois que eles inspecionaram nossos documentos de armazenamento, Olivier perguntou o que havia acontecido com as amostras pertencentes às sete caixas, e expliquei que foram enviadas para a RUSADA. No entanto, quando ele descobriu que tínhamos enviado milhares de amostras para o aterro sanitário, ele ficou furioso.

Na manhã seguinte, Rabin e eu discutimos sobre o descarte em massa das amostras. Havíamos programado o descarte com grande antecedência, disse-lhe. Sabendo que os caminhões de lixo não tinham permissão para circular dentro dos limites da cidade de Moscou nos dias úteis, tínhamos aproveitado o último fim de semana antes dos feriados do Ano-Novo para nos livrar do acúmulo.

— E a carta? — Olivier perguntou. — A WADA queria que você conservasse *todas* as amostras! Não ficou claro?

— Sim? — respondi. — Mas depois a carta dizia para conservar as amostras coletadas depois de 10 de setembro. Descartei 1.417 amostras para diminuir sua área de caça. Tive que proteger meu laboratório.

Não mencionei que jogamos fora 8.200 amostras correlacionadas!

Olivier ficou pálido e documentou nosso diálogo, que reproduziria no futuro relatório da CI.[10] Quando ele disse que queria recuperar todos os frascos que foram enviados ao aterro sanitário, expliquei que o aterro ficava em uma zona de segurança e a entrada sem permissão era proibida. De qualquer forma, as amostras já deviam estar enterradas sob toneladas de lixo.

Após dois dias de muito trabalho, 26 caixas estavam prontas para ser enviadas a Lausanne, cada uma pesando mais de 45 quilos e contendo 224 frascos. O carregamento totalizou 2.912 amostras A e B correlacionadas. Rabin queria enviar nossos frascos para Colônia — acho que ele temia que meu amigo Martial Saugy, em Lausanne, pudesse ser camarada comigo —, mas o laboratório de lá não tinha capacidade suficiente de armazenamento.

Demorei uma semana para preparar a documentação para a "repatriação" das amostras para Lausanne, mas então nos deparamos com outro atraso porque a transportadora TNT não dispunha de caminhões frigoríficos grandes o suficiente. Apenas em 26 de dezembro a carga fatídica deixou o Centro Antidoping. O futuro parecia bastante sombrio.

---

10. "Em 10 de dezembro de 2014, a WADA recebeu um e-mail do diretor Rodchenkov declarando que 'este é para confirmar o recebimento da Carta OR [Olivier Rabin] com respeito ao armazenamento de amostras no Centro Antidoping de Moscou'. Naquele mesmo dia, o diretor Rodchenkov enviou um segundo e-mail para o dr. Rabin declarando que 'tudo está funcionando, sua Carta foi recebida, as amostras estão conservadas de forma segura, toda a coleção.'"

6.
A POLÍCIA SECRETA MERECE A VERDADE

Em 21 de janeiro de 2015, Mutko e Nagornykh me convocaram para uma reunião urgente. Mutko sabia que surgiriam problemas com as próximas desqualificações por mudanças anormais no Passaporte Biológico de atletas. Ele queria que eu escrevesse uma breve visão geral que o ajudasse a explicar a situação para a mídia e para os *apparatchiks*.

Ao mesmo tempo, um velho amigo meu do FSB me pediu uma explicação em primeira mão e sem rodeios. Então, redigi um memorando de seis páginas avaliando o cenário de doping na Rússia para o pessoal de alto nível do FSB. Era a verdade sem retoques, e o quadro não era nada bonito. Sou um organizador por natureza e, assim, abordei nossas preocupações coletivas:

1. Como nos metemos nessa confusão?

   Ironicamente, organizações como o COI e a IAAF ficariam felizes com o desaparecimento dos "escândalos de doping", porque são ruins para os negócios. No entanto, a mídia, sobretudo a ARD, da Alemanha, e muitos outros meios de comunicação, tinham sede de sangue. Alexander Chebotarev, advogado de defesa dos atletas, deu o pontapé inicial com seu suculento vazamento de 2013 para o *Daily Mail*, que apareceu pouco antes da Universíade Mundial e do Campeonato Mundial da IAAF, duas importantes competições esportivas realizadas na Rússia em 2013. Nesse momento, a imprensa tinha muitos outros informantes: os Stepanov e os da sua laia.

2. Uma avaliação da ameaça.

Dois importantes acontecimentos avultaram diante de nós. Primeiro, se a mídia pressionasse, o COI teria que reanalisar as amostras de teste dos atletas dos Jogos Olímpicos de Pequim, em 2008, e visaria inevitavelmente aos russos. Éramos a grande história de doping; ninguém mais importava.

Previ que aquilo resultaria em dez resultados positivos em atletismo e outros dez em halterofilismo. Achei que, individualmente, a análise do Passaporte Biológico desqualificaria pelo menos mais cinco atletas de marcha atlética de Chegin antes dos Jogos Olímpicos do Rio, em 2016.

Em uma anotação positiva, achei que Martial Saugy, em Lausanne, poderia nos avisar se e quando o COI começasse a vasculhar as amostras de Pequim que estavam armazenadas em seu laboratório, mas nunca discuti isso com ele.

A pior notícia para nós era o fato de que, a partir de janeiro de 2016, o COI teria o direito de testar qualquer atleta olímpico russo em qualquer lugar que escolhesse. Duas novas empresas de teste alemãs estavam substituindo a irremediavelmente comprometida empresa sueca IDTM, o que significava que haveria duas empresas atuando na Rússia, preparadas para coletar a qualquer momento uma amostra de qualquer atleta russo sem aviso prévio e enviá-la para o exterior.

Em relação à Olimpíada do Rio que se aproximava, inseri as fatídicas palavras "e toda a experiência de sucesso adquirida em Sochi não poderá mais ser utilizada". Eu estava deixando bem claro ali que provavelmente nunca mais poderíamos escapar impunes com o tipo de troca em laboratório que tínhamos realizado em Sochi. Essa pequena cláusula disparou alarmes em todos os lugares e fez com que meu relatório fosse classificado como "superconfidencial", o que significava que nem sequer Mutko poderia lê-lo!

É claro que Mutko sabia sobre a troca de amostras, embora não por mim: quando Blokhim me mostrou pela primeira vez a adulteração bem-sucedida dos frascos, em fevereiro de 2013, Nagornykh informou a Mutko imediatamente, mas ele e eu nunca falamos diretamente a respeito dos mágicos do FSB. Só podia discutir a troca de amostras com Nagornykh, Blokhin, Rodionova, Chizhov e Kudryavtsev, e com mais ninguém. Nem com treinadores, atletas, Mutko, Kamaev ou Sobolevsky. Nenhum competidor jamais soube o que acontecia na Sala 124, em Sochi, embora alguns possam ter suspeitado. Afinal, por que havíamos coletado tanta urina limpa deles nos meses anteriores aos Jogos Olímpicos?

E por que eles foram instruídos a fechar seus frascos Bereg-Kit sem apertar totalmente as tampas de rosca e a, em seguida, informar imediatamente seus números de código e fornecer fotos para seus formulários de controle antidoping?

Meu relatório terminou com uma previsão que acabou se revelando bastante equivocada: disse à polícia secreta que, se conseguíssemos impedir uma reanálise das amostras olímpicas armazenadas em Lausanne, a Comissão Independente da WADA "não faria nada sozinha; ela não tem experiência nem recursos". Fiz essa afirmação com base em uma conversa que Mutko teve com sir Craig Reedie, presidente da WADA. Reedie era amigo de Natalia Zhelanova e tinha confidenciado que só queria que toda aquela dor de cabeça com a Rússia acabasse.

Em meu relatório, salientei que eu tinha repelido uma investigação da WADA, em Johanesburgo, e não havia razão para achar que não poderíamos escapar do cerco da WADA novamente. No entanto, não foi bem isso que aconteceu.

VINTE E SETE DE FEVEREIRO DE 2015 FOI UM DIA SOMBRIO EM MINHA VIDA. Enquanto enfrentava os congestionamentos de trânsito da véspera do fim de semana, ouvia uma entrevista com Boris Nemtsov de uma hora de duração na emissora de rádio Echo Moscow. Algumas horas depois, anunciaram que Nemtsov fora morto a tiros na Ponte Bolshoi Moskvoretsky, a mesma ponte que eu atravessava todos os dias havia dez anos, a apenas 200 metros dos muros do Kremlin.

Passei o dia seguinte deprimido, procurando imaginar como Nemtsov podia ter sido assassinado. Nascido em Sochi, ele se tornara uma das estrelas mais brilhantes da Rússia moderna. Bem-apessoado e progressista, antigo protegido de Boris Iéltsin, atuou como vice-primeiro-ministro no início da era Putin, antes de se tornar um político da oposição e publicar diversos livros sobre a corrupção e o caos crescente na Rússia.

Doutor em física por formação, Nemtsov tinha um senso de humor ferino e certa vez comentou que, ao realizar os Jogos Olímpicos de Inverno em Sochi, a Rússia tinha "encontrado um dos únicos lugares onde não há neve no inverno. Sochi é subtropical. Outras regiões da Rússia precisam de palácios de gelo. Nós não".

Ele foi morto da maneira mais terrível: perto do Kremlin e sob as câmeras do FSB. Assim, as gravações nunca foram divulgadas e a investigação foi uma farsa. No entanto havia um vídeo desfocado, gravado de longe, que mostrava que dois assassinos tinham atirado metodicamente em Nemtsov pela frente e por trás. Como aquilo era simbólico!

O assassinato de Nemtsov foi um ponto de inflexão nas minhas atitudes do passado, e do futuro. Não era capaz de expressar o que eu pensava, mas estava ficando muito preocupado e desesperado com o destino do meu país. Não pude deixar de ver um paralelo entre o assassinato de Nemtsov e o nosso assassinato coletivo dos ideais olímpicos em Sochi. Em ambos os casos, o FSB tinha inúmeras câmeras gravando o que realmente acontecia. E, em ambos os casos, apenas mentiras e falsificações emergiram.

Mais especificamente, dei-me conta de que tinha que cuidar de mim mesmo. Em Colônia, participando de outro Manfred Donike Workshop anual, recebi uma ligação do dr. Rabin me informando que no dia seguinte eu me encontraria com Günter Younger, investigador da Comissão Independente. Nós nos encontramos no Culinarius, meu restaurante favorito em Colônia, na rua *Dürener*. Ele apareceu com um colega quieto e foi bastante grosseiro. Günter não entendia muito a respeito de controle antidoping e não tinha ideia do que significava ser o responsável pela investigação de 25.000 amostras de urina e sangue a cada ano como diretor de laboratório.

No final de nossa conversa, Günter jogou seu trunfo: se eu contasse toda a história para a Comissão Independente, ele providenciaria a transferência de minha família para a Europa.

— Como eu vou viver? — perguntei.

— Você vai viver de sua poupança e nós vamos garantir a segurança — Günter respondeu, tentando me tranquilizar.

Ele não havia se dado conta de que a maioria dos russos não tinha nenhuma poupança. Na realidade, eu estava bastante endividado, e no meio da construção de uma nova cabana no terreno da dacha da minha família, no interior. Antes de morrer, meu pai pediu que eu tomasse posse da propriedade e a restaurasse completamente, antecipando o nascimento dos meus netos.

— Não tenho dinheiro — retruquei.

Aquele foi o fim da nossa conversa.

Rabin me ligou para perguntar o que achei de Günther. Respondi que a conversa não tinha prosperado muito porque ele não entendia de controle antidoping.

— Tudo o que ele faz é atacar como um doberman — continuei. — E ele também se parece com um doberman.

Rabin riu e me agradeceu pelos meus comentários.

Isso foi no início de março de 2015. Três semanas depois, eu estava de volta a Lausanne para uma reunião com Rabin e Dick Pound, que estava presidindo a investigação da CI em andamento. Nós nos encontramos em uma sala privada decadente no porão do Palace Hotel. Pound tinha se acomodado em uma enorme poltrona e fez uma careta quando entrei no recinto. Ele proferiu um pequeno discurso que não fez nenhum sentido e, em seguida, Rabin me interrogou durante três horas, revendo teimosamente a lista de preocupações em sua agenda. Ele insistiu na mesma pergunta: "Como era possível as amostras chegarem sujas a Moscou e sempre saírem limpas?". Respondi-lhe diversas vezes que não sabia do que ele estava falando.

Cada vez que eu respondia, Rabin olhava para Pound para avaliar sua reação, mas Pound fazia muito já tinha adormecido. Naquele momento, entendi como ele chegara ao topo do movimento esportivo internacional; embora parecesse profundamente adormecido, nunca roncava ou deixava a cabeça cair para o lado e parecia estar totalmente envolvido.

A "gangue canadense", nosso apelido para Pound e seu vice, o advogado Richard McLaren, avisou-nos para esperá-la em Moscou no fim de junho, mas, em vez disso, enviou uma equipe de cinco investigadores, incluindo Günter Younger. Quando eles chegaram ao meu escritório no ADC, sugeriram que conversássemos em um restaurante, supondo que nossas instalações estivessem grampeadas.

Conversamos na varanda do café Moon Courtyard por três horas. A primeira pergunta me deixou atordoado: quantos cartões de crédito Visa Gold eu tinha no VTB Bank? Nunca tinha tido nenhuma conta naquele banco e não possuía cartão de crédito algum dele. Tinha dois cartões do Citibank: um gold e um cartão de débito. Eram meus únicos cartões.

Perguntaram-me sobre Evgeny Blokhin, sobre quem ouviram falar que frequentava a RUSADA e o meu laboratório. O que eu sabia a respeito dele? Respondi-lhes que alguns agentes de segurança tinham ficado por perto do laboratório durante os Jogos Olímpicos de Sochi. Blokhin pode ter sido um deles, mas aquele pessoal não se reportava a mim.

Em abril, Nagornykh me disse que fora decidido que a "brigada de encanadores" seria dissolvida. Ele não me explicou o motivo. Teríamos que aprender a trabalhar sem troca de amostras. A única ferramenta de fraude à nossa disposição seria a troca da urina no local da coleta, mas Nikita Kamaev se sentia incomodado com a crescente corrupção dos seus DCOs. Havia também o risco de "positivos indesejados", ou seja, quando o atleta consumia suplementos dos quais não sabia nada a respeito. Se essa urina fosse parar nos frascos Bereg-Kit A e B lacrados, eu teria que relatar o AAF ao ADAMS, ou o ADC perderia seu credenciamento.

Não tivemos escolha e começamos nossa *perestroika* reversa". No verão de 2015, havia dois eventos esportivos importantes: a primeira edição dos Jogos Olímpicos Europeus, em Baku, em junho, e o Campeonato Mundial de Natação da Federação Internacional de Natação (FINA), em Kazan, bela cidade histórica às margens do Rio Volga. Cornel Marculescu, o principal dirigente antidoping da FINA, não tinha visto o documentário da ARD e, assim, não teve nenhum problema em deixar o Centro Antidoping de Moscou lidar com todo o controle antidoping do evento de duas semanas.

Prevendo o tsunami de críticas do próximo relatório da CI da WADA, Mutko ordenou que cumpríssemos as regras em Kazan: nada de conluio na coleta de amostras com a RUSADA, sem troca de resultados e nomes, e o download de todas as análises seria feito imediatamente para o ADAMS após sua conclusão. Eu disse que obedeceria às diretrizes do ministro, mas não assumiria a responsabilidade pelas consequências.

Eis o que acontece quando você cumpre as regras: você perde.

Pouco antes de as provas de natação começarem, recebemos um resultado positivo fora de competição para Ostarine, substância que costumava ser encontrada na urina dos atletas russos em quantidades muito pequenas. Os testes positivos para Ostarine me deixaram furioso — em geral, provinham de produtos de nutrição esportiva de qualidade inferior —, mas não tinha ideia de quem estava vendendo o quê para quais atletas. Depois que me acalmei, perguntei a Nagornykh se poderia ser um atleta russo. Talvez devesse perguntar a Nikita Kamaev de que amostra estávamos falando?

Nagornykh ficou em silêncio por um minuto e depois comentou com um sorriso sarcástico:

— Prezado dr. Rodchenkov, é claro que o senhor está a par da nova posição do nosso ministro e das suas diretrizes.

Em outras palavras, novas regras aplicadas e a RUSADA não compartilharia dados de amostras conosco com o propósito de proteger os atletas cujas amostras de urina fossem consideradas positivas ou "sujas". Fiquei de boca fechada e a presença de Ostarine foi relatada ao ADAMS.

Então, o tsunami chegou: acontece que o Ostarine havia sido encontrado na urina de Yana Martynova, a "pequena sereia" dos campeonatos. Ela tinha nascido em Kazan, tornou-se campeã mundial e fora escolhida para fazer o juramento do atleta ("Nós nos comprometemos com um esporte sem doping e sem drogas") na cerimônia de abertura daquele dia. Na transmissão ao vivo pela TV, para todo o mundo, ela estava ao lado de Vladimir Putin e de Mutko, enquanto, naquele mesmo momento, em Moscou, eu estava fazendo o download do resultado analítico adverso dela para o ADAMS.

Era uma situação comparável apenas à cerimônia de encerramento em Sochi, quando Vladimir Putin ficou ao lado de Alexander Zubkov, porta-bandeira e campeão de bobsled, dentro do Estádio Olímpico de Fisht completamente lotado. Estávamos no laboratório vizinho e podíamos ouvir a música e os aplausos da multidão, enquanto nos preparávamos para trocar sua amostra de urina contaminada e garantir sua segunda medalha de ouro.

Mutko protestou junto ao alto escalão da RUSADA e exigiu que retirássemos o resultado positivo do ADAMS. No dia seguinte, encontrei Kamaev e Khabriev, quando eles voltaram a Moscou. Eles davam a impressão de que estavam indo a um enterro e me imploraram para fazer alguma coisa. Lembrei-os de minha conversa de sexta-feira com Nagornykh: eu estava apenas cumprindo suas ordens.

Em poucas palavras, aquela é a história do esporte russo: um porta-bandeira usuário de doping tinha liderado a delegação nacional nos Jogos Olímpicos de Sochi e, naquele momento, outra atleta que se dopava estava endossando o espírito esportivo e o jogo limpo, com o presidente Putin ao lado de seus heróis usuários de substâncias proibidas.

Em setembro, Blokhin veio ao meu escritório para se despedir. Ele estava indo assumir um novo cargo no FSB. Ia sentir falta dele e dos seus dois assistentes, nossos mágicos Konstantin e Oleg, cujo sobrenome eu nunca soube. Não fazia a mínima ideia de como iríamos proteger nossos melhores atletas sem eles; afinal, os Jogos Olímpicos de 2016, no Rio de Janeiro, estavam muito próximos.

7.
A BOMBA EXPLODE

Enquanto esperávamos a divulgação do relatório de Dick Pound, eu tentava seguir com a minha vida. Em março, havia comemorado meu décimo aniversário como diretor do ADC de Moscou, e, no fim de outubro, festejei outro aniversário: trinta anos antes, em 30 de outubro de 1985, foi meu primeiro dia de trabalho como pesquisador júnior no laboratório de controle antidoping no VNIIFK, que o muito esquecido dr. Vitaly Semenov converteu em uma empresa independente, em 1992, para resistir à turbulência financeira provocada pela *perestroika*.

Ainda mantinha reuniões de rotina com Nagornykh, em que discutíamos assuntos como os próximos Jogos Olímpicos de 2016, no Rio de Janeiro. No entanto, seguindo a sugestão de Mutko, ele de repente havia se tornado cauteloso. Os russos estavam sob escrutínio rigoroso e certamente não traçávamos nenhum plano ambicioso de troca de amostras para o Rio. Éramos como soldados em uma trincheira da Primeira Guerra Mundial, temendo que um obus de artilharia caísse sobre a nossa cabeça. E no começo de novembro ele caiu.

Ouvimos o obus antes de ele cair. Nikita Kamaev estava bastante atento a tudo que acontecia e me disse que o novo presidente da IAAF, lorde Sebastian Coe, tinha se encontrado com Valentin Balakhnichev em Moscou. Nikita também soube que Lamine Diack, ex-presidente da IAAF, seu advogado Habib Cissé e o dr. Gabriel Dollé, ex-diretor de assuntos de doping da IAAF, haviam sido presos em Paris.

Um prenúncio do relatório da CI apareceu no site da IAAF um dia antes de sua divulgação. Parecia que Coe tinha sido informado de que o relatório condenaria a atitude da IAAF em relação ao doping esportivo e estava se protegendo diante das críticas previstas:

Pergunta:

O senhor pode confirmar se a informação apresentada naquela história [o documentário da ARD] ajudou em sua investigação sobre o atletismo russo de alguma maneira? Ou mesmo confirmar se o senhor investigou alguma vez? Se o senhor investigou, antes de seu principal evento [o Campeonato Mundial da IAAF de 2013, em Moscou], o que fez do ponto de vista prático? Se não investigou, por que não?

Resposta:

As reclamações se concentravam no laboratório credenciado pela WADA em Moscou, que, posteriormente, foi objeto de uma investigação completa pela WADA. Você teria que perguntar à WADA se seu artigo foi útil para suas investigações. Tenha em conta que a IAAF não tem jurisdição para investigar delitos cometidos por laboratórios credenciados pela WADA. Quanto à situação de doping na Rússia, não restam dúvidas, diante da grande quantidade de atletas de alto nível pegos pela IAAF, que a IAAF, energicamente e sem nenhuma ajuda externa, buscou atletas russos suspeitos de doping. A lista de atletas punidos pela IAAF fala por si.

Fiquei revoltado com o fato de Coe estar levando o crédito pelo meu trabalho no Centro Antidoping. Era meu laboratório, com sua metodologia de detecção de última geração de metabólitos de esteroides de longa duração e de novas substâncias de doping, como peptídeos, Ostarine e GW1516, que tinha pegado aqueles "atletas de alto nível". Se a IAAF tivesse enviado aquelas amostras para outro laboratório medíocre, teria deixado passar pelo menos dois terços de nossos resultados analíticos adversos (AAFs) e relatado as amostras como negativas. Além disso, se a IAAF "pegou" alguém por meio dos dados do Passaporte Biológico do Atleta, foi provavelmente graças a mim. Meu Centro Antidoping processara cerca de três quartos de todos os dados sanguíneos russos, sob a forma de mais de 20.000 análises de sangue desde 2010. Nunca havia manipulado ou tentado ajustar dados sanguíneos.

Coe estava se comportando como qualquer político, procurando se garantir no cargo e esperando não ser varrido pelo tsunami de revelações que emergiriam do relatório da CI de Pound. Suas prevaricações foram rapidamente esquecidas quando, em 9 de novembro de 2015, demos a nossa primeira olhada no relatório. Assisti a uma transmissão ao vivo pela internet de Lausanne, com Dick Pound lendo o relatório página por página. Em segundos, minha secretária Anastasia começou a enfrentar telefonemas de repórteres de jornais e redes televisivas de todo o mundo. A *Life News*, da Rússia, ficou ligando insistentemente e, ao tentar desligar na cara de um dos seus repórteres, deixei a linha aberta sem querer. Então, quando liguei para Pound, McLaren e Younger, os "três idiotas que não entendiam nada", o repórter da *Life News* gravou e, dez minutos depois, o clipe de áudio viralizou. Não foi um grande começo.

O "Relatório para o presidente da WADA de uma investigação independente", com 323 páginas, também conhecido como Relatório Pound, explodiu o mundo do esporte russo em 9 de novembro. Eu critiquei o relatório, refutei muitas de suas acusações e até mesmo zombei dele. Mas ele mudou minha vida para sempre.

Nos termos mais duros possíveis, o relatório condenou a "cultura sistemática de doping no esporte russo". Identificou muitos vilões, mas eu praticamente fui escolhido como o inimigo público número 1. No sumário executivo, o relatório recomendava o fechamento do ADC de Moscou "e que seu diretor fosse afastado definitivamente do seu cargo... A CI conclui ainda que o cérebro do encobrimento dos testes positivos relativos ao uso de drogas é o diretor Rodchenkov". Também fui identificado como "ajudante e cúmplice das atividades de doping".

O relatório reciclou as acusações do casal Stepanov apresentadas no filme de Hajo e, em seguida, acrescentou o testemunho de duas "testemunhas confidenciais", cuja identidade não sei até hoje. Acusaram-me de extorquir dinheiro "para ocultar resultados positivos de testes", o que não era verdade. Supostamente, eu estava cobrando 50.000 rublos, ou cerca de 1.600 dólares, para encobrir um resultado positivo, mas, sinceramente, nunca tinha ouvido falar a respeito desse tipo de coisa até o Relatório Pound. Contudo, a acusação mais surpreendente era de que o presidente da ARAF, Valentin Balakhnichev, e eu estávamos realizando as extorsões juntos; minha parte era aparentemente de 20.000 rublos e a de Balakhnichev era de 30.000 rublos. Aquilo era absurdo: eu tinha brigado com Balakhnichev e não falava com ele desde 2010! Jamais tinha pedido algum favor a Balakhnichev, nem recebido algum rublo dele.

O Relatório Pound também supôs a existência de um "segundo laboratório" em Moscou, que era algo como o "segundo atirador" da teoria da conspiração do assassinato de John F. Kennedy. Parecia suspeito, mas simplesmente identificaram erroneamente um laboratório que era utilizado para atletas mais jovens e não tinha a expertise de testar previamente qualquer um dos principais atletas e trapaceiros experientes.

Também trouxeram à tona o nome de Evgeny Evsukov, notório distribuidor de esteroides russo, chamando-o de "suposto sócio de Rodchenkov" e afirmando que "ele tem um contato no laboratório de Moscou". Aquilo era um absurdo. Tinha encontrado Evsukov algumas vezes, mas ele nunca havia chegado perto da entrada do meu laboratório, e tudo que eu sabia sobre Evsukov era que ele devia estar na prisão.

No entanto, o relatório tinha razão em muitas coisas. Seus autores relataram os esforços em vão da WADA para coletar amostras no centro de marcha atlética de Chegin, em Saransk, onde o doping "não dá sinais de parar". Estavam cientes de que o pessoal do FSB estava rondando meu laboratório, embora não tivessem a menor ideia do que aquele pessoal estava fazendo. E captaram a essência do *bespredel* vigente no doping russo, mesmo com a imagem um pouco imprecisa em torno das bordas.

Meu primeiro instinto, como sempre, foi a autopreservação. Já tinha enfrentado a WADA antes e sabia que teria que defender o Centro Antidoping, o nosso credenciamento junto à WADA e meus cinquenta funcionários. Sabia que poderia preparar uma defesa séria ante a Corte Arbitral do Esporte (CAS, na sigla em inglês), já que cada sanção da WADA me concedia 21 dias para apelação. Escrevi para Claude Ramoni, e ele imediatamente confirmou que ficaria feliz em me defender. Já me senti melhor.

No dia seguinte, chegou uma carta de sir Craig Reedie: o ADC de Moscou estava suspenso, todas as análises deviam ser encerradas e devíamos parar de fazer o download dos dados para o ADAMS. Corri para o escritório de Nagornykh, onde encontrei o professor Khabriev, chefe da RUSADA, e a onipresente e recém-promovida Natalia Zhelanova. Precisávamos nos reunir com Mutko, mas ele nos deixou esperando por uma hora fora do seu escritório.

O espaçoso escritório de Mutko tinha acabado de ser reformado, sem dúvida para comemorar sua recente nomeação como chefe da poderosa União Russa de Futebol. Ele ficou contando as últimas fofocas do mundo futebolístico, como se o relatório da CI não fosse realmente importante. Então, finalmente, perguntou-me o que eu ia fazer, já que o credenciamento do ADC fora suspenso. Respondi-lhe que tinha 21 dias para interpor um recurso na CAS e que meu advogado Claude Ramoni estava animado e pronto para agir. Lembrei a Mutko que Ramoni tinha me ajudado a vencer a WADA da última vez que a associação tentara suspender o ADC, em Johanesburgo, em 2013.

Nessa mesma época, o cineasta Bryan Fogel voltou a me contatar. Por um lado, para falar a respeito do seu documentário; por outro, porque tinha acompanhado o noticiário e estava preocupado com meu bem-estar. Ele possui um vídeo em que eu me vangloriava confiantemente de que "vou reverter esse absurdo e vou deixá-lo de cabeça para baixo". Mas isso não iria acontecer. Não haveria apelação à CAS e Ramoni ficaria de fora do caso. Em vez disso, seria eu quem ficaria "de cabeça para baixo".

Mutko já havia tomado uma decisão antes mesmo de eu entrar em seu escritório. Ele me disse que eu estava pensando apenas em meu laboratório e que tinha agido por conta própria e violado todas as regras antidoping. Uma insinuação ridícula, dado seu conhecimento em primeira mão das nossas peripécias! Mutko tinha decidido não entrar em conflito com a WADA e concluiu que não seria útil nem produtivo defender o ADC perante a CAS. Sugeriu que eu pedisse demissão, mas posteriormente soube que Mutko havia recebido uma carta de Craig Reedie ordenando minha demissão.

Após uma breve pausa, Mutko me perguntou quem deveria ser meu sucessor. Respondi que poderia pedir demissão imediatamente e que a dra. Marina Dikunets deveria ser nomeada diretora interina. Ele concordou e me pediu para tomar as providências.

Fui direto ao departamento de recursos humanos e apresentei meu pedido de demissão, o que rescindiu meu contrato com o Ministério do Esporte. Em seguida, peguei Dikunets no laboratório e a levei ao Ministério, dizendo-lhe enquanto caminhávamos que ela tinha que assinar o contrato de diretora interina. Mutko assinou a rescisão do meu contrato e Marina foi nomeada diretora interina.

Quando voltamos ao ADC, parecia que o prédio todo estava de luto. Meus assistentes estavam chorando e alguns dos homens do escritório começaram a beber. Enchi algumas caixas de papelão com os melhores livros das minhas prateleiras e fui para casa.

No dia seguinte, equipes de TV e repórteres ficaram de plantão diante do prédio do Centro Antidoping. Natalia Zhelanova quis entrar no laboratório, mas eu disse para o pessoal da segurança para não deixar ela ou qualquer outra pessoa entrar. Um amigo meu com contatos no Kremlin sugeriu que eu precisaria de segurança pessoal por alguns dias. Então, cada vez que eu ia ao trabalho, pegava um caminho diferente, acompanhado de um guarda-costas, que dormia no meu apartamento e via televisão com meu cachorro Vrangel, que também se mantinha vigilante.

Além disso, fiquei sabendo pelos meus amigos mais próximos restantes que Mutko havia ordenado que eles ficassem de olho em mim, para garantir que eu não tirasse nada do laboratório. Contudo, eu já tinha feito o *backup* do meu computador do escritório e retirado o disco rígido. Não havia mais nada para me preocupar.

Em meu diário, no dia 13 de novembro de 2015, uma sexta-feira, registrei uma reunião improdutiva com Yuri Nagornykh e a dra. Dikunets. Nagornykh ficou tentando nos animar, mas eu estava desolado. Naquele dia, mais tarde, outra enorme bomba explodiu quando a IAAF suspendeu a ARAF por seis meses. Aquilo teria consequências terríveis: a Rússia acabaria sendo proibida de participar dos Jogos Olímpicos de 2016, no Rio de Janeiro, e do Campeonato Mundial da IAAF de 2017.

Meu celular se tornou inútil, pois sempre que eu o ligava recebia uma avalanche de ligações de jornalistas. Passei aquela sexta-feira à noite na academia, nadando, malhando e relaxando na sauna. Ao dirigir de volta para casa, dei-me conta de que todo tipo de pessoa havia ligado para Veronika, preocupadas com o meu bem-estar. Eu estava no centro de um escândalo internacional que colocava o Ministério do Esporte contra a WADA, e eu era uma ameaça para ambos. Os amigos que se preocupavam com a minha segurança pediram-me para eu tomar cuidado ao nadar, já que eu poderia "me afogar". Ou também ter um "ataque cardíaco" na sauna. Além disso, deveria evitar andar sozinho à noite.

Então, inesperadamente, Hajo Seppelt me ligou, com o mesmo alerta: "Você está em perigo. Não fique sozinho". Nós tínhamos um relacionamento complicado: ele me valorizava como fonte, mas também sabia que suas denúncias tinham me posto em perigo. A certa altura, ele tinha até oferecido ajuda para transferir minha família para a Alemanha. Na ocasião, pareceu uma ideia desesperada, mas naquele momento? Meu amigo com contatos no Kremlin tinha me alertado sobre minha segurança pessoal e, naquela época, afirmou que meu assassinato poderia ser disfarçado como suicídio, com base em minha tentativa anterior de tirar minha própria vida.

Fiquei paranoico e só conseguia me concentrar em uma coisa: sair da Rússia. Sabia que estava sendo vigiado por todos os lados. Então, teria que esconder minhas intenções de todos. Passei aquele fim de semana em casa. Bryan Fogel tinha se oferecido para vir a Moscou para documentar minhas agruras, imagens que ele poderia usar em *Ícaro*, mas lhe disse que minha situação era mais urgente do que aquilo. Criamos novos endereços de e-mail, adotamos novos nomes no Skype e mantivemos registros de nossas conversas:

> Bryan: "Estou preocupado com você".
>
> Eu: "Eu também. Corro perigo, pois sou o único homem que pode acabar com os dois lados: a Rússia e a WADA. Preciso escapar, mas não oficialmente".
>
> Bryan: "Você voltaria para a Rússia ou não?".
>
> Eu: "Não sei, depende. A situação é absurda".

Bryan tinha um cruzeiro planejado com sua família no feriado de Ação de Graças. Ele perguntou se seria possível esperar alguns dias, mas respondi que não, que seria tarde demais. Bryan entendeu minha situação e me enviou uma passagem de avião para Los Angeles emitida digitalmente.

> Bryan: "Marcamos a passagem para um período de duas semanas. Se você ficar, tudo bem".
>
> Eu: "Sim. É melhor eu deixar a Rússia. Sorria e cruze os dedos".

Assim que recebi a passagem com data de embarque para 17 de novembro de 2015, senti-me feliz, até relaxado, pela primeira vez em dias. Finalmente, havia um lampejo de luz no fim do túnel.

Veronika tinha percebido minha crescente desolação e perguntou o que estava acontecendo. Expliquei-lhe que o frio de novembro tinha me afetado e que havia decidido passar o inverno na amena Los Angeles. Depois de uma pausa, poderíamos voltar a planejar nossa vida, mas pedi a ela para guardar segredo. Veronika percebeu como eu estava exausto e compartilhou meu sofrimento.

— Você está sofrendo aqui. Está nervoso e perdido. Seria melhor para nós dois que você se afastasse de Moscou por alguns meses — ela disse.

Anna Chicherova, campeã olímpica de salto em altura em 2012 e garota-propaganda do atletismo russo, ligou-me no sábado. Ela estava desesperada; por causa da suspensão da ARAF, ela não poderia participar dos Jogos Olímpicos do Rio e sua carreira estava arruinada. Eu a convidei para vir me ver e caminhamos pela minha ilha favorita no meio do canal de remo. O pelo longo avermelhado de Vrangel, meu cachorro, esvoaçava ao vento, em contraste com o tempo sombrio. No entanto, apesar do céu cinzento, não era o fim da minha vida. Era o fim da minha vida em Moscou.

A segunda-feira de 16 de novembro de 2015 foi o dia mais difícil da minha vida. Fui ao trabalho para assinar alguns documentos que não foram devidamente tratados quando era diretor. Depois, tive outra reunião inútil com Nagornykh. Ele estava cansado e pessimista, mas, por algum motivo, tentou me animar, o que teve o efeito oposto. Fiquei indiferente e distante, sentindo como se minha alma já tivesse trocado a Rússia por Los Angeles. Quando me despedi de Nagornykh, sabia que era a última vez. Senti-me como se fosse uma máquina, desprovida de emoções. Quando era diretor do ADC, gostava de brincar com minha equipe e ouvir seus problemas e suas necessidades. Sem o meu trabalho, não precisava falar com ninguém. E ninguém parecia ansioso para falar comigo.

Pensei em todas as ameaças que poderiam atrapalhar meu plano de partida. Pedi ao meu especialista de TI para verificar minha ficha policial. Ainda havia cinco multas por excesso de velocidade, cada uma de 500 rublos. Não era muito, mas estava determinado a destruir todos os obstáculos possíveis. Então, fui ao banco e paguei as multas.

Era minha última vez no Centro Antidoping e me sentei à minha mesa, mas não senti nada. No dia seguinte, terça-feira, teria que me safar do meu guarda-costas e desorientar qualquer um que pudesse estar me seguindo. Avisei em voz alta que meu carro estava quebrado e que o serviço de reparo só viria no dia seguinte. Isso significava que planejava passar a terça-feira no laboratório, para acompanhar o conserto. Discretamente, fiz o check-in para o voo do dia seguinte e imprimi o cartão de embarque.

Yuri Chizhov me levou para casa juntamente com meu guarda-costas. Dispensei o guarda-costas, dizendo-lhe que Nagornykh tinha me pedido para elaborar um memorando sobre os escândalos de doping mais recentes e, assim, seria melhor eu trabalhar em casa. Chizhov me ajudaria e passaria a noite em meu apartamento, levando-me de volta ao ADC no dia seguinte em segurança.

"Esse carro é uma dor de cabeça!", repeti mais uma vez, reforçando a ideia de que estaria no ADC para supervisionar seu conserto. Sabia que meus telefonemas estavam sendo grampeados e quis despistar meus "acompanhantes". Então, liguei para meu filho, Vasily, e pedi a ele que viesse me ver cedo na manhã seguinte, para ajudar sua mãe com o computador. Bebi um pouco de uísque e dormi profundamente.

Na manhã seguinte, Vasily veio tomar o café da manhã conosco e eu servi ovos fritos, como de costume. Vrangel estava miando como se fosse um gato. Os lulus-da-pomerânia são muito musicais e emitem um arsenal de sons quando sentem cheiro de comida preparada na hora. Então, dei-lhe alguns petiscos. Como de costume. Em seguida, confidenciei que iríamos ao Aeroporto Internacional de Sheremetievo porque viajaria para Los Angeles para curar minha asma. Não usem seus celulares nem digam a ninguém para onde estamos indo, alertei Vasily e Yuri. Iríamos em dois carros. Caso um guarda de trânsito parasse um deles ou um pneu furasse, eu pegaria o outro carro. Então, liguei para os meus contadores e disse que chegaria ao laboratório dentro de duas horas.

No aeroporto, dei a Vasily meu casaco de inverno e abracei ele e Yuri. Em seguida, passei pelo controle de fronteira e pela alfândega. Não estava levando nenhuma bagagem porque a verificação de malas poderia ser um pretexto para impedir o meu embarque. Tinha uma maleta de mão contendo meu laptop de Sochi, o disco rígido do meu computador do escritório, duas roupas de nado e meu tênis de corrida. Era tudo de que eu precisaria para uma estada de duas semanas em Los Angeles.

A bordo, dormi, comi e depois voltei a dormir. Bryan e seu operador de câmera me receberam no Aeroporto Internacional de Los Angeles e assisti ao pôr do sol na minha cidade favorita dos Estados Unidos. Alugamos um carro e, no escuro, segui cuidadosamente Bryan até minha nova casa no centro da cidade. Em Moscou, eram 5 da manhã, e caí num sono profundo. Minha nova vida tinha começado.

PARTE IV

EXÍLIO

1.
O TERREMOTO DE LOS ANGELES

Assim que superei o *jet lag* e a ansiedade associada à aclimatação àquele novo ambiente, Bryan me pressionou a trabalhar em seu documentário *Ícaro*. Meu papel era explicar a química do doping esportivo e as brechas na prática do controle antidoping, além de ajudá-lo a entender quais pontos de vista seguir. Ciclista amador de alto nível, Bryan queria provar que poderia melhorar muito seu tempo na extenuante prova alpina de sete dias entre Megève e Nice usando estratégias de doping não detectáveis. Expliquei-lhe a regra fundamental do doping esportivo: o importante não era que as substâncias de doping utilizadas por ele não fossem detectáveis, mas *quando* eram detectáveis. Dependendo do momento e do lugar onde ocorresse o teste, ele poderia ser pego.

Embora eu estivesse hospedado em uma região diferente da cidade, Bryan era meu anfitrião em Los Angeles, e passamos muitas horas nos conhecendo. Ele era um jornalista talentoso e tinha um ótimo instinto de entrevistador. Filmou-me diversas vezes, e comecei a me sentir mais expansivo quanto a compartilhar alguns dos meus segredos de doping. Ninguém estava olhando e os riscos pareciam baixos. Então, comecei a responder às perguntas mais livremente.

De sua parte, Bryan continuou me pressionando cada vez mais e pedindo mais detalhes. Ele começou a me chamar de "tubarão" e, então, brincou, dizendo que tinha pescado "um peixe grande". "Você é um megatubarão", ele me disse certo dia. Bryan estava brincando, mas também falando bastante sério. "Sei que você está guardando um segredo. Um segredo do tamanho de uma bomba atômica."

Bryan insistiu em saber o que eu estava escondendo. E, claro, trouxera algo para Los Angeles comigo além do meu laptop e tênis de corrida. Fora da Rússia, eu era o único detentor do que talvez fosse o maior segredo do esporte do século XXI: sabia que os russos tinham criado um esquema de fraude inimaginavelmente audacioso para os Jogos Olímpicos de Sochi e haviam escapado impunes.

Comecei a pensar na Operação Sochi Resultat e em como fora incrível: adulterar os frascos Bereg-Kit invioláveis, abrir as tampas sem danificá-las e, em seguida, trocar a urina pré-testada antes de passar o frasco de volta pela quase invisível "toca do rato". Foi uma operação perfeita, que executamos sem um único erro. Funcionou "como um relógio suíço", como uma testemunha confidencial mencionou no Relatório Pound.

Além disso, não tínhamos deixado nenhum rastro. Não havia registros, documentos ou pegadas digitais restantes. Eu destruíra todos os meus arquivos e e-mails e exigia constantemente que minha equipe apagasse imediatamente as mensagens com números de amostras e digitalizações do formulário de controle antidoping.

Quem mais poderia contar essa história? Meus assistentes, Yuri Chizhov e Evgeny Kudryavtsev, não falavam inglês e, de qualquer forma, eles não sabiam de toda a história. Evgeny Blokhin provavelmente sabia o suficiente para explicar o que aconteceu em Sochi, mas por que ele faria isso? Ele tinha conseguido uma nova posição no FSB e, pelo que eu sabia, estava trabalhando com um novo nome por enquanto.

Se alguém começasse a contar essa história dentro da Rússia, talvez não chegasse vivo em casa. Chizhov e Kudryavtsev tinham família. Na Rússia, você pode morrer durante uma briga encenada após um pequeno acidente de trânsito, quando um sujeito pega um martelo e esmaga seu crânio ou quando uma "discussão" acontece na rua.

Embora me sentisse relaxado em Los Angeles, manter a história de Sochi reprimida me deixava com os nervos à flor da pele. Sabia que revelar a verdade era importante demais, mas também sabia que o mensageiro teria um alvo nas costas. Não me considero paranoico, mas sou realista. Foi naquela época que o relatório muito aguardado sobre o envenenamento de Alexander Litvinenko em Londres, em 2006, seria divulgado e havia muito a temer. Os assassinos do FSB tinham muitas maneiras diferentes de silenciar os "inimigos do Estado", e envenenar aqueles inimigos fazia parte do programa patrocinado pelo Estado e desenvolvido ao longo de décadas.

Mesmo assim, achei que tinha que falar. Cada dia me ocorria o pensamento de que, se algo me acontecesse, a história de Sochi nunca seria contada. Sentindo-me paranoico, fiz uma cópia dos discos rígidos do meu computador do escritório em Moscou e do meu laptop de Sochi, que continham 50.000 arquivos, e entreguei para Bryan, pedindo-lhe para mantê-la em um lugar seguro. Previsivelmente, aquilo o deixou nervoso e desconfiado.

"O que há nos discos rígidos?", Bryan me perguntou várias vezes, com seu faro de jornalista em ação. Dava para perceber que ele estava querendo saber se eu tinha informações que poderiam afetar o documentário que ele estava fazendo.

"O que está nos discos rígidos é tão complexo que eu levaria muitos dias para explicar", respondia. No entanto, Bryan era incansável e não se deixou dissuadir. Certo dia, tarde da noite, finalmente lhe contei que tínhamos trocado amostras no laboratório de Sochi. Acho que nenhum de nós entendeu plenamente a magnitude do que eu acabara de revelar. Combinamos que eu responderia a todas as perguntas dele diante das câmeras no dia seguinte e marcamos uma entrevista de três horas de duração para que eu desabafasse pela primeira vez.

Na terça-feira, 22 de dezembro, Bryan e Andrew Siegman, seu operador de câmera, vieram ao meu apartamento e instalaram quatro câmeras para o que viria a ser uma filmagem histórica. Passamos três horas gravando o que posteriormente chamaríamos de entrevista do "paletó escuro", porque usei um paletó de lã Pierre Cardin cinza-escuro o tempo todo. Seria a primeira vez que eu ou qualquer pessoa no planeta falaria publicamente sobre o esquema de fraude de Sochi.

> Bryan: "A Rússia tem um sistema de doping sistemático em âmbito estatal destinado a fraudar os Jogos Olímpicos?".
> Eu: "Sim".
> Bryan: "Você era o cérebro do sistema em âmbito estatal que fraudou os Jogos Olímpicos?".
> Eu: "Claro".

Tudo veio à tona: a batalha contra a WADA, o credenciamento do laboratório de Sochi, os Jogos Olímpicos, os mágicos do FSB adulterando os frascos Bereg-Kit e o drama das sessões de troca das amostras tarde da noite. Senti-me relaxado por ter me aliviado do fardo psicológico.

No término da gravação, fizemos diversas cópias das fitas e guardamos cada uma em um lugar seguro e diferente. Naquele dia, escrevi em meu diário: "Acabou. Agora posso dormir tranquilo. Nada será perdido. Os manuscritos não queimam". A última frase era de *O mestre e Margarida*, romance clássico de Mikhail Bulgákov.

Senti-me transformado em um portador da verdade, um delator ou um traidor do meu país? Para ser sincero, não. Fiquei simplesmente satisfeito em ver como Bryan ficava cada vez mais surpreso conforme eu contava a minha história.

Também tinha problemas que pesavam mais para mim do que aquilo que aconteceu em Sochi. Meu visto de permanência nos Estados Unidos estava prestes a expirar, estava ficando sem inaladores para asma, não tinha ideia de como iria financiar meu projeto de construção da dacha na Rússia e sentia muita falta da minha família.

NÃO ENTENDI COMPLETAMENTE O QUE TINHA ACABADO DE ACONTE-cer, mas Bryan sim. Ele não estava mais fazendo um documentário sobre Lance Armstrong e o doping no mundo do ciclismo de elite. Em vez disso, estava fazendo um filme sobre o maior escândalo esportivo do século XXI: o engajamento sem precedentes da Rússia de trapacear em competições internacionais.

O elemento-chave da história foi o brilhante trabalho de engenharia reversa dos técnicos do FSB nos frascos Bereg-Kit. Era um milagre que eu nunca teria acreditado ser possível até que vi com meus próprios olhos. Bryan precisava de alguns frascos para ele poder explicar no filme como eles foram abertos e as amostras de urina trocadas no laboratório de Sochi. Liguei para Nikita Kamaev em Moscou e pedi que ele me enviasse alguns frascos. Ele não ficou feliz com aquele pedido e começou a citar as regras da WADA, salientando que seria suspeito se frascos Bereg-Kit com números de série russos rastreáveis aparecessem em Los Angeles.

— Acalme-se e me envie alguns frascos — respondi. — Nada parece fora do lugar aqui. É o lar do "Exterminador do Futuro"! Todos estão em casa em Los Angeles!

— O.k. — Nikita respondeu, concordando finalmente. — Mas você também precisa me ajudar. Comecei a escrever um livro sobre programas de farmacologia nos esportes na União Soviética e na Rússia e gostaria de seus conselhos.

"Farmacologia" era o eufemismo amplamente usado para doping. Fiquei surpreso e preocupado.

— Você sabe como é perigoso escrever um livro assim na Rússia? — exclamei. — Você contou a alguém que está escrevendo? Uma noite, sua casa vai virar fumaça, com você e seu computador dentro!

— Ah, *Grinya*, você é muito sensível, até paranoico e sempre exagera seus medos — Nikita respondeu. — Vou mandar os frascos amanhã. Relaxe.

O ano de 2016 prometia ser turbulento e emocionante, para dizer o mínimo. Bryan e seus produtores começaram a se preocupar com a minha segurança e me mudei para um local mais seguro em Santa Monica. Passei a correr de novo e acumulei forças para escrever. A escrita progredia lentamente porque tinha que reler e reescrever cada capítulo muitas vezes. Meu inglês é bom, mas mais adequado para laboratórios e conferências do que para o relato emocional da minha história de vida.

Em 21 de janeiro, o governo britânico publicou um relatório concluindo que agentes russos "eram provavelmente responsáveis" pelo assassinato do ex-agente do FSB Alexander Litvinenko, em Londres, em 2006. Então, Vitaly Mutko, ministro do Esporte, decidiu tomar conhecimento de minha ausência, mencionando em uma entrevista coletiva que o dr. Tim Sobolevsky e eu estávamos trabalhando em laboratórios de Los Angeles. "O que está acontecendo?", ele perguntou. Era algo estranho de se dizer e apenas meia verdade. Tim tinha deixado a Rússia por causa do seu emprego dos sonhos no Laboratório Olímpico Analítico da UCLA, mas eu ainda estava supostamente no sul da Califórnia para aliviar minha asma.

Poucos dias depois, Vyacheslav Sinev, que dirigiu a RUSADA desde sua fundação, em 2008, até 2011, morreu subitamente. Liguei para Nikita, que tinha sucedido a Sinev em 2011, mas havia perdido aquele emprego dois meses antes: após a divulgação do Relatório Pound, a WADA declarou que a RUSADA não estava em conformidade com o Código Mundial Antidoping e, um mês depois, Nikita e seu patrono, o professor Ramil Khabriev, foram forçados a renunciar.

Conversamos sobre os nossos livros e Nikita me informou que já havia entrado em contato com editoras estrangeiras, revelando sua investigação da história do doping desde a época soviética.

— Você tem ideia do que está fazendo? — exclamei. — Você vai enfurecer muitas pessoas, vai criar muitos novos inimigos, você nem pode imaginar! Escute, você tem um apartamento em Valência. Então, vá para lá e escreva. Não faça isso na Rússia! E, por favor, faça várias cópias do seu livro e dos seus documentos e peça a amigos confiáveis para guardá-los. E faça *backups* completos todas as semanas. Seu computador pode ser hackeado.

Como de costume, Nikita resistiu ao meu conselho.

— Não há arquivos no computador. Estou escrevendo a mão. Quero agradecer-lhe novamente pelo belo presente que você me deu quando fiz 50 anos, aquela linda caneta Montblanc. Estou escrevendo meu livro com ela em letra cursiva. Como Balzac!

— Mas por que você está fazendo isso na Rússia? — perguntei novamente.

— Acalme-se. Por enquanto, só tenho cinquenta páginas de notas. Ninguém pode considerar isso como uma ameaça — Nikita sustentou.

— Nesse caso, tire fotos ou digitalize todas as páginas, para sua própria segurança e para ter cópias! — gritei.

No entanto, Nikita não tinha a intenção de seguir meu conselho nem de deixar sua casa na estância de Ozero Krugloye, a 16 quilômetros de Moscou, onde morava com sua mãe de 85 anos. Ele planejava passar o resto do inverno em casa com ela, trabalhando em seu livro. E Nikita não tinha intenção de fazer nenhuma cópia; ao contrário de mim, ele não era um alarmista paranoico e achava que estava morando em um país normal.

Alguns dias depois, em 14 de fevereiro, estava trabalhando em meu livro quando recebi uma mensagem de texto do número do celular de Nikita: *Гриша, Никита умер* (Grisha, Nikita morreu). Imediatamente, liguei de volta e Anna, mulher de Nikita, atendeu. Choramos e conversamos por mais de uma hora.

— Você sabe onde está o livro dele? — perguntei para Anna.

Ela não sabia do que eu estava falando.

— Tudo bem, talvez não seja um livro, mas onde estão as páginas que ele vinha escrevendo nos últimos meses?

— Não posso colocar minhas mãos nelas — Anna respondeu, explicando que a mãe de Nikita tinha trancado imediatamente o escritório do filho e mantinha a posse da chave. — Não posso confrontá-la agora, naturalmente...

Ouvi um barulho no fundo — a polícia havia chegado para confirmar a morte de Nikita e redigir o boletim de ocorrência — e, então, o celular de

Anna ficou mudo. Quando tentei ligar para o celular de Nikita, também não estava funcionando.

No dia anterior, meu amigo estava bem-disposto. Até tinha me mandado um vídeo bobo, em que ele mexia no motor de sua pequena motoneve, tentando resolver algum problema mecânico com um graveto.

No dia em que morreu, Nikita visitou seu advogado e depois foi esquiar na floresta perto de sua casa. Quando voltou, disse que estava se sentindo fraco. Deitou-se e se deu conta quase imediatamente de que estava morrendo. Comentou com Anna com o que se parecia um final banal e disse que a amava muito. Em uma hora, Nikita estava morto nos braços da mulher.

Nikita em Nyon, na Suíça, para uma reunião na sede da União das Associações Europeias de Futebol (UEFA), em setembro de 2015, seis meses antes de sua morte repentina.

Chamar sua morte de mistério seria um eufemismo. Nikita nunca reclamou de problemas cardíacos, nunca fumou e raramente bebia álcool. Workaholic assumido, estava sempre sentado à sua mesa de trabalho, ou indo ou voltando do trabalho. Ele e eu éramos colegas no VNIIFK no fim da década de 1980 e muitas vezes nos exercitávamos juntos na academia depois do trabalho. Morávamos perto da mesma floresta e malhávamos juntos. Eu corria, enquanto ele esquiava, e ele me xingava por danificar sua trilha com as minhas pegadas.

Fiquei atordoado e paralisado por uma semana e, então, recebi o presente final de Nikita: duas caixas de frascos Bereg-Kit que tinha pedido a ele. Triste e irônico ao mesmo tempo. Em *Ícaro*, fizemos um uso excelente dos frascos.

O Ministério do Esporte ignorou completamente o funeral de Nikita, não mandando nenhum representante ou sequer uma coroa de flores. Pegando um termo emprestado de *1984*, de George Orwell, Nikita tinha se tornado uma "despessoa". Apenas o dr. Avak Abalyan, *apparatchik* do Ministério, que perderia seu emprego por causa do escândalo de doping alguns meses depois, foi ao cemitério, por conta própria. Imagino Avak, fumante inveterado crônico, fumando alguns cigarros junto ao túmulo de Nikita.

De acordo com Vladimir Ivanov, jornalista especializado em atletismo do *Sport-Express*, quando Nikita deixou a RUSADA, ele recebeu uma mensagem telefônica especialmente dura: "Seria bom que você morresse. Jogariam tudo nas suas costas e não haveria problemas".

Quando levaram o corpo de Nikita para o necrotério de Moscou, a autópsia foi feita em um piscar de olhos. Era como se tivessem encontrado um morador de rua bêbado morto na neve. Simplesmente não queriam saber a causa da morte de Nikita. Houve um inquérito apressado e, em seguida, a conclusão esperada: ele tivera um ataque cardíaco fulminante. Aquela foi uma morte por "inoculação invisível"; uma prática conhecida do FSB. Quiseram enterrá-lo o mais rápido possível.

A morte de Nikita foi uma mensagem clara para mim. Dado que o FSB tinha grampeado o seu celular, naquele momento o serviço secreto sabia que eu estava escrevendo uma denúncia sobre o doping na Rússia. Dois meses haviam se passado desde a entrevista do "paletó escuro", então provavelmente o FSB estava ciente de que o esquema de troca de amostras patrocinado pelo Estado não continuaria secreto por muito tempo.

Àquela altura, eu sabia que havia enveredado por um caminho sem volta. Se voltasse para Moscou, terminaria em um hospital psiquiátrico até o dia da minha morte. O FSB me rotularia como autor de fábulas e insistiria que meus diários eram falsos. Por fim, foi exatamente o que seus agentes fizeram, mas ninguém acreditou neles.

2.
VINDO A PÚBLICO

No início de 2016, eu tinha retomado o contato com um antigo conhecido. Aos poucos, comecei a entender que muito provavelmente me tornaria um russo exilado. Então, decidi entrar em contato com alguém que estava em uma situação semelhante: Vitaly Stepanov, a principal fonte do documentário bombástico da ARD dirigido por Hajo Seppelt.

Lembrei-me do Vitaly de rosto angelical de Moscou de muitos anos antes. Ele havia trabalhado como agente de controle antidoping da RUSADA e, como falava inglês fluentemente, também tinha atuado como intérprete. Recordo-me de encontrá-lo uma vez, em uma manhã fria de inverno, quando ele me trouxe algumas amostras de atletas. Nunca tínhamos nos falado, mas notei sua aparência abatida e seus tênis caros, mas bastante gastos.

— Você está treinando? — perguntei.

Ele me respondeu que sim, que estava se preparando para a Maratona de Boston, em abril. Naquele dia, ele trouxe suas amostras para Moscou em um voo que chegou às 4 da manhã, correu 15 quilômetros e, depois, foi deixar as amostras no ADC.

Fiquei espantado e disse a Vitaly:

— Como você pode treinar pesado depois de uma noite em claro? Você está torturando seu corpo!

Depois daquele encontro, perdi Vitaly de vista, até que ele e Yuliya, sua mulher, estrelaram o filme de Hajo. A delação dele constituiu o cerne do Relatório Pound, que levou diretamente à minha demissão e fuga para os Estados Unidos.

Então, por que comecei a me relacionar com ele via Skype? Como mencionei, éramos ambos russos que viviam no exílio, nos Estados Unidos, e ainda que sua mulher tivesse difundido algumas fantasias e fofocas a meu respeito, não culpei Vitaly. Nós tínhamos muito que conversar, incluindo a tentativa de retorno de Yuliya às provas de 800 metros, em relação à qual eu estava (corretamente) bastante cético. Conhecíamos as mesmas pessoas na RUSADA e na IAAF e falamos sobre a morte de Nikita e também sobre Hajo e Sinev. Discutimos a respeito de culinária, um hobby que eu levo muito a sério. E, inevitavelmente, conversamos sobre os Jogos Olímpicos de Inverno de Vancouver e Sochi.

Vitaly ficou dando voltas ao redor de um assunto: Sochi. Ele queria saber como havia sido possível um desempenho tão fraco em Vancouver e um tão espetacular em Sochi, apenas quatro anos depois. Aquilo poderia ter sido alcançado sem manipulação?

— Você sempre fica perguntando isso, mas não consegue deduzir? — respondi. — Como poderíamos deixar de aproveitar uma situação tão favorável? Uma Olimpíada em território russo, com nosso próprio laboratório olímpico e sob a minha direção?

Vitaly ficou visivelmente animado quando mencionei os nomes de cinco ganhadores de medalha de ouro que participaram do programa de doping.

— Nós os ajudamos o máximo que pudemos — expliquei.

Somando seis ou sete conversas, nós nos falamos por quase quinze horas. Não me dei conta, mas Vitaly gravou todas — em retrospecto, reconheço que fui um pouco ingênuo acerca do meu novo "amigo".

NA PRIMAVERA DE 2016, DAN COGAN, UM DOS PRODUTORES DE *ÍCARO*, sugeriu algo que não nos havia ocorrido. Tínhamos provas do esquema de fraude em Sochi tão sólidas que era quase certo que os perpetradores seriam expulsos do Movimento Olímpico. Será que não deveríamos tornar públicas aquelas informações antes dos Jogos Olímpicos do Rio de Janeiro, que estavam marcados para começar em agosto? Até lá, o documentário não estaria concluído, mas Cogan sustentou que tínhamos que ter a "convicção moral" de informar ao mundo o que havia acontecido em Sochi antes da Olimpíada do Rio.

Estávamos ponderando sobre a ideia de Cogan, quando tomaram a decisão por nós: na noite de 10 de março, dois agentes do FBI bateram à minha porta, confirmaram que tinham localizado Grigory Rodchenkov e me entregaram uma intimação federal. Eu deveria comparecer perante um tribunal, em Nova York, para testemunhar em um caso apresentado pela Procuradoria-Geral do Departamento de Justiça dos Estados Unidos.

Eram os mesmos promotores públicos que tinham exposto a corrupção endêmica na FIFA, órgão gestor do futebol mundial, e, naquele momento, estavam vindo atrás dos autoproclamados lordes da farsa antidoping mundial. Anualmente, os Estados Unidos vinham destinando à WADA muitos milhões de dólares do dinheiro dos pagadores de impostos, mas, na época, a capacidade da WADA de impor suas regras antidoping parecia "ilusória", usando a palavra proferida por Richard McLaren quando Bryan o entrevistou no início do ano. À guisa de representar o cidadão norte-americano que paga seus impostos, o Departamento de Justiça veio atrás de mim, o famoso "ajudante e cúmplice" dos desmandos associados ao doping.

Naquele momento, os promotores me convocaram como "testemunha cooperante", o que era uma boa notícia. Ou seja, eu não era o alvo da investigação ou de uma acusação. De acordo com meu advogado, se eu contasse tudo a eles, provavelmente evitaria a prisão.

Contudo, como testemunha cooperante, eu não podia fazer declarações públicas sobre assuntos que estavam sob investigação, o que significava que não poderia discutir a fraude de Sochi antes da Olimpíada do Rio. Os russos iriam colher todas as medalhas que pudessem no Brasil, com doping ou não.

Decidimos correr um grande risco. Primeiro, tornaríamos públicas nossas informações a respeito de Sochi — o envolvimento do FSB, o uso do "coquetel", o enorme banco de amostras de urina "limpas" e a troca secreta — e, em seguida, eu me apresentaria para o interrogatório. Os investigadores do Departamento de Justiça talvez ficassem *regiamente* irritados com o fato de que tínhamos controlado a divulgação das informações que eles estavam procurando, mas tínhamos acreditado no argumento de "convicção moral" de Dan Cogan. Para divulgar nossa história, planejamos procurar a CNN ou o *New York Times*.

Fomos para Atlanta para nos reunir com altos executivos da CNN, mas sentimos que as coisas não pareciam bem. Achamos que estávamos oferecendo uma mina de ouro, mas eles não se interessaram. As "preocupações" deles ficaram claras uma semana ou duas depois, quando a CNN comunicou que a Media Alliance, da qual 80 por cento das ações pertenciam ao National Media Group da Rússia, havia adquirido os ativos da Turner Broadcasting, que incluía a CNN na Rússia. A presidente do conselho do National Media Group era Alina Kabaeva, a ex-ginasta que, segundo boatos, era a mãe dos filhos de Putin. "*Vsyo Yasno*", como dizemos na Rússia. "Está tudo claro."

Em contrapartida, o *New York Times* ficou bastante interessado e nos sentimos lisonjeados com a atenção do jornal mais poderoso e confiável do mundo. No entanto, a organização de todas as minhas informações seria um problema. Eu tinha uma quantidade imensa de dados desorganizados nos discos rígidos e em diversos servidores de e-mail. Embora pudesse encontrar meu caminho através daquela selva de informações, era simplesmente densa demais para jornalistas. O problema era como converter meu conhecimento em uma linguagem que um apaixonado por esportes comum conseguisse entender. Mesmo Bryan Fogel e Andrew Siegman, seu produtor, que já trabalhavam comigo havia meses, sentiam dificuldade para reconstruir todo o quadro das trapaças em Sochi, tamanha era a complexidade da fraude.

Então, nós três criamos um "dossiê" de 100 páginas para explicar o escândalo aos jornalistas do *New York Times*. Sua introdução era uma apresentação colorida em PowerPoint, com fotografias e fluxogramas, descrevendo de maneira convincente o esquema de fraude em Sochi. Porque, em minhas palavras, parecia impensável e impossível!

Não houve nenhum aspecto do meu papel no programa russo de doping patrocinado pelo Estado que nos negamos a discutir, e uma das nossas afirmações logo seria repetida em todo o mundo: "Foi uma fraude de proporções indescritíveis. Compromete todas as conquistas e todo o sistema de controle antidoping nos esportes".

Rebecca Ruiz e Michael Schwirtz, repórteres do *New York Times*, passaram três dias conosco em Los Angeles no início de maio. Rebecca vinha cobrindo a história internacional de doping, enquanto Michael havia trabalhado como correspondente em Moscou e entendia como a Rússia funcionava. Sabia que minha história parecia incrível e, assim, convidei meus ex-colegas Tim Sobolevsky e Oleg Migachev, criadores do nosso Laboratory Information Management System (LIMS — Sistema de Gestão de Informação Laboratorial), para darem um tempo no trabalho no laboratório de controle antidoping da UCLA e se juntarem a nós durante parte de um dia.[11] Tim não tinha nenhum conhecimento acerca da troca de amostras noturna, porque era uma operação secreta do FSB, mas ele estranhou a presença constante de Yuri Chizhov e do "encanador" Blokhin, uma vez que o laboratório de Sochi não tivesse problemas de abastecimento de água.

11. O LIMS, que três anos depois se tornaria objeto de intriga internacional, era nosso banco de dados exclusivo dos laboratórios de Moscou e Sochi.

Acima de tudo, Tim era capaz de confirmar as análises contínuas de amostras de urina dos recipientes plásticos no Centro Antidoping e a criação de um chamado "banco de urina limpa" no CSP, em Moscou. Ele sabia que o nosso LIMS possuía milhares de resultados não divulgados, tanto de análises não oficiais e por baixo dos panos quanto de análises oficiais e em competição e fora de competição. Todos os truques que utilizamos para proteger nossas fraudes — o que McLaren chamou ironicamente de nossa "metodologia de desaparecimento de testes positivos" — eram rastreáveis no LIMS.

Após três dias de intenso questionamento e discussão, Rebecca e Michael acreditaram na minha história, mas a vida pode ser cheia de surpresas. Em 5 de maio, no meio de nossas entrevistas, o *60 Minutes*, o principal programa da rede de TV CBS, deu um grande furo de reportagem: os atletas russos se doparam durante os Jogos Olímpicos de Sochi. A testemunha-chave era meu "amigo" Vitaly Stepanov. Ele não só estava oferecendo o próprio relato de segunda mão do que aconteceu em Sochi, mas também fornecera ao *60 Minutes* trechos de minha fala sobre os cinco medalhistas de ouro russos dopados, extraídos de nossas conversas pelo Skype. O episódio seria transmitido no domingo, 8 de maio, com uma audiência potencial de dezenas de milhões de telespectadores.

Ficamos muito preocupados. Tentei reconstituir o que havia dito a Vitaly durante nossas quinze horas de conversa pelo Skype e imaginar o que ele poderia juntar aos meus comentários. Por um lado, queríamos que a verdade fosse conhecida para o bem da história, mas minha vida também estava em jogo e as informações que eu possuía eram minha única moeda de troca com o governo norte-americano. Se Vitaly revelasse tudo antes que eu tivesse a chance de falar, seria um pesadelo.

Talvez o *New York Times* desistisse do seu plano de publicação, irritado com o fato de que nossas revelações exclusivas tinham se tornado notícias velhas. Tínhamos que defender nossa história. Vitaly não tinha o direito de gravar meus comentários e publicá-los sem a minha aprovação. Então, meus advogados notificaram prontamente ele e a CBS a esse respeito.

No final, nossas preocupações foram um tanto despropositadas. Quando o *60 Minutes* foi exibido, não passou de uma cópia do documentário de Hajo que fora transmitido na Europa dezoito meses antes, ainda que as bochechas rosadas de Vitaly e seu inglês perfeito fizessem tudo o que ele dizia parecer completamente verossímil.

Para ser justo, o programa teve algo novo a oferecer: eu. "Outro exilado nos Estados Unidos pelo mesmo motivo é Grigory Rodchenkov, que dirigia o laboratório de testes de drogas na Rússia", entoou uma narração. "Ninguém sabe mais sobre doping na Rússia do que Rodchenkov, que diz que consegue fazer desaparecer os resultados positivos dos testes."

De acordo com o programa, eu disse a Vitaly que os agentes do FSB ajudaram a Rússia a trapacear nos Jogos Olímpicos de Inverno de 2014, em Sochi. Também segundo o programa, eu revelei a ele que tinha a "Lista de Sochi" dos atletas russos que competiram usando esteroides, quatro dos quais foram ganhadores de medalhas de ouro. O que Vitaly chamou de "Lista de Sochi" era a famosa "Lista Duquesa".

No final, o programa *60 Minutes* funcionou como nada mais do que uma promoção para a reportagem do *New York Times*, um sinal luminoso lançado no céu escuro antes de dispararmos nossa barragem de artilharia contra o Movimento Olímpico. Tínhamos uma história muito maior para contar.

O artigo do *New York Times* apareceu no site do jornal por volta do meio-dia de 12 de maio. Bryan instalou as câmeras no meu apartamento para me gravar lendo e reagindo à história *on-line*, em tempo real. O relato de 3.000 palavras teve um impacto imenso. Expliquei quem eu era e o que tinha feito, assim como todos os detalhes da operação de troca de amostras. Também incluiu uma explicação à parte, com ilustrações, de como o esquema foi executado. Até usaram a foto da "toca do rato" que tirei no meu último dia em Sochi, quando Yuri Chizhov e eu estávamos nos despedindo de nosso amado laboratório. O artigo mencionava ainda nomes, entre eles, os "três Alexander": os medalhistas de ouro e usuários de doping Zubkov, Legkov e Tretyakov. Rebecca e Michael fizeram um trabalho fora de série.

No dia seguinte, saímos correndo para encontrar um exemplar da edição impressa, mas, quando começamos a procurar, todas as cafeterias de Westside, em Los Angeles, já tinham vendido todos os exemplares. Andrew e eu finalmente encontramos o jornal à venda em um posto de gasolina em Santa Monica. Compramos vários exemplares e nos deleitamos com nosso trabalho coletivo.

Era inegável o impacto causado pelo que tínhamos feito. No fim de 2014, Hajo revelara ao mundo que os russos haviam feito uso do doping por várias Olimpíadas consecutivas, mas os porta-vozes dele eram geralmente *outsiders*, muitos dos quais ex-usuários de doping que guardavam ressentimentos por terem sido excluídos dos campos de treinamento mais luxuosos e dos programas de "farmacologia" reservados para um grupo seleto. Naturalmente, os principais participantes — Balakhnichev, Portugalov, Mutko, Nagornykh, Kamaev, Zhelanova e eu — ficaram de bico calado. E quando Dick Pound deu seguimento ao trabalho de Hajo, a máquina esportiva russa o bloqueou.

No entanto, eu era o ator principal no escândalo de Sochi, e tinha uma verdadeira montanha de provas me apoiando, incluindo as fotos e as planilhas adulteradas recuperadas do meu disco rígido do ADC. É verdade que tinha excluído muitas provas, mas possuía material mais do que suficiente para expor o funcionamento interno da fraude esportiva russa.

Apressadamente, a WADA iniciou uma segunda investigação, esta conduzida por uma suposta "pessoa independente", Richard McLaren, o advogado canadense que havia trabalhado com Dick Pound na primeira comissão independente. McLaren tinha apenas um único trabalho: descobrir se eu estava dizendo a verdade ou não.

McLaren não pôde vir a Los Angeles em 20 de maio porque estava em Paris. Então, entramos em contato via Skype. Representantes de alto nível da WADA e do COI decidiram participar e vieram até Los Angeles. Bryan organizou uma entrevista coletiva para eles, usando alguns dos materiais de apresentação que tínhamos preparado para o *New York Times*. Quando começaram a ler o dossiê que elaboramos, ficaram em estado de choque. E então Bryan quebrou o silêncio: "Não existia controle antidoping na Rússia. De jeito nenhum. Nunca".

Depois da apresentação de Bryan, cada participante recebeu uma pasta cheia de documentos e fotos. Eu acompanhei via Skype, testemunhando a reação na expressão dos participantes ao perderem a esperança de que o *New York Times* tivesse entendido mal a história. Era verdade: a Rússia havia perpetrado uma fraude monumental de doping, e bem debaixo do nariz deles.

Não pude comparecer à entrevista coletiva porque minha situação de segurança havia mudado, e não para melhor. Atletas e burocratas esportivos russos indignados estavam fazendo ameaças de morte veladas e não tão veladas contra mim. Tive que me mudar de meu chalé estiloso em Santa Monica para uma residência mais segura com um estacionamento subterrâneo, o que tornava mais difícil rastrear minhas idas e vindas. Também tive que trocar de carro e placa.

Do final da primavera de 2016 até os dias atuais, a "vida normal" tem sido um luxo de que não consigo desfrutar.

3.
BEM-VINDO AO
"GRUPO DAS DESPESSOAS"

Abrir o jogo a respeito dos segredos de Sochi era a melhor coisa a fazer. O mundo dos esportes estava no bom caminho para investigar a colossal operação de doping na Rússia, mas as revelações criaram problemas para mim e também para o esporte russo.

Como previsto, a reportagem do *New York Times* irritou os promotores do Departamento de Justiça do distrito leste de Nova York. Eles não responderam aos telefonemas do meu advogado por vários dias. Começamos a nos preocupar com a possibilidade de que o próximo documento que eu receberia fosse uma acusação, o que traria consigo a ameaça de prisão. Felizmente, Bryan e seus sócios encontraram um advogado de defesa criminal perfeito para mim. Jim Walden especializou-se em proteger réus *in extremis*. Ele havia trabalhado no Departamento de Justiça e, em todos os casos em que fora contratado como advogado particular, conseguira mudar com sucesso o *status* de seu cliente de acusado de crime para testemunha cooperante. Walden tinha algumas dúvidas a meu respeito: esporte não era sua especialidade, e os meandros dos meus supostos crimes eram assustadoramente complexos.

Combinamos de nos encontrar na Filadélfia, onde conversamos e assinamos um contrato. Qualquer declaração pública que eu quisesse dar a partir daquele momento ficaria por conta de Walden. Ele e seu colega Avni Patel me ajudaram a me preparar para o interrogatório dos investigadores do Departamento de Justiça e examinaram todas as informações que forneci a McLaren e aos seus colegas de comissão.

No meio do ano, deixei Los Angeles, assumi uma nova identidade e tive que aprender a responder a um novo nome.

Em meados de junho de 2016, as bombas começaram a cair. O conselho da IAAF decidiu estender a suspensão dos atletas de atletismo russos às competições internacionais, o que significava que eles não poderiam participar dos Jogos Olímpicos do Rio, em julho. O COI declarou que nem o ministro do Esporte, Mutko, nem qualquer um dos seus funcionários seria credenciado no Rio, e o COI e a Corte Arbitral do Esporte, em Lausanne, mantiveram a decisão da IAAF. Em seguida, outra bomba: o Comitê Paralímpico Internacional suspendeu toda a equipe paralímpica russa! Ficamos em estado de choque.

Em 18 de julho, apenas duas semanas antes do início dos Jogos Olímpicos do Rio, McLaren divulgou seu relatório, no qual todas as declarações que eu tinha dado eram confirmadas. McLaren concluiu, "sem margem para dúvidas", que o Ministério do Esporte da Rússia, o Centro de Preparação Esportiva das Equipes Nacionais da Rússia (o CSP), o FSB e o ADC tinham "atuado para a proteção dos atletas russos usuários de doping", dentro de um "sistema à prova de falhas dirigido pelo Estado", usando "a metodologia de desaparecimento de testes positivos".

Naturalmente, cada novo relatório provocava uma nova rodada de frenética tentativa de salvação da própria pele. O Berlinger Group, com sede na Suíça, fabricante dos frascos Bereg-Kit, afirmou enfaticamente que ainda considerava seu produto inviolável: "Não temos conhecimento das especificações, dos métodos ou dos procedimentos envolvidos nos testes e nas experiências realizadas pela Comissão McLaren".

Desde maio, a Rússia vinha mobilizando os próprios recursos de propaganda. Mutko agiu como se aquelas revelações dramáticas não tivessem nada a ver com ele. Em uma entrevista de uma hora com Hajo Seppelt, ele falou disparates e evitou dar respostas a perguntas diretas. Então, Vladimir Pozner, correspondente da TV russa, encostou Mutko na parede: quem estava mentindo sobre a troca de amostras em Sochi: ele ou eu? Em vez de responder à pergunta, Mutko deixou escapar algumas evasivas, fazendo Pozner ter pena dele e recuar. Mutko era um dos personagens estranhos da era Putin: pitoresco, combinando elegância e negligência. Quando pressionado, recorria sem esforço a frases rotineiras de burocrata veterano. Tinha talento ou poder limitado, mas sabia atrás de quem se esconder: Vladimir Putin, homem também com pouco talento, mas considerável poder.

Em 18 de junho de 2016, o Comitê de Investigação da Federação Russa abriu um processo criminal contra mim, acusando-me de abuso de autoridade, operação de negócios ilegais, falsificação de documentos e danos à reputação do país e de suas equipes esportivas. Nos sites russos, as pessoas começaram a se lembrar do assassinato de Liev Trotski no exílio, por um assassino armado com um picador de gelo, especulando que eu não teria permissão para permanecer vivo por muito tempo.

Mais uma vez, comprei um novo celular, troquei meu número e me mudei para uma nova e mais segura casa.

O Kremlin estava me chamando de desertor e traidor, mas onde ficava minha pátria? A Rússia de Putin é uma desgraça para o mundo inteiro. A floresta e os prados entre Romashkovo e Razdory, na extremidade oeste de Moscou, onde corri toda a minha vida, são a minha verdadeira pátria.

Em Moscou, meus lugares favoritos eram as instalações olímpicas, o circuito de ciclismo olímpico de quase 14 quilômetros e o canal de remo, onde passeava com Vrangel, meu cachorro, não muito longe de minha casa, em Krylatskoye.

Tinha virado uma "despessoa", como Nikita Kamaev, com a diferença de que eu ainda estava vivo. Eu sabia que nunca mais voltaria para casa.

Pareceu incomum saudar o novo ano de 2017 não assistindo a *Ironia do destino*, comédia romântica da era soviética, que passa na TV russa todo dia 31 de dezembro, mas sim a *Uma linda mulher*, tipo completamente diferente de destino romântico. Mas o efeito foi o mesmo. Eu estava tomando vinho e lágrimas escorriam na minha face.

No inverno, muitas vezes me sentia melancólico e bastante solitário. Eu estava seguro, mas aquilo significava cortar o contato com outros seres humanos. "Não faça contato visual e mantenha uma aparência indiferente" eram as instruções para quando saía do meu apartamento. Não podia comprar mantimentos no supermercado local, nem procurar pechinchas no shopping. Também passava o tempo falando sozinho e com a televisão.

Desde o momento em que quebrei o silêncio sobre o esquema de troca de amostras em Sochi, fora alvo não só de ameaças de morte críveis, mas também de uma campanha implacável de difamação promovida pela Rússia. Cada fato revelado por mim e que fora confirmado por Dick Pound e Richard McLaren foi denunciado como ficção pelas autoridades russas.

O Comitê de Investigação da Federação Russa (CIR) expediu uma série de denúncias ameaçadoras. O chamado "coquetel de Sochi" não existiu, os membros da comissão insistiram. "Confirmaram" isso entrevistando 700 atletas, treinadores, profissionais da área médica das equipes russas, funcionários do CSP e beneficiários das federações esportivas nacionais. Nenhum deles jamais tinha ouvido falar de um programa de doping. "Se houve alguma violação das regras antidoping, foram de natureza exclusivamente individual", a comissão concluiu. O envolvimento do FSB nunca foi mencionado, nem mesmo sugerido.

A CIR sustentou que ninguém poderia ter violado os frascos Bereg-Kit. "A alegação de McLaren sobre a possibilidade de abertura dos frascos fabricados pela empresa suíça Berlinger para armazenar amostras de urina de atletas é inválida e refutada", a comissão concluiu, citando "especialistas" que "emitiram pareceres a respeito da impossibilidade de abrir uma tampa de frasco completamente fechada sem destruir sua integridade".

A CIR decidiu que eu tinha tramado minhas acusações sob influência de drogas psicotrópicas e a pedido dos "serviços especiais" norte-americanos, ou seja, da CIA.

A "investigação" foi apenas a ponta do iceberg. O notório Tribunal Distrital de Basmanny, que me teve como alvo em 2011, emitiu um mandado de prisão contra mim, querendo que eu fosse extraditado dos Estados Unidos. O Ministério do Esporte declarou que pediria uma indenização pelos danos que eu havia causado ao esporte russo, e as autoridades decidiram confiscar minha dacha, que herdara dos meus avós. Felizmente, a lei russa as impediu de confiscar o apartamento onde minha família ainda morava.

Tudo aquilo era apenas para preparar o terreno para um passo que teria consequências duradouras. Trinta e nove atletas que foram suspensos para sempre, despojados de suas medalhas e banidos pelo COI dos próximos Jogos Olímpicos de Inverno de 2018, em PyeongChang, na Coreia do Sul, apelaram da decisão do Comitê Olímpico na Corte Arbitral do Esporte. A multidão de atletas e seu séquito era grande demais para a sala de audiência de Lausanne. Então, as audiências foram transferidas para Genebra. Isso chegou perto de alcançar um dos objetivos do governo russo, que era que eu testemunhasse em uma Corte de Justiça, mas meus advogados providenciaram que eu prestasse depoimento por videoconferência. Ou seja, eu não teria que ir à Suíça.

Em 22 de janeiro de 2018, prestei meu depoimento. Os interrogatórios eram complicados, porque exigiam várias traduções do inglês para o russo e vice-versa. Embora eu soubesse as duas línguas, enfrentaria pessoas ansiosas para apontar as menores contradições em meu depoimento. Tinha um excelente tradutor ao meu lado, mas ainda havia todas as razões para ficar atento.

Conseguimos assegurar um link de videoconferência estável em nosso hotel em Nova York, mas, do lado suíço, o Skype apresentava problemas. Às vezes, era tão difícil ouvir que as perguntas tinham que ser repetidas, transmitidas pelo celular de alguém. Alexander Legkov, um dos "três Alexander", era o principal reclamante dos russos suspensos. O COI tinha confiscado suas medalhas de ouro e prata conquistadas nas provas de esqui cross-country em Sochi.

Aquilo provou ser um vale-tudo judicial, seriamente afetado pela comunicação deficiente com Lausanne. O advogado de Legkov me perguntou se eu tinha visto pessoalmente a coleta de urina limpa dos atletas, a ingestão do coquetel ou o envio das digitalizações dos seus formulários de controle antidoping. Respondi que não; outras pessoas tinham visto.

Quando pedi alguns minutos para explicar como o coquetel funcionava, o pedido foi negado. Aquilo foi noticiado na imprensa russa como se eu tivesse pedido tempo extra para me lembrar dos ingredientes do meu coquetel! Quando confirmei que nunca preparara o coquetel para os atletas da "Lista Duquesa", nunca vira eles usarem o coquetel, nunca testemunhara a coleta da urina limpa deles antes dos Jogos Olímpicos e nunca recebera as digitalizações dos formulários de controle antidoping deles, a imprensa russa concluiu que eu estava desmentindo meu testemunho anterior!

A questão do envolvimento do FSB jamais surgiu, porque a CAS tinha concordado de antemão que cada caso seria considerado individualmente e sem referências a qualquer suposto programa patrocinado pelo Estado ou envolvimento do FSB.

No final, os juízes da CAS decidiram que, nos Jogos Olímpicos de Sochi, muito provavelmente alguns atletas russos se envolveram em troca de amostras, mas que aquele não era o caso diante deles. Eles foram solicitados a julgar a culpa ou inocência individual de cada atleta peticionário e não conseguiram "se convencer satisfatoriamente" se Alexander Legkov merecia ser despojado de suas medalhas olímpicas de ouro e prata com base nos indícios que ouviram.

A CAS acolheu o recurso interposto por Legkov[12] e outros 27 atletas contra a decisão do COI, o que significou que seus resultados e suas medalhas conquistadas em Sochi foram restabelecidos. No entanto, o COI — furioso com aquela decisão — não permitiria que eles competissem nos Jogos Olímpicos de PyeongChang, que deveriam começar uma semana depois.

Outro dos "Alexander", Zubkov,[13] medalhista de bobsled e porta-bandeira em Sochi, não teve a mesma sorte de Legkov. A CAS manteve a decisão do COI de confiscar suas duas medalhas de ouro de Sochi[14] e não permitiu que ele competisse na Coreia do Sul. Lembro-me de que, após seu triunfo em Sochi, Zubkov presenteou Irina Rodionova com um colar e brincos de diamante. Naquela ocasião, Irina passou uma semana me perguntando como dividir os presentes. Na décima vez que Irina trouxe o assunto à tona, disse-lhe para ela ficar com os presentes e que eu não precisava de nada de Zubkov. Para mim, agora, o melhor presente é que sua carreira chegou ao fim.

No final, 168 atletas russos teoricamente neutros competiram nos Jogos Olímpicos de PyeongChang, mas não sob a bandeira da Rússia. Três dias depois do encerramento da competição, o COI reintegrou o Comitê Olímpico Russo e, seis meses depois, a WADA reintegrou a RUSADA. O pêndulo estava oscilando, e não no bom sentido.

---

12. CAS 2017/A/5379 Alexander Legkov versus Comitê Olímpico Internacional (COI).
13. CAS 2017/A/5422 Aleksandr Zubkov versus Comitê Olímpico Internacional (COI).
14. Em julgamentos diferentes, o COI e a União Internacional de Biatlo (IBU) despojaram três outros atletas russos das medalhas conquistadas em Sochi.

4.
ABRIGO DA TEMPESTADE

Lembro-me de 4 de março de 2018 como um dia mágico. Eu estava em um quarto de hotel, em Nova York, protegido por dois seguranças, quando a atriz Laura Dern e a diretora Greta Gerwig entraram no palco do Dolby Theatre, em Los Angeles, para anunciar o Oscar de Melhor Documentário. Bem antes de elas começarem a abrir o envelope, deixei escapar "*Ícaro*". E deu *Ícaro*.

Bryan Fogel com o Oscar que ganhou com *Ícaro*.

Bryan subiu ao palco e fez um discurso breve, mas emocionante. Nunca vou esquecer seus comentários finais: "Dedicamos este prêmio ao dr. Grigory Rodchenkov, um denunciante destemido, que agora vive em grande perigo. Esperamos que *Ícaro* seja um alerta, sim, sobre a Rússia, mas sobre mais do que isso: sobre a importância de dizer a verdade".

George Orwell ficaria orgulhoso, e eu também fiquei.

AQUELA NOITE DO OSCAR PARECEU UM SONHO PRECIOSO EMBRUlhado em um pesadelo sem fim. A Rússia estava promovendo uma campanha ininterrupta de difamação e ameaças contra mim. Vitaly Mutko apelou do seu banimento vitalício dos Jogos Olímpicos, alegando em seu recurso que Nikita Kamaev, Tim Sobolevsky e eu tínhamos comandado uma rede de extorsão e ameaçado denunciar amostras positivas de atletas se eles não nos pagassem. Aquilo era um absurdo completo, especialmente porque Nikita e Tim não se conheciam e nunca tinham se comunicado na vida. Contudo, se você não pode contestar os fatos, ataque os mensageiros: Tim e eu estávamos convenientemente longe, nos Estados Unidos, e Nikita se encontrava convenientemente morto.

Mutko convenceu Chizhov e Kudryavtsev a dar seu testemunho de que nunca existira uma "toca do rato" para a troca de amostras. Os dois insistiram que, se tivesse existido, os inspetores da WADA teriam descoberto. Na verdade, o próprio Chizhov fez o buraco em outubro de 2013 e não houve nenhuma inspeção posteriormente. É fato que Thierry Boghosian visitou o laboratório em novembro de 2013, e Olivier Rabin o visitou em janeiro de 2014, mas eles nunca entraram nas Salas 124 e 125. Mesmo que tivessem entrado, para encontrar o buraco eles teriam que mover os móveis e os arquivos de aço, o que não constava na lista de tarefas deles.

Mutko não tinha nada a dizer sobre Irina Rodionova, Evgeny Blokhin ou os "encanadores" do FSB. De acordo com Mutko, ele quase nunca me viu, mas guardei um registro de nossas reuniões e eventos entre 2008 e 2015: participamos de 46 reuniões privadas e de 41 eventos gerais, onde eu estava presente com atletas, treinadores e funcionários do Ministério do Esporte.

Não sei o que os juízes da CAS acharam de tudo aquilo, mas anularam o banimento olímpico vitalício de Mutko por uma tecnicalidade. Eles se recusaram a abordar a questão da cumplicidade de Mutko na troca de amostras

Evgeny Kudryavtsev, que negou a existência da "toca do rato". Ao se observar o canto direito inferior, o piso e as paredes são iguais aos da foto da "toca do rato" da página 150.

em Sochi, afirmando que o COI não tinha poder sobre Mutko, pois ele não era um atleta, um treinador ou um membro oficial da delegação russa nos Jogos Olímpicos de Sochi. Naquela ocasião, porém, Mutko se deleitava em seu escritório dentro do prédio do Comitê Organizador de "Sochi 2014" e convivia com seu protetor Putin.

Naquele momento, Mutko estava livre para dizer que a Rússia tinha "arrumado a bagunça" e, assim como Alexander Legkov e os outros, ele tinha a "absolvição" da Corte Arbitral do Esporte para provar.

Encorajado pelas decisões da CAS na Suíça, Mikhail Prokhorov, oligarca bilionário e patrocinador de competições de biatlo, subscreveu um processo por difamação movido contra mim em Nova York, em 2018, em favor de alguns atletas russos. "Estou disposto a contratar os melhores advogados para defender os interesses de nossos atletas de biatlo em qualquer país do mundo, onde for mais apropriado", ele disse à TASS, a agência de notícias estatal russa.

Os litigantes esperam utilizar o sistema judicial norte-americano para me intimidar. Dito isto, para provar difamação nos Estados Unidos é necessário demonstrar tanto a falsidade da alegação quanto a *actual malice* (malícia real). Isso significa que acusei pessoas de doping quando sabia com certeza que elas não tinham se dopado. Mas nunca fiz acusações desse tipo.

Contra-atacamos Prokhorov, e meus advogados e eu mal podemos esperar pelo nosso dia no tribunal. Como Jim Walden disse à NBC News: "Com os registros de hoje, o caçado se torna o caçador".

Enquanto isso, meu período inicial de três meses de permanência autorizada do meu visto norte-americano estava prestes a expirar. Então, tive que solicitar a renovação. No fim de 2016, também entrei com um pedido de asilo político nos Estados Unidos. Em minha entrevista no Newark Asylum Office, em Lyndhurst, em Nova Jersey, cerca de um ano depois, os agentes responsáveis pela concessão de asilo me entrevistaram demoradamente: oito horas em um dia, seis horas em um segundo dia e mais ou menos outras oito horas em um terceiro dia.

Considerei que era óbvio que eu correria riscos se o governo norte-americano me mandasse de volta para a Rússia. O caso de Sergei Magnitsky, delator que morreu enquanto aguardava julgamento na Rússia, alertara o mundo a respeito dos perigos enfrentados pelos oponentes do regime de Putin. O perigo para mim era evidente, já que tinha denunciado de forma semelhante as transgressões de Putin de uma maneira bastante ostensiva.

Em vez disso, um dos principais obstáculos para a concessão do asilo eram as acusações infundadas do governo russo de que eu era um criminoso. Um Comitê de Investigação controlado pelo Estado tinha me acusado de diversos crimes, incluindo venda sem autorização de esteroides, ajuda a atletas no uso de esteroides e envolvimento em formação de quadrilha e obstrução da investigação. A existência de certos tipos de crimes pode constituir um obstáculo para a obtenção de asilo.

Com a ajuda do meu advogado Bo Cooper e seus assistentes, preparei-me da melhor forma possível para responder às perguntas sobre minhas atividades na Rússia. Tenho uma personalidade apaixonada e explosiva, que não é a ideal para questionamentos jurídicos contraditórios. Tentei praticar os atos de manter a calma, dar explicações, ouvir e responder às perguntas formuladas.

Ao longo das entrevistas, os agentes responsáveis pela concessão de asilo fizeram inúmeras perguntas, lembrando às vezes os investigadores do FSKN, cujas acusações me fustigavam como ondas quebrando na praia. Uma agente sondou se eu tinha cometido crimes na Rússia, um lugar que ela achava que ficava no lado oculto da Lua, e também se eu tinha cometido crimes nos Estados Unidos. Após assistir a *Ícaro* e navegar na internet, ela quis saber se, durante as filmagens, eu tinha dado a Bryan Fogel meu famoso "coquetel" contendo esteroides tóxicos ou se eu tinha cometido o delito de injetar nele sem atestado médico.

Como eu poderia, sem nenhuma qualificação médica, preparar um "coquetel" para atletas, usando esteroides anabolizantes, que eram compostos potentes e letais? A agente me mostrou um artigo na internet e me disse para dar uma olhada. "Esse fisiculturista morreu", ela disse e prosseguiu: "E veja o que encontraram em seu cadáver: suas drogas favoritas, trembolona e metenolona!".

Era uma má interpretação dos fatos. E foi ali que a preparação entrou em ação. Dei o meu melhor para manter a calma.

Respondi que estava familiarizado com a maior parte da literatura científica sobre o assunto e não havia nenhuma evidência de que alguns miligramas de esteroides por dia fossem letais. Afinal, o organismo cria naturalmente dezenas de miligramas de esteroides todos os dias. Uma grande quantidade de doping, que parece tão insidiosa, significa apenas aumentar os níveis de compostos orgânicos encontrados em cada metabolismo humano. É claro que é perigoso engolir vários comprimidos e se injetar muitas vezes por dia, mas tomar 1 litro de uísque e fumar dois maços de cigarro por dia também é. Apesar disso, não proibimos o consumo de cigarros e uísque.

O fato é que não tinha induzido ninguém a usar esteroides. Em alguns países, atletas de equipes nacionais já os utilizavam havia anos. Meu coquetel era, na verdade, um grande passo à frente, embora não tenha insistido muito a respeito daquele assunto com a agente responsável pela concessão do asilo. O coquetel permitira a redução do consumo de esteroides em dez vezes e praticamente eliminara os efeitos colaterais. Tenho certeza de que, em dez anos, quando as pessoas pararem de ler absurdos na internet, as farmácias em todo o mundo venderão versões do meu "coquetel" de Sochi, em vez da perigosa e badalada "terapia de reposição de testosterona" que é vendida em todo o Primeiro Mundo.

Após o término das entrevistas, ainda estava nervoso com o possível resultado. Minha vida estava em jogo.

EM MARÇO DE 2019, ESTAVA CUIDANDO DOS MEUS ASSUNTOS E AJUdando nas investigações em andamento de violações de doping quando minha equipe de segurança me convidou para jantar no Delmonico's Steakhouse, em Nova York. Todos pareciam alegres, e então me entregaram meu documento de homologação: eu tinha conseguido asilo político, "de acordo com a seção 208 da Lei de Imigração e Nacionalidade".

Meus advogados tinham escalado o Monte Everest! É claro que fiquei satisfeito, mas sem euforia. Três anos antes, se eu estivesse segurando aquele documento em minhas mãos, teria dado pulos de alegria, mas naquele momento que tinha os papéis, não sabia o que fazer com eles. Tinha passado tanto tempo que era como se tivessem entregado uma carta escrita havia um ano e para um endereço onde eu não morava mais.

Em poucos anos morei em todos os Estados Unidos, tendo sido forçado a me esconder da vida que quero levar. Só fui reconhecido duas vezes: em um bar com temática esportiva em Nova York e em um trem. Naquele momento, com uma canetada, tinha conseguido asilo e podia solicitar residência permanente e até a cidadania norte-americana dentro de alguns anos.

É difícil comparar minha vida nos Estados Unidos com a minha vida na Rússia. Durmo melhor nos Estados Unidos; não me sinto ansioso e temeroso como me sentia nos últimos anos em Moscou. Desacelerei um pouco, é verdade, talvez em função do envelhecimento. Posso cozinhar o que quiser, na hora que quiser. Ninguém fica atrás de mim na cozinha. As pessoas me pedem para comparar a vida dos norte-americanos com a dos russos, mas a diferença é enorme: Rússia e Estados Unidos são como planetas completamente diferentes. Há uma distância civilizacional gigantesca entre os dois países, que acho improvável que seja reduzida, ou até mesmo compreendida, no futuro próximo. Podemos comparar uma piranha com um cão pastor? Acho que não.

A pior coisa da minha vida aqui é que minha família — Veronika, Vasily e Marina — continua morando em Moscou, fora do meu alcance. Penso neles todos os dias e lamento que, por enquanto, sejamos forçados a levar vidas separadas. Mas isso não vai durar para sempre. Tenho certeza disso.

Epílogo
A GUERRA SEM FIM

Em 22 de outubro de 2019, a Câmara dos Representantes dos Estados Unidos aprovou a Lei Rodchenkov Antidoping por unanimidade. Citando o "infame escândalo de doping russo durante os Jogos Olímpicos de Inverno de 2014", Jerry Nadler, presidente da Comissão Judiciária da Câmara dos Representantes, disse que o projeto de lei estabeleceria "sanções criminais e civis adequadas contra a fraude internacional de doping. Além de impor sanções criminais contra os conspiradores, o projeto de lei autorizaria ações civis privadas contra a fraude de doping, o que daria aos atletas e aos patrocinadores empresariais o direito de mover ações em tribunais federais para recuperar danos contra indivíduos que possam ter cometido fraudes em competições".

Esse era o começo, as medidas agora incluem multas de até 1 milhão de dólares e penas de prisão de dez anos.

Como era de esperar, o COI e a WADA contrataram lobistas para tentar mudar o projeto de lei. Sir Craig Reedie, chefe da WADA, que desde então deixou o cargo, reclamou de que a legislação proposta tentava estender a jurisdição criminal norte-americana para além de suas fronteiras. "A área problemática é a sugestão de que a jurisdição norte-americana vá além dos Estados Unidos e possa criar responsabilidade civil e legal em outras partes do mundo", ele disse.

Jim Walden, meu advogado, sustentou que a posição do COI a respeito da lei prova que "o COI prefere organizar jogos sujos a ter qualquer outra política contra a fraude de doping... Se o COI e a WADA querem fazer *lobby* junto aos legisladores norte-americanos, em favor dos interesses corruptos da Rússia, isso é um problema sério e encoraja nossos deputados e senadores a ser cautelosos em relação a essas iniciativas".

O projeto de lei representa uma mudança radical na guerra contra o doping. Em vez de confiar na aplicação civil das regras antidoping da WADA, traz o cumprimento das leis para a cena. Atualmente, o controle antidoping visa apenas a atletas, mas treinadores, chefes de equipe ou até federações com histórico conhecido de abuso muitas vezes escapam das punições. Se eles quiserem responder a perguntas, responderão, mas se não quiserem, tudo bem. No entanto, se o Senado norte-americano seguir o exemplo da Câmara dos Representantes e converter o projeto em lei dos Estados Unidos, então os atores conhecidos por terem promovido fraude de doping em competições serão detidos na chegada ao aeroporto ou serão levados do estádio para a delegacia.

Nesse momento, as autoridades dirão a eles a natureza do crime e quantos anos de prisão talvez peguem. Então, o dirigente esportivo ou chefe de equipe se despojará de sua fanfarronice e arrogância e começará a falar. Na esperança de escapar com a suspensão da pena, o conspirador acusado se tornará uma testemunha, e a guerra contra o doping ganhará outro soldado de infantaria.

ENQUANTO O PROJETO DE LEI PERCORRIA OS TRÂMITES NO CONGRESSO norte-americano, uma batalha igualmente séria, capaz de afetar o futuro da Rússia no Movimento Olímpico, desenrolava-se no front da WADA. Em setembro de 2018, a WADA decidiu reintegrar a RUSADA, sem que a Rússia tivesse fornecido uma cópia do LIMS de Moscou (essa era uma condição para a reintegração). O LIMS continha resultados suspeitos, atípicos ou positivos de 2008 a 2011 e todos os dados analíticos de 2012 a 2015. Isso correspondia às diretrizes previamente impostas pela WADA, determinando que, a partir de 2008, fosse feito o *upload* de todos os resultados positivos e atípicos para o ADAMS, e que, após 2012, todas as análises fossem relatadas.

Em 2017, a WADA anunciou que tinha obtido uma cópia autêntica do LIMS de um denunciante. Os russos se recusaram a aceitar aquela versão do banco de dados, mas se negaram a fornecer uma versão "autêntica" para comparação, insistindo que o LIMS "real" era prova fundamental na sua investigação criminal em andamento contra mim.

Outra condição para a reintegração da RUSADA exigia que a Rússia aceitasse o Relatório McLaren e suas conclusões. Com relutância, sem mencionar o nome de McLaren, Pavel Kolobkov, ministro do Esporte, informou à WADA: "A Federação Russa aceita a decisão do Conselho Executivo do COI de 5 de dezembro de 2017, que foi tomada com base nas conclusões do Relatório Schmid". Samuel Schmid, membro da Comissão de Ética do COI, concluiu que as autoridades russas se engajaram em um programa sistemático de doping durante anos, inclusive em Sochi. Ele condenou a "natureza sem precedentes do esquema de fraude e, consequentemente, danos excepcionais à integridade do COI, dos Jogos Olímpicos e de todo o Movimento Olímpico".

Foi depois do Relatório Schmid que o COI suspendeu o Comitê Olímpico Russo dos Jogos Olímpicos de Inverno de 2018, em PyeongChang, e multou a Rússia em 15 milhões de dólares. O Relatório Schmid se assemelhava a uma versão diluída de dois relatórios de "pessoa independente" de 2016 ou, como eu o chamo, "McLaren para tolos". A WADA aceitou a declaração de Kolobkov como admissão de culpa por crimes passados.

Agora sabemos que a Rússia estava falsificando ativamente o banco de dados do LIMS na preparação para entregá-lo à WADA no fim de 2018. Quando os especialistas da WADA foram para Moscou para copiar o LIMS, foram proibidos de executar a tarefa. Em janeiro de 2019, a WADA voltou, o que deu aos russos mais três semanas para falsificar os resultados e até inventar e incorporar uma troca de mensagens de texto falsa dentro do LIMS, que objetivava mostrar que o dr. Tim Sobolevsky e eu discutimos a extorsão de dinheiro de atletas, ameaçando criminalizar suas amostras de urina.

Finalmente, em 9 de dezembro de 2019, a Equipe de Inteligência e Investigações (I&I) da WADA revelou a adulteração irresponsável do LIMS, e o Comitê de Conformidade da WADA recomendou que a Rússia fosse banida dos principais eventos esportivos internacionais pelos próximos quatro anos, incluindo os Jogos Olímpicos de Verão de 2020, em Tóquio, e os Jogos Olímpicos de Inverno de 2022, em Pequim.

"Por muito tempo, o doping russo prejudicou o esporte limpo", disse Reedie, presidente da WADA, em um comunicado. "A Rússia teve todas as oportunidades para pôr a casa em ordem e se juntar novamente à comunidade antidoping global para o bem de seus atletas e da integridade do esporte, mas preferiu manter sua postura de fraude e negação."

Os detalhes revelados pela WADA eram irrefutáveis. Os dados entregues pelos russos, a WADA acusou, "não eram completos nem totalmente autênticos... Centenas de presumidos resultados analíticos adversos que aparecem no banco de dados do LIMS de 2015 foram removidos do banco de dados do

LIMS de 2019, e os dados brutos subjacentes e os arquivos em PDF relacionados foram excluídos ou alterados".

O mais surpreendente é que os russos tinham excluído mais de 1.000 cópias de *backup*; o LIMS realizava um *backup* automático todos os dias às 4 da manhã, para proteger o banco de dados de manipulação. Em um disco rígido, 93 por cento do espaço estava vazio, com 450 cópias e arquivos originais do LIMS não apenas excluídos, mas cuidadosamente "zerados", eliminando qualquer possibilidade de recuperação dos dados. Isso destruiu não só os registros analíticos do LIMS, mas também todas as cópias do LIMS na Rússia. Se esses dados fundamentais estão perdidos, quem pode dizer se existem atletas limpos na Rússia? A Rússia cavou a própria cova e destruiu a possibilidade de qualquer atleta russo limpo competir.

Previsivelmente, o presidente Vladimir Putin criticou a decisão da WADA, considerando-a como um veredicto com "motivação política", que "contradizia" a Carta Olímpica. "Não há nada para censurar o Comitê Olímpico Russo e, se não houver acusação contra esse comitê, o país participará das competições sob a sua própria bandeira", ele disse. Como sempre, a Rússia lutará mais uma vez contra sua suspensão diante da CAS.

É uma guerra sem fim.

O desfecho do que a norueguesa Linda Helleland, vice-presidente da WADA, qualificou de "o maior escândalo esportivo que o mundo já viu" é incrível: tendo sido oferecido um caminho de volta à respeitabilidade no esporte internacional, a Rússia optou por não o pegar. Os russos foram solicitados a entregar os dados brutos referentes ao seu controle antidoping entre 2008 e 2016. Em vez disso, apresentaram um pacote de mentiras desajeitadamente adulterado, falsificado de maneira tão ingênua que era quase como se estivessem implorando para ser pegos.

Terminamos onde começamos, no mundo imaginado por George Orwell. A Rússia proclama em voz alta a doutrina do duplipensamento, tendo "consciência da completa veracidade ao contar mentiras cuidadosamente fabricadas". Sinto-me feliz, finalmente, por estar do lado da verdade.

Apêndice
OPERACAO SOCHI RESULTAT,
PASSO A PASSO

1. PARTICIPANTES

Dr. Grigory Rodchenkov, diretor do Laboratório Olímpico de Sochi.

Yuri Chizhov, segundo no comando. O único trabalho de Yuri envolvia a troca de amostras de urina de noite.

Evgeny Kudryavtsev, chefe da seção de recepção, armazenamento e aliquotagem (repartição), no 1º andar do laboratório.

Evgeny Blokhin, agente do FSB, destacado para o laboratório de Sochi. Ele se disfarçava de encanador durante o dia, chegando ao ponto de carregar uma caixa de ferramentas.

Evgeny Antilsky, gerente da estação de controle antidoping na Vila Olímpica, onde todas as amostras de urina ("o peixe do dia") eram agrupadas para transporte ao laboratório.

Irina Rodionova, vice-diretora do Centro de Preparação Esportiva das Equipes Nacionais da Rússia (CSP). Ela coletava e armazenava as amostras de urina limpa para serem trocadas em Sochi, coordenava o esquema de troca e enviava digitalizações dos formulários de controle antidoping dos atletas para o laboratório olímpico após os testes de suas amostras de urina.

2. ANTES DA OLIMPÍADA

- No verão de 2013, coletamos amostras de urina limpa de nada menos do que 75 atletas de esportes de inverno, antes mesmo que se soubesse quem seria convocado para a equipe olímpica. Os atletas colocavam suas amostras em recipientes herméticos, acabando assim com as garrafas de refrigerante nos congeladores de nosso Centro de Comando do FSB, em Sochi.

- Os atletas congelavam a urina antes de enviá-la para Irina Rodionova em Moscou.
- Rodionova (ou um assistente) entregava a urina para mim no Centro Antidoping de Moscou.
- Os especialistas do laboratório verificavam duas vezes se as amostras eram negativas; ou seja, "limpas".
- Se as amostras estivessem limpas, Irina as armazenava em um local seguro desconhecido no CSP; o "banco de urina limpa", como Richard McLaren o chamou tempos depois.
- Rodionova encaminhou as amostras para o Centro de Comando do FSB, em Sochi, no fim de janeiro de 2014.
- Parece que por volta de 500 amostras de urina chegaram ao Centro de Comando, em Sochi. Em 1º de fevereiro de 2014, Evgeny Blokhin e eu visitamos o centro e realizamos uma inspeção completa dos congeladores e do seu conteúdo.

3. DIA DE TESTE NOS JOGOS OLÍMPICOS

3.1 Primeiro passo — Na Estação de Controle Antidoping

- Um atleta selecionado para o teste chega à estação de controle antidoping, acompanhado pelo médico da equipe.
- Há uma entrada de segurança na estação, onde o atleta deve apresentar sua credencial olímpica e o documento de notificação do teste.
- Controles de segurança do atleta e do acompanhante. Eles são conduzidos a uma sala de espera com cadeiras, televisão e bebidas.
- Quando o atleta estiver pronto, avisa o Gerente do Controle Antidoping e é conduzido a uma mesa específica, onde é instruído sobre os procedimentos de amostragem. Um Agente de Controle Antidoping (DCO) preenche o Formulário de Controle Antidoping (DCF).
- Então, o atleta escolhe um coletor de plástico lacrado para coleta de urina e uma caixa de papelão contendo os frascos A e B Bereg-Kit.

- O atleta abre o coletor de urina e o inspeciona. Em seguida, enquanto é observado pelo DCO, deposita uma amostra de urina no coletor. O DCO anota no DCF o volume total de urina coletada.
- O atleta retorna para a área de coleta, abre a caixa de papelão e inspeciona os frascos A e B Bereg-Kit. Desembala os frascos, remove o anel de segurança vermelho e distribui a urina do coletor nos frascos A e B.
- O atleta deve depositar cerca de 30 mililitros no frasco B, que é marcado com uma linha em um rótulo azul.
- Em seguida, o atleta deve depositar cerca de 60 mililitros no frasco A, marcado com uma linha em um rótulo vermelho.
- Se houver urina suficiente restante no coletor, é dividida entre os frascos A e B, até que cerca de 5 a 10 mililitros restem para o teste de gravidade específica, que mede a densidade relativa da urina em relação à água.
- O atleta então lacra os frascos A e B com as tampas numeradas da caixa de papelão e os entrega para o agente de controle antidoping para verificação de estanqueidade.
- O DCO mede a gravidade específica da urina residual, derramada da tampa do coletor, e anota a leitura no DCF.
- É importante observar que o DCF especifica o volume total da urina depositada no coletor, mas não o volume exato despejado nos frascos A e B. A soma dos volumes A e B não coincide com a quantidade total de urina feita pelo atleta, pois uma parte foi deixada no coletor para a medição da gravidade específica e, a seguir, descartada.
- O atleta sai com sua cópia do DCF, que especifica o nome do atleta, dados pessoais, número de código, gravidade específica e volume total.
- O atleta ou o acompanhante tira uma foto do formulário de controle antidoping.
- Na estação de controle antidoping, um membro do FSB tira uma segunda foto do DCF, como medida de precaução.

3.2 SEGUNDO PASSO — APÓS A ESTAÇÃO DE CONTROLE ANTIDOPING

- Fotos dos formulários de controle antidoping são enviadas para Irina Rodionova.

- Irina envia as digitalizações dos DCFs para o dr. Rodchenkov e suas secretárias. Em seguida, telefona para confirmar que atletas forneceram amostras.
- Um coordenador anônimo do FSB envia os DCFs para Evgeny Blokhin e Yuri Chizhov.

3.3 TERCEIRO PASSO — NO LABORATÓRIO E NO CENTRO DE COMANDO DO FSB

- Grigory, Yuri, Evgeny Kudryavtsev e Evgeny Blokhin registram a quantidade de amostras a ser trocada a cada noite, seus números de código, os nomes dos atletas e quais esportes são representados.
- Grigory e Yuri se reúnem com Blokhin para determinar quais amostras "limpas" dos atletas precisam ser entregues no laboratório olímpico. Grigory prepara uma "Tabela do dia", com os nomes dos atletas, os números de código, as gravidades específicas e os volumes necessários para encher os frascos A e B.
- Por volta das 5 da tarde, Blokhin retira sacos plásticos com a urina "limpa" dos atletas no congelador do Centro de Comando e os leva para a Sala 124 do laboratório, onde as amostras são descongeladas. Isso pode levar uma hora, ou menos se as garrafas plásticas de refrigerante forem mergulhadas em água quente.
- Depois de descongeladas, as amostras são despejadas em béqueres de vidro de 250 mililitros (marcados como 1, 2, 3 etc., de acordo com a "Tabela do dia"). Chizhov mede as gravidades específicas das amostras usando o mesmo densímetro Asahi da estação de controle antidoping.
- Se a gravidade específica da urina negativa é menor do que a leitura no DCF, adicionamos cloreto de sódio; se é maior, adicionamos água destilada. Se a gravidade específica corresponder ou estiver dentro de 0,002 pontos da amostra original, está tudo bem.

3.4 QUARTO PASSO — AGRUPAMENTO DAS AMOSTRAS NA VILA OLÍMPICA E ENTREGA AO LABORATÓRIO

- Depois que a estação de controle antidoping termina sua sessão de coleta, os formulários da Cadeia de Custódia (COC) são preenchidos e as amostras de urina são embaladas em sacos. Estes são lacrados e entregues em uma área de armazenamento temporário na estação principal de controle antidoping dentro da policlínica da Vila Olímpica.

- Durante o dia, as amostras se acumulam na policlínica. Por volta da meia-noite, Evgeny Antilsky telefona para o laboratório e nos informa que devemos esperar a chegada da minivan cheia de amostras nos próximos quinze minutos.

- Grigory e Yuri garantem que o laboratório está livre de observadores estrangeiros. Apenas Thierry Boghosian, observador independente da WADA, tem permissão para entrar nas áreas de recepção e armazenamento de amostras, onde cada abertura de uma porta ou de um congelador é registrada e gravada por diversas câmeras.

3.5. Quinto passo — A troca noturna

- As amostras chegam por volta da 1 da manhã. A minivan ingressa no perímetro do laboratório e estaciona junto a uma porta especial reservada para DCOs. Na recepção do laboratório, as amostras e a documentação são checadas e etiquetadas. Os volumes dos frascos A e B são medidos e a cadeia de custódia é documentada. O download de todos os dados é feito automaticamente para o LIMS (Laboratory Information Management System – Sistema de Gestão de Informação Laboratorial).

- Grigory, Yuri e Evgeny se dirigem para a Sala 124.

- Na recepção, os frascos A e B são carregados em carrinhos diferentes. Evgeny Kudryavtsev leva os frascos B para um depósito trancado contendo congeladores na área designada de armazenamento de longo prazo.

- Kudryavtsev tira os frascos B selecionados do carrinho e os coloca em seu jaleco, deixando os outros frascos B na área de armazenamento de longo prazo.

- Depois de voltar para a recepção, Kudryavtsev leva o carrinho com as amostras A para a Sala 125, a sala de aliquotagem, onde as tampas são abertas.

- Há um buraco circular (a "toca do rato") na parede entre a Sala 124 e a Sala 125, grande o suficiente para passar os frascos Bereg-Kit. Para não ser descoberto, possui uma tampa circular de plástico, dando a aparência de uma tomada elétrica inoperante e escondida atrás de um arquivo de aço.

- Kudryavtsev seleciona os frascos A e B, passando-os pelo buraco da Sala 125 para a Sala 124, a sala de operações.
- Chizhov recebe os frascos A e B na Sala 124.
- Rodchenkov verifica duas vezes se os frascos A e B possuem os números de código correspondentes corretos, assegura que pareçam aceitáveis e registra os volumes em sua "Tabela do dia".
- Grigory entrega os frascos B para Evgeny Blokhin, que retorna ao Centro de Comando do FSB, onde as tampas são removidas.
- Yuri já havia preparado os volumes necessários de urina a ser trocados nos béqueres de vidro de 250 mililitros numerados. Ele volta a verificar a gravidade específica da urina descongelada e, depois, esvazia o frasco A e o lava.
- Como não há água corrente nem dreno na sala de operações, levamos garrafas de 5 litros de água destilada de um andar superior para usar durante a troca. A água usada é despejada em bacias de plástico e a água suja em vasos sanitários no corredor.
- Grigory, Evgeny K. e Yuri fumam cigarros e bebem café enquanto esperam Evgeny Blokhin retornar com os frascos B abertos, que então têm uma tampa solta na boca de cada frasco.
- Como o anel metálico dentado dentro da tampa de plástico foi arranhado durante a abertura, novas peças de metal são inseridas dentro da tampa de plástico de cada frasco B. Anteriormente, tínhamos coletado diversas centenas desses anéis das tampas amassadas dos frascos A.
- Grigory desinfeta completamente o interior da tampa de plástico do frasco B, enquanto Yuri lava os frascos B.
- Correlacionados e limpos, os frascos A e B com as tampas são alinhados na frente de Grigory em sua mesa e, em seguida, todos os números, nomes, volumes e gravidades específicas são verificados em relação à "Tabela do dia".
- Grigory e Yuri verificam a gravidade específica de cada amostra de urina novamente.
- Então, Grigory despeja urina limpa (negativa e não descongelada) nos frascos A e B, verificando o volume corresponde ao registrado na "Tabela do dia". Yuri observa Grigory atentamente; são 4 ou 5 da manhã e todos estão cansados e propensos a erros.

- O frasco A recebe de volta sua tampa e o frasco B recebe uma tampa de plástico aparentemente intacta. Grigory as aperta e verifica se há vazamentos.
- Yuri passa os frascos A e B de volta pela "toca do rato", para a zona controlada, onde Evgeny Kudryavtsev os recebe, na Sala 125.
- Kudryavtsev coloca os frascos A na sala de aliquotagem e leva os frascos B para a área designada de armazenamento de longo prazo.
- O dr. Rodchenkov destrói a "Tabela do dia", rasgando-a em pedacinhos e os distribuindo entre as latas de lixo do laboratório. Ele também exclui as digitalizações dos DCFs do seu celular, assim como fazem Yuri e a secretária do laboratório.
- Grigory telefona para Irina Rodionova para informar que a sessão se desenrolou conforme o planejado.

ABREVIATURAS

AAF – Adverse Analytical Finding (Resultado Analítico Adverso): um resultado analítico "positivo" relatado ao ADAMS. As autoridades de teste investigam cada AAF para determinar se ocorreu uma ADRV.

ADAMS – Anti-Doping Administration and Management System (Sistema de Gestão e Administração Antidoping): banco de dados internacional destinado a monitorar o paradeiro e os planos de competição de atletas, o ADAMS ajuda a gerar planos para as autoridades internacionais de teste. Os laboratórios fazem o download de seus resultados analíticos para o ADAMS.

ADC – Anti-Doping Centre (Centro Antidoping), em Moscou: meu laboratório credenciado pela WADA, que fazia parte do Ministério do Esporte russo.

ADRV – Anti-Doping Rule Violation (Violação das Regras Antidoping), que desencadeia audiências e sanções, com base em um AAF.

ARAF – All-Russian Athletics Federation (Federação Russa de Atletismo): o órgão gestor do atletismo russo. Suspensa das competições internacionais pela IAAF em novembro de 2015 e ainda não reintegrada.

ARD – Rede de televisão alemã, que exibiu um documentário surpreendente em 3 de dezembro de 2014 a respeito do doping generalizado pelos atletas russos.

CAR – Relatório de Ação Corretiva.

CAS – Court of Arbitration for Sport (Corte Arbitral do Esporte), em Lausanne. A CAS resolve disputas entre atletas, equipes, organizações esportivas nacionais e internacionais; por exemplo, entre o Comitê Olímpico Internacional e a WADA.

CIR – Comitê de Investigação da Federação Russa.

COC – Chain of Custody form (formulário da Cadeia de Custódia): documento criado na estação de controle antidoping que exibe o controle ininterrupto das amostras de urina e sangue, incluindo a coleta, o transporte e o recebimento no laboratório. Os atletas e treinadores não têm acesso ao formulário da COC.

COI – Comitê Olímpico Internacional, com sede em Lausanne.

CSKA – Clube Central de Esportes do Exército.

CSP – Centre for the Sports Preparation (Centro de Preparação Esportiva) das Equipes Nacionais da Rússia. Apoiado pelo Ministério do Esporte e empregando milhares de atletas e treinadores, o CSP paga salários, bônus e incentivos, e também cobre todos os custos associados a viagens, acampamentos de treinamento, participação em competições e compra de equipamentos.

DCF – Doping Control Form (Formulário de Controle Antidoping): o documento mais importante preenchido na estação de controle antidoping. O atleta recebe uma cópia e o laboratório local de controle antidoping recebe uma cópia cega, sem o nome do atleta, dados de identificação ou assinatura.

DCO – Doping Control Officer (Agente de Controle Antidoping): a pessoa autorizada a coletar amostras de controle antidoping.

EPO – Eritropoietina ou ESA (Agentes Estimulantes de Eritropoiese) são peptídeos eficazes que aumentam a concentração de hemoglobina na corrente sanguínea.

FIFA – Federação Internacional de Futebol.

FIS – Federação Internacional de Esqui: responsável pelas competições de esqui cross-country e esqui alpino.

FSB – Serviço Federal de Segurança: sucessor da KGB após a dissolução da União Soviética.

FSKN – Serviço Federal de Controle de Drogas: a corrupta polícia antidrogas russa, extinta em 2016.

GC-MS – Gas Chromatography-Mass Spectrometry (Cromatografia gasosa--espectrometria de massa): instrumentação analítica sofisticada para detecção de substâncias dopantes.

HGH – Human Growth Hormone (Hormônio do Crescimento Humano): fortalece as articulações e os tendões, queima gordura e melhora a estrutura muscular. Acredita-se que o HGH evita lesões e acelera a recuperação de lesões.

IAAF – International Association of Athletics Federations (Associação Internacional de Federações de Atletismo), em Monte Carlo: o órgão internacional de gestão do atletismo, agora renomeado como WA (World Athletics).

IBU – International Biathlon Union (União Internacional de Biatlo), com sede em Salzburgo, na Áustria.

IDTM – International Drug and Testing Management: empresa sueca de coleta de amostras prestando serviços na Rússia.

IO – Independent Observer (Observador Independente): designado pela WADA para grandes eventos multiesportivos (por exemplo, Olimpíadas, Campeonatos Mundiais ou Jogos da Commonwealth).

IPC – International Paralympic Committee (Comitê Paralímpico Internacional).

IRTP – International Registered Testing Pool (Testagem em Grupo Registrada Internacional): atletas de elite que são testados regularmente, em parte com base na avaliação de risco de doping.

ISL – International Standard for Laboratories (Norma Internacional de Laboratórios). Publicação da WADA.

ITP – Initial Testing Procedures (Procedimentos Iniciais de Teste): são usados nos laboratórios credenciados pela WADA para analisar amostras, abrangendo substâncias utilizadas em doping de diferentes classes e origens. Cada ITP requer uma alíquota diferente (porção de urina). Em geral, o laboratório emprega de cinco a sete alíquotas para diversos tipos de análise.

IWF – International Weightlifting Federation (Federação Internacional de Halterofilismo), com sede em Budapeste, na Hungria.

KGB – Comitê de Segurança do Estado, na União Soviética, convertido no FSB depois da dissolução da URSS.

LDP – Laboratory Documentation Package (Pacote de Documentação do Laboratório): contém informações detalhadas a respeito das análises realizadas no laboratório credenciado pela WADA. Como regra, o LDP se baseia em dados do LIMS e é fornecido a um atleta ou autoridade de teste mediante solicitação, revelando documentação autêntica para prova de AAF.

LIMS – Laboratory Information Management System (Sistema de Gestão de Informação Laboratorial): registro digitalizado completo de recepção, análise e resultados de amostra, compartilhado com o ADAMS. Implantado no ADC de Moscou em 2009. As cópias impressas e os formulários do LIMS são a base do LDP.

NADO – National Anti-Doping Organisation (Organização Nacional Antidoping): a entidade de teste independente de cada país, como a USADA, nos Estados Unidos, a RUSADA, na Rússia, e a UKAD (UK Anti-Doping – Antidoping do Reino Unido), na Grã-Bretanha.

NOC – National Olympic Committee (Comitê Olímpico Nacional), reconhecido pelo COI.

PB – Personal Best (Recorde Pessoal) em natação, patinação ou atletismo.

PBA – Passaporte Biológico do Atleta. Essa prática documenta desvios suspeitos dos parâmetros do sangue e da urina de um atleta em relação ao seu perfil de esteroides. Nenhum ponto de dados individual constitui um resultado positivo, mas a ADRV pode se basear em uma avaliação estatística de diversos pontos de dados (de cinco a sete, no mínimo).

PED – Performance-Enhancing Drug (Droga para Melhorar o Desempenho): termo que tento evitar usar porque confunde as definições. Por exemplo, a

WADA proíbe o uso de diuréticos, que não são PEDs, enquanto a cafeína, uma PED conhecida, não aparece na lista de substâncias proibidas da WADA.

PWC – Medizinische Testverfahren im Sport: órgão internacional de coleta de amostras para esportes de inverno, com sede em Munique, na Alemanha. O PWC desempenha as mesmas funções que a IDTM nos esportes de verão.

RUSADA – Agência Antidoping da Rússia, criada em 2008. Os primeiros funcionários da RUSADA foram treinados na USADA, em Colorado Springs.

TDP – Test Distribution Plan (Plano de Distribuição de Testes): baseado em serviço de informações e avaliação de riscos. Em teoria, as autoridades de teste elaboram TDPS para assegurar a eficácia das medidas de controle antidoping.

T/E – Testosterona/Epitestosterona: relação estabelecida em 1983 pelo professor Manfred Donike como parâmetro principal em perfil de esteroides urinários, indicando o possível uso abusivo de testosterona. O perfil de esteroides começou a fazer parte do Passaporte Biológico do Atleta em 2014.

TUE – Therapeutic Use Exemption (Isenção para Uso Terapêutico): permite que os atletas tomem medicamentos – por exemplo, remédios para resfriado com efedrinas – por motivos de saúde. Uma TUE costuma gerar relatórios de AAF, mas não constitui uma ADRV.

UCI – Union Cycliste Internationale: órgão gestor do ciclismo.

UEFA – União das Associações Europeias de Futebol.

UEM – Universidade Estatal de Moscou. Minha *alma mater*. Em 1982, formei-me no Departamento de Química. A UEM foi onde conheci minha mulher, Veronika, que estava cursando física.

URSS – União das Repúblicas Socialistas Soviéticas, ou apenas União Soviética.

USADA – Agência Antidoping dos Estados Unidos, com sede em Colorado Springs, no Colorado.

VNIIFK – Instituto de Pesquisa Científica de Cultura Física da Rússia (antes da União Soviética), situado em Moscou. Faz parte do Ministério do Esporte. Sede do primeiro laboratório antidoping da Rússia, criado em 1971 e credenciado pelo COI em 1980 antes dos Jogos Olímpicos de Moscou.

WAADS – World Association of Anti-Doping Scientists (Associação Mundial de Cientistas Antidoping)

WADA – Agência Mundial Antidopagem (World Anti-Doping Agency): criada em novembro de 1999.